CUSTOMIZE THE FLAVOR
JINSUKE MIZUNO

スパイスを極める

プロの技術と知識を完全解説
香りを自在に操る究極のテクニック

JN082451

水野仁輔

はじめに

幼いころのことを思い出してみてください。

まずい食べものや苦手なものを食べなきゃいけないとき、鼻をつまんで飲み込みました。ああすると、ものの味がわからないからちょうどいい。すなわち、"味"を感じるときに"香り"が密接に関係しているんです。

香りがわからなければ味はしない。
逆をいえば、
香りがよければ味がおいしくなる。

今、スパイスに関心を持つ人やスパイスのことをもっと知りたいと思う人が増えている理由はここにあります。おそらく多くの人が気づき始めたんですね、「香りが大事だったんだな！」ということに。

料理の香りに最も影響を及ぼす存在は、スパイスです。

だって、鍋にひとふり、器にふたふりするだけで、素材の持ち味はよみがえり、料理の味わいは増幅するのだから。スパイスは、拡声器のようなものだと思います。がんばって声を張り上げても遠くまで届かないとき、スパイスがそれを可能にしてくれる。

料理におけるスパイスは、本当に頼れる存在なんです。

目立たせたいものに焦点を当て、拡張させて届ける役割をスパイスが担っています。これを僕は、"フレーバーメガホン"と名づけました。メガホンがあれば届けられる声が変わる。メガホンは誰でも持てます。あとは、使い方を習得すればいい。

スパイスが香りを操り、おいしい味を生み出してくれる。

ただ、使いこなすためにはちょっとコツが必要なんですよね。そのために本書があります。

スパイスとは何かを知る。

スパイスについて深く理解する。
スパイスを作る料理に応じて選択できる。
スパイスを自由自在に使いこなせるようになる。
スパイスのテクニックを次から次へとマスターできる。

ひと言でいえば、

「この一冊でスパイスのすべてが習得できる」

ことを目指しました。

これまでに僕自身がスパイスについて手に入れてきたすべての知見を整理して詰め込み、さらに僕ひとりでは気づかないヒントや切り口をあぶり出すために、スパイスの達人といえるシェフたち10人の力も借りました。

体験型でスパイスと触れ合うトレーニング、調理科学的なアプローチ、香りを実践体感してもらうための各種レシピ、香りの可能性に思いを馳せてもらうシェフとの対談などなど。あらゆる角度からスパイスに迫ります。

スパイスについて語れることのすべてが手に入ります。

しかも、それだけじゃないんです。料理における香りはスパイスだけが司っているのではない。スパイス以外の香りの要素についても存分に追求しています。

冒頭に戻って、幼いころのことをもっと鮮明に思い出してみてください。

鼻をつまんでまずい食べものや苦手なものを飲み込んだあの日のことを。ごくりと喉元を過ぎた後、「もう大丈夫かな」と鼻から指を離します。すると意外なことに、あのまずい食べものの香りがほんのりと鼻から抜けるんです。え、なぜ？

香りには2種類あります。鼻から入る香りと口の中で生まれる香り。後者は鼻から息が抜けたときに感じます。スパイスの香りも他の素材の香りも料理の香りもこの現象を避けて通れません。本書では、そんな超マニアックな視点からもスパイスや香りについて掘り下げています。

スパイスを極め、香りを操る。

どんな料理も今よりもっとおいしくなる可能性を秘めています。本書を手にしたみなさんにはそれが実現できる。そんな素敵な未来が訪れることを約束します。

● 本書の使い方
○ 大さじ1は15ml、小さじ1は5ml、1カップは200mlです。
○ 塩の量は、小さじ1弱（5g）、小さじ1（6g）、小さじ1強（7g）です。
○ 1, 4, 5章のレシピの塩は自然塩を使用しています。粗塩の場合、計量スプーンですり切りを計っても塩分濃度が足りない可能性があります。
　　その場合は、最後に味を調整してください。
○ フライパン（鍋）は厚手のものを使用してください。フッ素樹脂加工のものがオススメです。
　　本書では、直径24cmのフライパンを使用しています。鍋の大きさや材質によって熱の伝わり方や水分の蒸発の仕方などに差が出ます。
○ 火加減の目安は、強火が「鍋底に炎が勢いよくあたる程度」、中火が「鍋底に炎がちょうど届く程度」、弱火が「鍋底に炎がギリギリあたらない程度」です。
○ ふたは、フライパン（鍋）のサイズにピッタリあったもの、できるだけ密閉できるものを使用してください。
○ 4, 5章のカレーの仕上がり量は、800〜850gで、3〜4人分を想定しています。
○ 完成写真は、1〜2皿分を盛りつけています。

目が覚めたら、無人島にいた。

そんなことが現実にあっちゃ困りますけれどね。まあ、そういうことにしておいてください。これから、料理におけるスパイスとは何なのか、料理における香りとは何なのかについて考えてみたいと思います。

無人島だから誰もいません。
午前中に半日ほど海岸沿いを歩いてみると、一周できることがわかりました。それほど大きな島ではなさそうです。
午後の半日は、内陸を探索してみる。建物はないけれど、さまざまな木が茂り、植物が生えています。そんな中でひとつだけ、食糧になるものを見つけました。
じゃがいもです。食糧だ。なんとか生きていけそうです。海岸に戻れば海水で塩を作ることができる。木を燃やせば火は使えます。

さあ、ここからは、無人島脱出生存ゲームだと思って、みなさんも想像してみてください。

「じゃがいも」と「塩」と「水」と「火」だけで過ごさなければなりません。

迎えの船がやってくるのは、1週間後。毎日同じものを食べるんじゃ、飽きてしまいます。どうやったら、飽きずに食生活を楽しめると思いますか?

ここで鍵を握るのは、もちろん香りです。

何かしら工夫をして香りを駆使し、じゃがいもという一見、退屈で単調な味わいになりがちなこの素材を存分に楽しんでみてください。たとえば、こんなふうに調理してみましょうか。

月曜日 **Day.1**	火曜日 **Day.2**	水曜日 **Day.3**
丸のまま蒸かして、塩をふって食べます。当たり前のことですが、じゃがいもそのものの香りがします。**素材自体の香りと味わいを感じながら食べるにはシンプルな調理がいちばん**。おいしくいただきました。	鉄板で焼いてみることにしました。火が通りやすいようにスライスして並べ、ふたをして蒸し焼きにします。部分的にこんがりとし、**メイラード反応の香ばしい香りを楽しめました**。	網焼きにしたら 同じ焼くでも生まれる香りは変わります。炭火から出る煙がじゃがいもの周囲を覆いつくし、中心まで火が入って食べるころには**スモーキーな香りをまとったじゃがいも料理ができました**。

木曜日 Day.4

炭火で焼くと手法をさらに進化させてみようと思いました。大きな葉で皮付きのじゃがいもをくるみ、燃える炭の中に直接投入します。周囲は真っ黒く焦げましたが、**炭化によって生まれた香り**もいいアクセントになりました。

金曜日 Day.5

火入れの方法ではなく、じゃがいものテクスチャーを変えます。月曜同様、蒸かした後にマッシュしたじゃがいもと水で煮込み、とろりとした舌ざわりに。口に含んだ後に**鼻から抜ける香り**が変化しました。

土曜日 Day.6

さて、月曜に仕込んでおいたじゃがいもを食すときが来ました。実は、塩漬けしたじゃがいもを密閉びんに入れて発酵させてあったのです。適度な酸味と何より**発酵独特の香り**が生まれ、味わいの印象が大きく変わりました。

日曜日 Day.7

7日目。いよいよ1週間経過の目前です。ところが、ついにアイデアが尽きたんです。いったいどうしたらいいだろう？ あたりをうろつきます。ふと地面に落ちた木の実を見つけました。鼻に近づけるといい香りがします。花の咲いた後に粒々としたものが残っています。手に取ってもんでみるといい香りがします。傍らの木の皮をはいでみました。風に揺れた枝が葉をまき散らしました。香りを嗅いでみると……。
もうおわかりですね。この島ではさまざまなスパイスが採れるのです。
日曜日、最後のじゃがいもクッキングは、**スパイスを使って生まれる香り**を堪能しました。

沖のほうに目をやると、迎えの船が近づいてくるのが見えます。やっと帰れる。安堵と同時にこんな気持ちが芽生えているかもしれません。

これらのスパイスがあれば、さらに1週間や2週間はじゃがいもだけで生活できるのに。

ある素材を味わいつくそうと思ったとき、香りは重要な鍵を握ります。香りを生み出す方法は本当に多岐にわたります。そんな中で、スパイスは、最も簡単に最も効果的な方法で最も斬新な香りを生み出すことができるアイテムなんです。

スパイスさえあれば、何でもできる。
スパイスさえあれば、次々と新しい味わいを生み出せる。
スパイスさえあれば、自分の食生活は想像を超えて豊かになりそうだ。

そんなふうに感じていただければ、"無人島の妄想"は終わりです。
さあ、そんなスパイスを徹底的に学んでいきましょう。

Chapter

1

Training

スパイスを体感する

スパイスを極めようとするなら、まずはスパイスを体感することから始めましょう。助走の準備は万端。
いくつかのトレーニングを行えば基礎は完璧に習得することができます。

トレーニング

スパイスを知る。スパイスを学ぶ。

【 How to ディベート 】

スパイスについて、簡易的なディベート形式でその正体を探ってみましょう。

テーマに対して、立論があり、反論があって、いったんの結論を下す。正解を見つけることが目的ではありません。ディベートを通して知識を身につけ、みなさんがそれぞれの知見やステージにおいてスパイスについて考えるきっかけになることを目指します。

※このディベートには、何も必要ありません。頭の中ですべてが完結します。が、紙と鉛筆があれば、メモするのもいいかもしれませんね。

スパイスディベート
定義編

●テーマ：スパイスとは何か？

立 論

スパイスの定義とは……
主に熱帯から亜熱帯、温帯地域を原産とする植物のある部位、たとえば種子や果実、花蕾、葉、樹皮、根茎などを採取したもの、またはそれを加工したもののこと。料理や飲物、加工食品などに好ましい芳香や辛味、色味を付加するために利用される。多くは乾燥した状態で丸のまま、あるいは粉末状にして利用する。

反 論

・寒い地域で収穫されるハーブもある！
→ △：でも温暖な方が育ちやすい。
・植物以外に香りの強いものもある！
→ ○：苔をスパイスとして使う地域もある。
・飲食不可能なスパイスも存在する！
→ ×：スパイスと呼ぶケースは極めて少ない。
・生のまま使うものもある！
→ ○：その通り。乾燥しているとは限らない。

結 論　　スパイスの定義は極めて難解。
視点が違うとスパイスの捉え方も変わる。

●テーマ：スパイスとハーブの違いは？

ハーブとスパイスは何が違うと思いますか？ ハーブ＆スパイスなんていつもセットで並べられたり比べられたりしますが、どこで線を引いたらいいのでしょうか？

立 論

スパイスとハーブそれぞれのイメージは表のとおり！

	スパイス	ハーブ
色 味	茶色	緑色
地 域	エスニック	ヨーロッパ
気 分	刺激	癒し
印 象	かっこいい	おしゃれ
状 態	ドライ	フレッシュ
価 値	安価	高価
性 別	男性的	女性的
出 自	カントリー	シティ
用 途	マニアック	身近

反 論

イメージを反転させてみましょう。

	スパイス	ハーブ
色 味	緑色？	茶色？
地 域	ヨーロッパ？	エスニック？
気 分	癒し？	刺激？
印 象	おしゃれ？	かっこいい？
状 態	フレッシュ？	ドライ？
価 値	高価？	安価？
性 別	女性的？	男性的？
出 自	シティ？	カントリー？
用 途	身近？	マニアック？

・色味 → △：緑色のスパイスはあるが、茶色のハーブは……？

・地域 → ×：エスニックにハーブは欠かせない。ヨーロッパではスパイスも使う。

・気分 → ×：慣れれば癒されるし、そうでなければ刺激的に感じそう。

・印象 → ×：どちらもかっこよくもあり、おしゃれでもある。

・状態 → ○：スパイスは乾燥が多いが、ハーブは生でも乾燥でもよく使う。

・価値 → ×：サフラン、バニラ、カルダモンなどのスパイスは高級イメージ。

・性別 → ×：どちらのイメージもある。

・出自 → ×：どちらのイメージもある。

・用途 → ×：ところ変われば捉え方も変わる。

結 論
**スパイスとハーブのイメージの違いは、
総じて、判断不能！**

分類編

スパイスが飲食可能な植物の
とある部位だとして、
どこまでがスパイスで、
どこからがスパイスじゃない
のでしょうか？

立　論

以下の分類のすべてがスパイスである！

A. **スパイス**……例）カルダモン、ペッパー、チリ etc.
B. **ハーブ**……例）クレソン、パセリ、オレガノ etc.
C. **薬味**……例）ミョウガ、大葉、アサツキ etc.
D. **風味料**……例）にんにく、ごま、ナッツ etc.
E. **野菜**……例）ねぎ、ニラ、玉ねぎ、ピーマン etc.
F. **漢方薬**……例）うこん、クローブ、しょうが etc.
G. **香辛料**……例）シナモン、クミン、コリアンダー etc.
H. **香料**……例）花、果物、香木 etc.
I. **その他**……例）きのこ類、乾物、発酵調味料、アルコール類 etc.

反　論

複数のカテゴリーに分類されるべきアイ
テム、スパイスとは呼びにくいアイテム
がたくさんある。

・しょうがはスパイスや薬味や漢方薬とも言える。
・きのこ類は風味料にもなる。
・うこんはターメリック、チョウジはクローブとも
　呼び、スパイスでもある。

花？
果物？
香木？

H
香料

A
スパイス

G
香辛料

F
漢方薬

B
ハーブ

C
薬味

D
風味料

E
野菜

I
その他

・きのこ類？
・乾物？
・発酵調味料？
・アルコール類？

結　論

どこからどこまでがスパイスかは、
役割や用途などによって変わる。

採取編

立　論

スパイスは、植物の部位ごとに分けられる。

花グループ
- めしべ……サフラン
- 花……ローズペタル
- つぼみ……クローブ、ケッパー

葉グループ
- 葉（ハーブ）……ベイリーフ、ローレル、シナモンリーフ、オレガノ、コリアンダーリーフ、スペアミント、セージ、ディル、バジル、ペパーミント、ローズマリー、カフィアライムリーフ、カレーリーフ、タイム、タラゴン、チャービル、パセリ、フェンネル、マジョラム、三つ葉、スクリューパイン（パンダンリーフ）、セイボリー、チャイブ、レモンバーム

実グループ
- 種子……クミン、コリアンダー、フェンネル、マスタード、ごま、バニラ、フェヌグリーク、ポピー、ナツメグ、アジョワン、アニス、キャラウェイ、セロリ、ニゲラ
- 果実……スターアニス、ナツメグ、オールスパイス、レッドチリ、カルダモン、パプリカ、ペッパー、スマック、ビッグカルダモン、ピンクペッパー、グリーンチリ、タマリンド
- 球果……ジュニパーベリー
- 果皮……チンピ
- 仮種皮……メース

木グループ
- 樹液……アサフェティダ
- 木の皮……シナモン、カシア
- 茎……レモングラス、香菜

根グループ
- 株（芽）……チコリー
- 地下茎（根茎・球根）……ターメリック、しょうが、ガランガル、にんにく、わさび
- 根……リコリス、ホースラディッシュ

反　論

- 実の中に種があり、合わせてスパイスとして利用されるようなものもある。
- 葉と茎は区別しにくいもの、どちらも利用するものがある。
- 地下茎と呼ばれる、「根」とも「茎」とも解釈できる部位もある。

結　論

植物のありとあらゆる部位に
芳香が確認されているが、特に強い部位が選ばれ、
スパイスとして利用されている。

スパイスディベート　形態編

立論

スパイスには4つの形態がある。

A. フレッシュ・ホールスパイス（摘みたて）
B. ドライ・ホールスパイス（乾燥させる）
C. ドライ・パウダースパイス（粉に挽く）
D. フレッシュ・ペーストスパイス（すりつぶす）

反論

スパイスの加工方法は、多岐にわたる。

・水で戻す　　・たたきつぶす　　・乾かす
・水に溶く　　・ちぎる　　　　　・煎る
・ざく切りにする　・割る
・たたく　　　・折る

結論

スパイスごと、作りたい料理ごとに形態を選ぶのがいい。

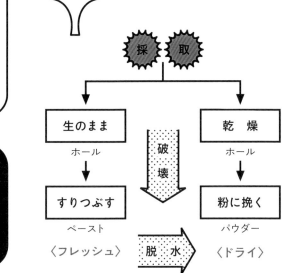

採取

生のまま	乾燥
ホール	ホール
すりつぶす	粉に挽く
ペースト	パウダー
〈フレッシュ〉	〈ドライ〉

破壊

脱水

スパイスディベート　調理編

立論

「加熱による温度上昇」が香りを強め、具体的なタイミングは以下の5つに分類できる。

A. **下準備**……調理を始める前に食材自体に香りをつけておく。
B. **調理のはじめ**……調理開始と同時にスパイスを炒める。
C. **調理の中心**……調理の途中にスパイスを加える。
D. **調理の仕上げ**……完成直前にスパイスを加える。
E. **食べる直前**……器に料理を盛りつけた後に添える。

反論

加熱温度帯とタイミングにより、香りの感じ方には差が出る。

・非加熱（調理前・調理後）……低温
・油分と一緒（調理中）……高温
・水分と一緒（調理中）……中温

加えるタイミングによって香りの保存度が変わり、香りの感じ方には差が出る。基本的には、調理時に「A→B→C→D→E」で加えた香りは、食べるときに「E→D→C→B→A」で香る。

結論　香りの生まれ方には温度と時間軸が複雑に関係している。

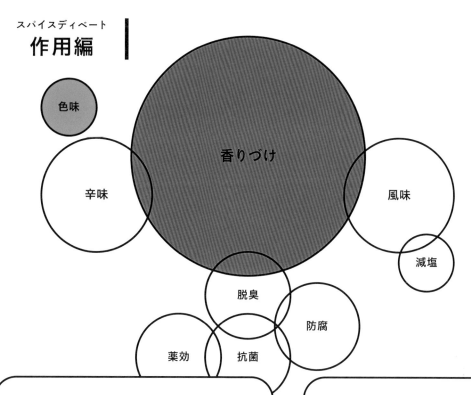

スパイスディベート
作用編

色味

香りづけ

辛味

風味

減塩

脱臭

防腐

薬効 抗菌

立 論

スパイスの作用は主に３つ。

香りをつける　スパイスの持つ作用の中で圧倒的に大切
な要素と言ってよい。ほとんどすべての
スパイスには豊かな香りがあり、香りは
味を引き立てる効果を持つ。

色味をつける　スパイス自体に色がある上に料理に色を
つける作用も。サフランやターメリック
の黄色、レッドチリの赤などはスパイス
の持つ色素成分による。

辛味をつける　辛味をつける作用を持つスパイスは、それ
ほど多くない。メジャーなものは、ペッパー、
チリ、マスタード、しょうが、わさびなど。

反 論

３つに限らず、他にもスパイスに
は作用が確認されている。

臭みを消す　スパイスの香り成分が
素材の持つ嫌な臭いを
マスキングする。

体調を　スパイスには薬効とも
整える　言える成分が含まれる
場合もある。

抗菌（殺菌）、　スパイスの持つ成分が
防腐　素材に生まれるカビ菌
の繁殖を抑えたりする。

風味を　刺激的な香りや辛味に
引き締める　よって料理の味が引き
締まることもある。

塩味を　塩気や甘味を引き立て
増幅させる　るため、塩や砂糖の量
を減らすことも可能。

結 論
スパイスの中に含まれる
各種成分が揮発することによって
さまざまな作用が期待できる。

トレーニング

2

スパイスの香りを体感する

{ How to クイズ }

○このクイズには7種類のスパイスが必要です。

・ターメリック（パウダー）　・コリアンダー（シード・パウダー）　・シナモン（ホール）

・レッドチリ（パウダー）　・グリーンカルダモン（ホール）

・クミン（シード・パウダー）　・クローブ（ホール）

※1人でもできますが、2人
以上いると盛り上がります。

スパイスクイズ
認識編

ブラインドで香りをチェックし、
何のスパイスか名前を当ててみましょう。

スパイスクイズ
想像編

次はさっきの逆です。名前を見て（聞いて）、
頭の中に香りをイメージしてみましょう。

単一スパイスで「香り → 名前」の認識、「名前 → 香り」の想像ができるようになることが、スパイスを自分のものにする最短ルートです。準備した7スパイスでこの往復が完全にできるようになりましょう。自分の好みもハッキリしてくると思います。

図：認識と想像

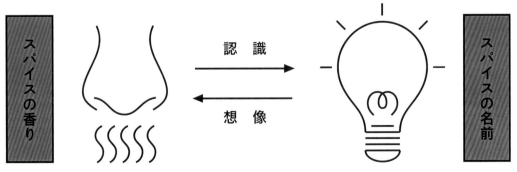

認識と想像の往復トレーニング、複数種類（2種類）のスパイスを
組み合わせても可能かどうかチャレンジしてみてください。

---

①ターメリック＋レッドチリ

②クミン（パウダー）＋コリアンダー（パウダー）

③グリーンカルダモン＋クローブ

---

④クローブ＋シナモン

⑤シナモン＋グリーンカルダモン

混合したときに受け止めてほしいのは、香りの変化です。複数種類のスパイスをブレンドしたとき、個別のスパイスを混ぜた香りがする他にそこにないはずの香りがすることがあります。すなわち「A＋B＝AB」と同時に「A＋B＝C」という現象が生まれるのです。この感覚をつかめれば、クイズはクリアです。そこまでやったのだから、パウダースパイスチーム4種とホールスパイスチーム3種をチームごとに混合し、それぞれ香りをチェックしたり、すべてを一度に香ってみたりしてみてください。

---

⑥ターメリック＋レッドチリ＋クミン＋コリアンダー

⑦グリーンカルダモン＋クローブ＋シナモン

この2つの組み合わせで何かを感じませんか？ 前者がカレーっぽいな、後者がガラムマサラっぽいな。そう感じた人がいるかもしれません。この仕組みについてはまた別のトレーニングでも登場します。
7種を使ったクイズをクリアしたら、スパイスを1種類追加してください。ゲームの始まりです。スパイスと上手に付き合えるかどうか、ゲームでスキルアップを目指します。

【 How to ゲーム 】

○スパイスを粉に挽くためのミルとブラックペッパー（ホール）を追加してください。

スパイスを粉砕します。具体的にはミルで挽くのですが、
粉砕する前と後の香りがどう変化するかを確かめましょう。

1.ブラックペッパー

2.グリーンカルダモン

まるで違うことがわかったと思います。ホールスパイスの中に含まれる香気成分が、粉砕によってより揮発するからです。細胞が破壊されたときに熱を帯びると同時に表面積が広がるからでしょう。眠っていた香りが起き上がってくる感じは見事です。

焙煎編

次はスパイスを焙煎します。フライパンで煎るんですね。
加熱（温度上昇）によって香りが立つのがスパイスの特徴。どのように変わるのかを確認してください。

1.クミンシード

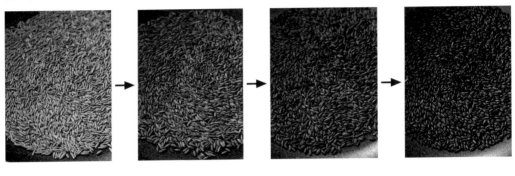

2.コリアンダーシード

加熱により、しばらくはスパイス本来の香りが強化されますが、途中から薄れていき、香ばしい香りに変化します。その後、炭化が進行すると焦げ臭が出始めます。ここはひとつ、「あえてクミンを焦げるまでゆっくり焙煎する」に挑戦してみてください。多くの発見があるはずです。

焦げたクミンは炭化臭がしますから、いい香りとは言えません。「香りの転換点」を越えるとスパイス本来の香りが減少する代わりに香ばしい香りが増加していきます。

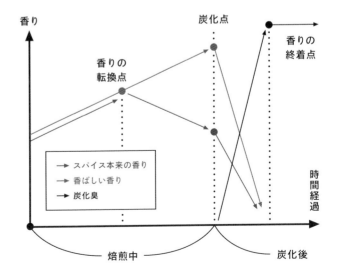

乾燥編

○重さを計量できるスケール（可能なら0.1g単位）と、ドライカスリメティ（ホール）を追加してください。

さて、ドライタイプのスパイスは乾燥しているとはいえ、季節や環境、品質により湿気を帯びています。

そこで、スパイスを乾燥させてみましょう。最もわかりやすいカスリメティを使います。

1. 常温の状態でカスリメティの重さを量ってみてください。→たとえば10.0gでスタート。

2. フライパンにカスリメティを入れて弱火〜中火で熱し、よく混ぜながら乾燥させてみてください。

3. 香りが立って、カスリメティがサラサラッと動くようになり、手で触ってパラパラとした感触を感じ始めたら、火を止めてボウルに移して粗熱を取り、再び重さを量ってみましょう。→8gまで減りました。

4. 重さが減っている分（2g）は蒸気で湿気が飛んだ分です。手で触るとパラパラッとした具合を確認できると思います。熱いので注意しながら手でよくもんで粉々にしてください。いとも簡単に粉化します。思わず感嘆の声が出ることでしょう。乾燥前にはここまで粉になることはなかったはずです。

5. 香りを確かめましょう。「カスリメティからこんな香りが生まれるなんて！」の声を期待しています。

スパイスゲーム
┃ 燻煙編 ┃

○最後に、フレッシュカレーリーフ（ホール）を追加してください。

ちょっと難易度の高いゲームに挑戦してみましょう。スパイスを燻煙させます。燻して香りをつけるのではなく、焦げるギリギリ手前まで焙煎して燻香を生み出すのです。スリランカではローステッドカレーパウダーというアイテムをよく使います。インドや周辺諸国にはない独特な香りを持つカレー粉。自作することで香りの変化を感じましょう。

ローステッドカレーパウダーの材料
（作りやすい量）：
ホールスパイスA
　グリーンカルダモン … 10個
　クローブ … 20粒
　シナモン … 1本
スパイスB
　コリアンダーシード … 30g
　クミンシード … 15g
　フェンネルシード … 10g
スパイスC
　フレッシュカレーリーフ … 20枚

1. フライパンを弱火〜中火で熱し、スパイスAを加えて焙煎する。よく混ぜ合わせたりフライパンをふったりしながら。ときどき火から離したりして、香りが立つまで。

2. スパイスBを加えて引き続き焙煎する。スパイスAよりも焦げやすいため注意が必要。

3. スパイスCを加えて引き続き焙煎する。弱めの火加減に設定し、熱を持った他のスパイスと絡め合わせる要領で生葉がカラッとするまで。

4. 火を止めて余熱で仕上げの焙煎。仕上がりの目安はクローブの表面が灰色に変化している状態。

5. ボウルにスパイスをあけて粗熱を取り、ミルで挽いて香りを確かめる。

上手に焙煎できましたか？ 実は成功か失敗かの答え合わせは、ミルで挽いたときにわかるんです。粉になった状態で香りをチェックし、焦げ臭がまったくしなければ香りの成功を意味します。部分的に炭化してしまっている場合、粉にすると顕在化します。ドキドキしますね。何度か挑戦すれば慣れますよ。

スパイスゲーム
熟成編

○密閉容器を準備してください。

スパイスは熟成させることで香りが次第に変化していきます。燻煙編で作ったローステッドカレーパウダーを密閉容器に入れ、3日後、10日後、2週間後、1カ月後……、と香りを確かめてみましょう。
スパイスを熟成させることの効果は人によって感じ方が違います。僕は基本的には熟成を必要とはしません。コーヒーと同じで鮮度がよければよいほど好き。でも、たまに熟成させたスパイスを使いたいときもあります。個人的な感覚として、ほんのわずかに酸味を感じさせる香りが生まれた瞬間が自分にとって熟成の完了。たいてい2～3週間のイメージです。熟成に関する好みは自分なりのものを把握できるといいですね。

スパイスゲーム
創造編　〜偉人たちの言葉〜

スパイスの香りを体感できたら、
「自分にとってのスパイス」という
独自の感覚を創造してみましょう。
最初は単純に好き嫌いでも構いません。
たとえば、こんなふうに問いかけてみます。

Q. スパイスを5種類しか使えないとしたら、何を選びますか?

僕はベタですが、この問いを「無人島スパイス」と呼んでいます。もし、無人島で生活することになったら、どのスパイスを持っていくか。実は偉大なるインド料理のシェフたちにこの質問を投げかけ続けています。6人の回答をのぞいてみましょう。

**スワミシェフ
の場合**

A. もちろん、**カイエンペッパー**と**ターメリック**。あと3種類は、**クローブ、シナモン、カルダモン**。コリアンダーもクミンもいらない。ガラムマサラはどちらでもいい。この5種類があればいくらでも作れます。カイエンはホールとパウダー、ターメリックはパウダー。クローブ、カルダモン、シナモンはホール。最後の3種類はセットだからたいてい一緒に組み合わせて使う。

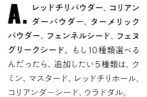

A. **レッドチリパウダー、コリアンダーパウダー、ターメリックパウダー、フェンネルシード、フェヌグリークシード**。もし10種類選べるんだったら、追加したい5種類は、クミン、マスタード、レッドチリホール、コリアンダーシード、ウラドダル。

**ヴェヌゴパール
シェフの場合**

**アロラシェフ
の場合**

A. **オニオンシード、クミン、メース、カルダモン、シナモン**。スパイスの香りについてだったら、僕はこれら5つが好きだな。あと、ターメリックとレッドチリパウダーはすごく一般的。コリアンダーパウダーはインド料理には欠かせない。でも、この3種(ターメリック、チリ、コリアンダー)は当たり前のものだから考慮に入れてない。

A. **ターメリック、レッドチリパウダー、パプリカ、アジョワン、クミンシード**。アジョワン、体にいいですしね。自分が好きだし、素材の味が生きるスパイスだと思ってます。

**ハリオムシェフ
の場合**

**フセインシェフ
の場合**

A. カレーを作るなら、**レッドチリ、コリアンダー、ターメリック**。他のスパイスはなくてもOK。ベイリーフとかシナモン、クローブ、グリーンカルダモン、ビッグカルダモンもあるといい。ガラムマサラのベースはクミン。大事は大事だけど、マサラによって香りが全部違うからチョイスするべき。

A. **ターメリックとレッドチリ、コリアンダー**。さらにそこに**クミンとブラックペッパー**を追加できるなら、僕は今すぐここでブッフェを開けるよ。

**アトゥールシェフ
の場合**

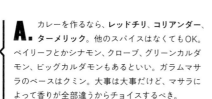

トレーニング

3

スパイスの特徴をつかむ

スパイスの香りを自分なりに把握してみよう。

【 How to チャート 】

○このクイズには7種類のスパイスが必要です。

・ターメリック（パウダー）

・レッドチリ（パウダー）

・クミン（シード）

・コリアンダー（シード）

・グリーンカルダモン（ホール）

・クローブ（ホール）

・シナモン（ホール）

スパイスチャート
把握編

スパイスの香りをチェックし、どんなニュアンスがあるのか、思い浮かべてみましょう。
「刺すような刺激的な香り」、「包み込まれるような優しい香り」、「クセになる深い香り」など素直な表現でもいいし、「思い切り深呼吸したくなる春風のようなさわやかな香り」とか「太陽がジリジリと照りつけるプールサイドのツンとクセになる香り」とか、自分にしかわからないあいまいな表現でも構いません。
印象を記憶にとどめておくことで、スパイスの個性を把握できます。

スパイスチャート
分類編

スパイスの持つ香りのニュアンスを具体的に分類してみましょう。ここではスパイスの香りを大きく6つの方向性に分けて捉えます。

S：SHARP（シャープ）……刺激的な香り
F：FLORAL（フローラル）……華やかな香り
R：ROASTED（ローステッド）……香ばしい香り
M：MELLOW（メロウ）……まろやかな香り
D：DEEP（ディープ）……深みのある香り
E：EARTHY（アーシー）……大地を感じる香り

手元には7種類のスパイスがあります。ひとつずつ香って、どの方向性にあたるのか、分類してみましょう。

図：線でつなぐ

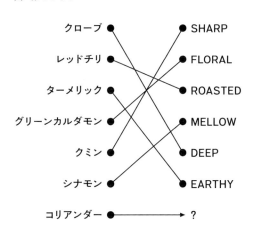

想像編

スパイスの方向性キーワードを具体的に想像してみましょう。
たとえば、景色や自然現象などに置き換えるとどんな様子が浮かびますか?

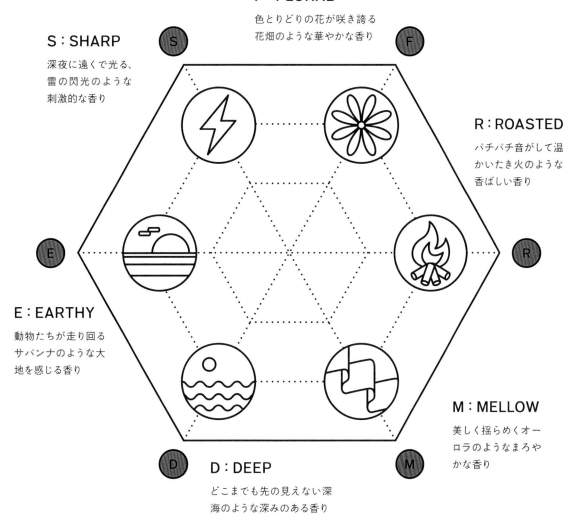

スパイスヘキサゴン

F:FLORAL
色とりどりの花が咲き誇る
花畑のような華やかな香り

S:SHARP
深夜に遠くで光る、
雷の閃光のような
刺激的な香り

R:ROASTED
パチパチ音がして温
かいたき火のような
香ばしい香り

E:EARTHY
動物たちが走り回る
サバンナのような大
地を感じる香り

M:MELLOW
美しく揺らめくオー
ロラのようなまろや
かな香り

D:DEEP
どこまでも先の見えない深
海のような深みのある香り

採点編

さて、スパイスがひとつ置いてけぼり状態なのに気づいていますか? そう、コリ
アンダーがあふれてしまっているんです。コリアンダーが持つ香りのニュアン
スについて、6つの方向性ごとに考え、3ポイント制で採点してみましょう。

S ……まあまあ／2点
F ……けっこう／3点
R ……あんまり／1点
M……バッチリ／3点
D ……イマイチ／1点
E ……ぜんぜん／1点

スパイスチャート
作図編

点数を基に作図をしてみましょう。六角形の各頂点に方向性を置き、中心から外側に向けて等間隔に0点〜3点とします。コリアンダーはどんな図形になりますか?

では、残りのスパイス6種も採点、図式化してみましょう。

図：コリアンダー図式化

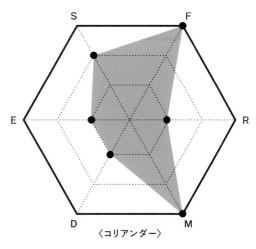

〈コリアンダー〉

図：6スパイス図式化

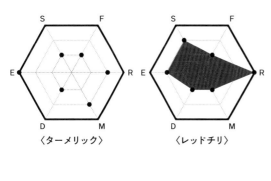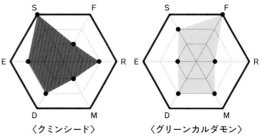

〈ターメリック〉　〈レッドチリ〉　〈クミンシード〉　〈グリーンカルダモン〉

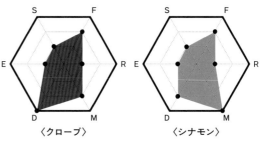

〈クローブ〉　〈シナモン〉

スパイスの香りの方向性がビジュアルでイメージしやすくなりました。このチャートのことを「スパイスヘキサゴン」と名づけることにします。六角形ですからね。

スパイスヘキサゴンはそれぞれの位置にも意味があるのです。
SHARPとMELLOW、FLORALとDEEPはそれぞれ対極にあるイメージです。一方、EARTHYとROASTEDは底の部分でつながっているイメージ。また、FLORALとMELLOW、SHARPとDEEPはそれぞれ互いに共鳴し合っている関係にあります。
そして、SHARPでFLORALだと派手で目立ちますが、DEEPでMELLOWだと地味で控えめ。そんなふうにスパイスの香りの方向性をつかんでおくと、ニュアンスが捉えやすくなるんじゃないでしょうか?

図：ヘキサゴン相関図

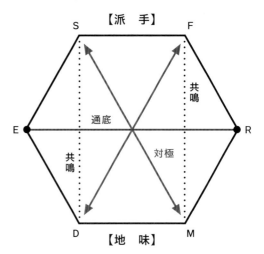

図：スパイスヘキサゴン採点表・スパイス＆ハーブ　　【スパイス】

名　前	SHARP	FLORAL	ROASTED	MELLOW	DEEP	EARTHY	計
コリアンダーシード	2	3	1	3	1	1	11
ターメリック	1	1	2	2	1	3	10
レッドチリ	2	1	3	1	1	2	10
クミンシード	3	1	2	1	2	2	11
グリーンカルダモン	2	3	1	2	2	1	11
クローブ	1	2	1	2	3	1	10
シナモン	1	2	1	3	2	1	10
ブラックペッパー	2	1	2	1	2	3	11
パプリカ	1	2	3	2	1	1	10
マスタードシード	2	3	1	2	1	1	10
フェヌグリークシード	1	1	2	3	1	2	10
フェンネルシード	2	1	3	1	1	2	10
スターアニス	1	2	1	2	3	1	10
ガーリック	2	1	3	1	2	2	11
ジンジャー	3	2	1	2	1	2	11
ビッグカルダモン	1	1	2	1	3	2	10
メース	2	1	2	1	2	3	11
計	29	28	31	30	29	30	

【ハーブ】

名　前	SHARP	FLORAL	ROASTED	MELLOW	DEEP	EARTHY	計
パクチー	2	3	1	3	1	1	11
ローズマリー	1	1	2	2	1	3	10
タイム	2	1	3	1	1	2	10
オレガノ	3	1	2	1	2	2	11
ローリエ	2	3	1	2	2	1	11
パセリ	2	1	2	1	1	3	10
カレーリーフ	2	1	3	3	1	1	11
パンダンリーフ	1	1	3	1	2	2	10
ミント	3	3	1	2	1	1	11
レモングラス	3	3	1	2	1	1	11
ディル	2	2	1	3	2	1	11
バジル	1	2	1	3	2	1	10
こぶみかんの葉	3	3	1	2	1	1	11
カスリメティ	1	1	3	1	2	2	10
大葉	2	2	1	2	1	2	10
計	29	28	22	28	26	24	

{ How to 重ね絵 }

○この重ね絵を楽しむには、追加で5種類のスパイスが必要です。

- ・ビッグカルダモン（ホール）
- ・メース（ホール）

- ・フェンネル（シード）
- ・フェヌグリーク（パウダー）

- ・ブラックペッパー（パウダー）

スパイス重ね絵
比較編

スパイスヘキサゴンの特徴は、スパイスをブレンドしたときにもビジュアルで把握しやすくなることです。それぞれのヘキサゴンシートを重ねてみると、ブレンド後の香りの方向性が見えてきます。カレー粉とガラムマサラで4種類の重ね絵をしてみましょう。

まずはシンプルな配合から。
※スパイス4種でカレー粉……ターメリック、レッドチリ、コリアンダー、クミン
※スパイス3種でガラムマサラ……グリーンカルダモン、クローブ、シナモン

カレー粉は各スパイスが個性を補い合って、すべての頂点にバランスのいい形を構成しています。一方で、ガラムマサラは似たような特徴を持つスパイスが集まって、少しいびつな形になりました。
では、それぞれ、もう少しスパイスのアイテムを増やして同じように比較をしてみましょう。

※スパイス7種でカレー粉……ターメリック、レッドチリ、コリアンダー、クミン、フェヌグリーク、グリーンカルダモン、ブラックペッパー
※スパイス7種でガラムマサラ……グリーンカルダモン、クローブ、シナモン、ビッグカルダモン、メース、フェンネル、ブラックペッパー

いかがですか？2つの六角形は似通ってきました。スパイスのブレンドはアイテムが増えれば増えるほど汎用性が高まり個性が弱まることが理解できると思います。

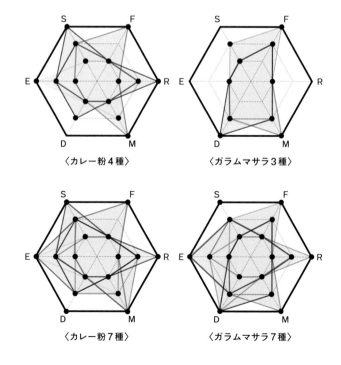

〈カレー粉4種〉　〈ガラムマサラ3種〉

〈カレー粉7種〉　〈ガラムマサラ7種〉

図：スパイスヘキサゴン細分化表

	大分類（しっかり香る）	中分類（どことなく香る）	スパイス例	ハーブ例
S	刺激的な香り／SHARP	スエット系／Sweat	クミン	—
		メントール系／Menthol	山椒	大葉
		酸味系／Sour		シソ
F	華やかな香り／FLORAL	爽快系／Refreshing	グリーンカルダモン	ミント
		柑橘系／Citrus	コリアンダー	こぶみかんの葉
		草葉系／Green	フェンネル	レモングラス
		香水系／Perfume	ジンジャー	オレガノ
R	香ばしい香り／ROASTED	メイラード系／Maillard	レッドチリ	カレーリーフ
		キャラメル系／Caramelized	パプリカ	カスリメティ
		ナッツ系／Nutty	マスタード	パンダンリーフ
		炎系／Flame	ガーリック	—
M	まろやかな香り／MELLOW	甘味系／Sweet	シナモン	ローリエ
		ベリー系／Berry		バジル
		コク系／Rich	フェヌグリーク	ディル
D	深みのある香り／DEEP	ココア系／Cocoa		ローズマリー
		お香系／Incense	クローブ	
		苦味系／Bitter	クミン	パクチー
		薬品系／Chemical	スターアニス	—
E	大地を感じる香り／EARTHY	木材系／Woody	メース	
		焦げ系／Burnt	ブラックペッパー	タイム
		燻し系／Smoky	ビッグカルダモン	パセリ
		土系／Soil	ターメリック	

スパイス重ね絵 概念編

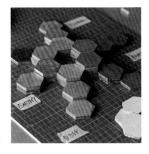

この重ね絵、立体的にしたくなります。複数種類のスパイスをブレンドする場合、当然、足せば足しただけ香りの総量は増えていきますから、より香り高くなりますね。現状のヘキサゴン２Ｄは平面図ですから、色の重なりが多いほど色が濃くなっていくので、どの方向性の香りが膨らんでいるかは視覚的にもわかります。が、さらにイメージをしやすくするためにヘキサゴン３Ｄがあるともっといい。

六角形の台紙の上に色の違う積み木を積み重ねていく感じ。色の重なりではなく、物体を重ねるため、高さが出ます。高いほど香り豊か。それをたとえば３Ｄプリンターで模型化すれば、自分のガラムマサラと誰かのガラムマサラを手に取れるものとして比較することができる。

ヘキサゴン３Ｄとは、概念としては、そういうものです。

スパイス重ね絵 進化編

さらに６つの香りの方向性と各スパイスに含まれる香気成分を対応させるとヘキサゴンはより精密に進化します。香気成分については、５章で少し触れます。

4

スパイスを配合する

複数種類のスパイスを配合してみましょう。

{ How to スパイスパズル }

○このクイズには5種類のスパイスが必要です。

・ターメリック（パウダー）　　　・コリアンダー（パウダー）　　　・ガラムマサラ（パウダー）

・パプリカ（パウダー）　　　　　・クミン（パウダー）

| スパイスパズル **基本編** | 1カップ（200mℓ）ほどの容量のある密閉容器を準備してください。ここに1種類ずつ順番にスパイスを入れていき、その都度、香りをチェックします。ついでに色味もどう変化するか確かめながら進めましょう。 |

1

2

3

4

5

1. ターメリック（小さじ1）を容器に入れる。土っぽいいい香り。しっかりとイメージしておいてください。

2. パプリカ（小さじ1）を追加しましょう。香ばしい香り。よくふって混ぜ合わせると明るいオレンジ色になります。香りをチェック。なにかとても食欲をそそる香りがしませんか？

3. コリアンダー（小さじ2）を追加しましょう。甘くさわやかな香り。どことなくカレーの香りがしませんか？ そう、こ

の3種は「カレーの基本」と覚えてください。

4. クミン（小さじ2）を追加しましょう。ツンとした刺激的な香り。香りが重なっていくことのおもしろさを感じてもらえてますか？

5. 最後にガラムマサラ（小さじ1/2）を追加しましょう。奥深い重層的な香り。微量でも全体的にかなり深みのある香りになっているはずです。

スパイスパズル
作図編

5種類の配合を図にしてみましょう。
正方形を書いて、縦横半分のところに1本ずつ線を引き、4等分します。左上の正方形を縦半分にし、右下の正方形を縦横に4等分します。

小さな正方形を小さじ1/2、次の縦長の長方形を小さじ1、大きな正方形を小さじ2としてください。では、5種のスパイスを当てはめてみましょう。どこに何を入れればいいかわかりますね？

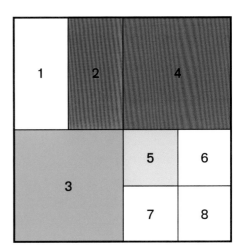

図：スパイスパズル5種

1.ターメリック／2.パプリカ
3.コリアンダー／4.クミン
5.ガラムマサラ
6.???／7.???／8.???

○ここからのパズルにはさらに7種類のスパイスが必要です。

・ブラックペッパー（パウダー）	・グリーンカルダモン（パウダー）	
・レッドチリ（パウダー）	・クローブ（パウダー）	
・フェヌグリーク（パウダー）	・シナモン（パウダー）	・フェンネル（パウダー）

スパイスパズル
応用編

右下に3つの小さな正方形の空欄ができました。ここに新しいパウダースパイスを加えることで、すべてを埋めます。サイズは小さじ1/2の分量です。ルールはひとつだけ、複数個所に同じスパイスのピースを使ってはいけません。よって、すべての正方形が埋まったとき、使用するスパイスは8種類となるはずです。

どのスパイスを加えても配合は完成します。完成した香りは、すべてカレー粉そのものになっているはずです。スパイスを混ぜてカレーの香りが生まれる仕組みは理解できましたね。このパズルをより多くの人に楽しんでもらうために、ルールを決めました。

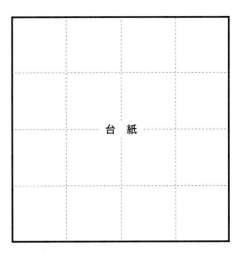

図：パズルの台紙

まず、正方形の台紙を準備します。トータルのサイズは、小さじ8。4人分のカレーを作るのにちょうどいいサイズです。ここにピースをはめていくのですが、ピースのサイズは6種類あります。スパイスは12種類。どのスパイスにどのサイズのピースがあるかはあらかじめ決められています。
ピースを自由にはめていき、パズルを完成させてください。ルールは2つだけ。

・重複するスパイスのピースは使わない。　　　　　　・ターメリックとパプリカのピースは必ず使う。

●パズルのピース一覧

	スパイス名	小1/4	小1/2	小1	小1.5	小2	小3
1	コリアンダー	○	○	○	○	○	○
2	クミン	○	○	○	○	○	—
3	グリーンカルダモン	○	○	○	○	—	—
4	パプリカ	○	○	—	—	—	—
5	レッドチリ	○	—	—	—	—	—
6	ブラックペッパー	○	—	—	—	—	—
7	フェヌグリーク	○	○	—	—	—	—
8	ターメリック	○	○	○	—	—	—
9	フェンネル	○	○	—	—	—	—
10	ガラムマサラ	○	○	—	—	—	—
11	クローブ	○	—	—	—	—	—
12	シナモン	○	—	—	—	—	—

●ピースの形

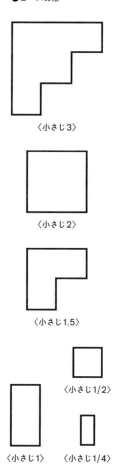

〈小さじ3〉

〈小さじ2〉

〈小さじ1.5〉

〈小さじ1/2〉

〈小さじ1〉　〈小さじ1/4〉

実際に3パターンのパズルを紹介します。実際にパズルに基づいてスパイスを配合してみてください。どうでしょうか？ どれもいい香りのカレー粉になっているはずです。

●オーソドックスMIX

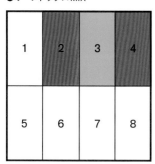

1.ターメリック／2.パプリカ／3.コリアンダー／4.クミン／5.カルダモン／6.レッドチリ／7.ブラックペッパー／8.フェヌグリーク

●ミニマルMIX

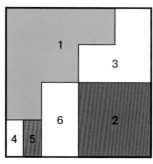

1.コリアンダー／2.クミン／3.カルダモン／4.ターメリック／5.パプリカ／6.レッドチリ

●マキシマルMIX

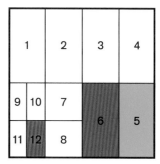

1.カルダモン／2.レッドチリ／3.ブラックペッパー／4.フェヌグリーク／5.コリアンダー／6.クミン／7.ガラムマサラ／8.フェンネル／9.クローブ／10.シナモン／11.ターメリック／12.パプリカ

これは魔法のパズルで、スパイスの知識がまったくない人が遊んでも、パズルが完成すればすべていい香りになるよう設計されているんです。

スパイスパズル
模倣編 ｜ ～世界のブレンドを真似する～

世界のミックススパイスを参考にしながら、どのようなスパイスが使われ、できあがる香りの特徴とどういう関係があるのかを考えてみましょう。

まずは、3つのパズルを埋めてみてください。

《バハラット》

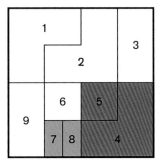

1. クミン　小さじ1と1/2
2. コリアンダー　小さじ1と1/2
3. ナツメグ　小さじ1
4. ブラックペッパー　小さじ1と1/2
5. パプリカ　小さじ1/2
6. グリーンカルダモン　小さじ1/2
7. クローブ　小さじ1/4
8. シナモン　小さじ1/4
9. ミント　小さじ1

《セブンスパイス》

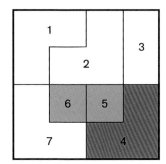

1. クミン　小さじ1と1/2
2. コリアンダー　小さじ1と1/2
3. ナツメグ　小さじ1
4. ブラックペッパー　小さじ1と1/2
5. クローブ　小さじ1/2
6. シナモン　小さじ1/2
7. オールスパイス　小さじ1と1/2

《ラスエヌハヌート》

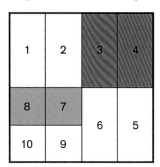

1. クミン　小さじ1
2. コリアンダー　小さじ1
3. ブラックペッパー　小さじ1
4. ガーリック　小さじ1
5. ジンジャー　小さじ1
6. ターメリック　小さじ1
7. クローブ　小さじ1/2
8. シナモン　小さじ1/2
9. グリーンカルダモン　小さじ1/2
10. ナツメグ　小さじ1/2

中東地域で使用される代表的なミックススパイスです。全体的に似た香りを持っていますので、共通点はいくつか見当たりますが、「クミンとコリアンダー」の組み合わせがベースとなっています。
とはいえ、カレー粉とは香りが違う。どちらかといえば、インドのガラムマサラの方が近いかもしれません。深みのある香りで素材の味わいを引き立てる。ビーフやマトンなどの肉の臭みとバランスを取りやすいミックスになっていると言えるでしょう。

さて、「クミンとコリアンダー」の組み合わせが見られる中東のミックスには、"ハリッサ"があります。次はこれを配合してみましょう。

香りはどうでしょうか? 少し香ばしく食欲のわく香りになっていると思います。その鍵はガーリックとチリ、パプリカあたりが握っています。ではそのあたりを考慮して、このミックスをちょっと別の手法で作ってみましょう。

《ハリッサ》

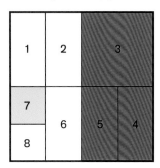

1. クミン　小さじ1
2. コリアンダー　小さじ1
3. パプリカ　小さじ2
4. レッドチリ　小さじ1
5. ガーリック　小さじ1
6. キャラウェイ　小さじ1
7. オレガノ　小さじ1/2
8. 塩　小さじ1/2

ハリッサを作る

材料（作りやすい量）：
油… 大さじ2
にんにく（つぶす）… 大4片
ホールスパイス
　　クミンシード … 小さじ2
　　コリアンダーシード … 小さじ2
　　レッドチリ（ホール）… 7本
　　キャラウェイシード … 小さじ2
生パプリカ…2個
オレガノ … 小さじ1
塩 … 小さじ1
レモン汁 … 1/2個分

赤いペーストができあがりました。食べてみると、非常においしい調味料として使えることがわかります。たとえば、パンに塗るだけで楽しめそう。スパイスの中にも「おいしさ」に直接貢献しているものがありそうです。そこを紐解いてみましょう。

では、次の3つのパズルを埋めてみてください。

【作り方】

1. 生パプリカはヘタと種を取って大きく切り、オーブンか魚焼きなどで皮面が真っ黒く焦げるまで焼く。ボウルに入れてラップをし、粗熱を取ったら焦げた皮の部分をむく。

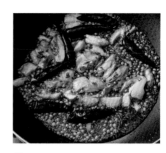

2. 鍋に油を熱し、にんにくとホールスパイスを加えてさっと炒める。

3. 焼いたパプリカを加えてさっと炒め合わせ、オレガノと塩、レモン汁を加えて火を止める。

4. 粗熱を取ったらミキサーでペーストにする。

《クレイジーソルト》

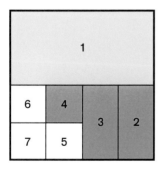

1. 塩　小さじ4
2. ブラックペッパー　小さじ1
3. オニオン　小さじ1
4. ガーリック　小さじ1/2
5. タイム　小さじ1/2
6. オレガノ　小さじ1/2
7. セロリ　小さじ1/2

《デュカ》

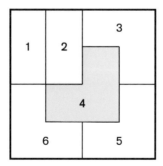

1. クミン　小さじ1
2. コリアンダー　小さじ1
3. ヘーゼルナッツ　小さじ1と1/2
4. 塩　小さじ1と1/2
5. セサミ　小さじ1と1/2
6. アーモンド　小さじ1と1/2

《ザアタル》

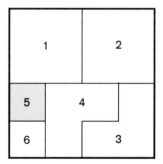

1. セサミ　小さじ2
2. スマック　小さじ2
3. クミン　小さじ1と1/2
4. オレガノ　小さじ1と1/2
5. 塩　小さじ1/2
6. サマーセイボリー　小さじ1/2

クレイジーソルトは市販されている商品ですから、原材料は明記されていますが、正式な配合比率は知りようがありません。デュカは主にエジプト、ザアタルは中東で親しまれています。すべてに共通するのは、塩。それと、スパイスよりも味の強そうなアイテムが目につきます。こういった組み合わせをすることで、香りを調えるための調香料であるはずのミックススパイスが、調味料としての役割を持つこともあるのだとわかります。

調味料と同じような意味合いの言葉に「シーズニング」というものがあります。風味を調えるためのアイテムです。では、次の3種類のシーズニングミックスには、どんな共通点があると思いますか？

3つのパズルを埋めてみてください。

《ジャークミックス》

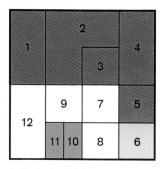

1. ガーリック　小さじ1
2. オニオン　小さじ1と1/2
3. レッドチリ　小さじ1/2
4. パプリカ　小さじ1
5. ブラックペッパー　小さじ1/2
6. 塩　小さじ1/2
7. ナツメグ　小さじ1/2
8. ジンジャー　小さじ1/2
9. タイム　小さじ1/2
10. シナモン　小さじ1/4
11. クローブ　小さじ1/4
12. オールスパイス　小さじ1

《ケイジャンミックス》

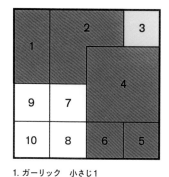

1. ガーリック　小さじ1
2. オニオン　小さじ1と1/2
3. 塩　小さじ1/2
4. パプリカ　小さじ2
5. レッドチリ　小さじ1/2
6. ブラックペッパー　小さじ1/2
7. クミン　小さじ1/2
8. タイム　小さじ1/2
9. オレガノ　小さじ1/2
10. フェンネル　小さじ1/2

《パエリアミックス》

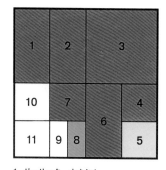

1. ガーリック　小さじ1
2. オニオン　小さじ1
3. パプリカ　小さじ2
4. レッドチリ　小さじ1/2
5. 塩　小さじ1/2
6. スモークドパプリカ　小さじ1
7. ブラックペッパー　小さじ1/2
8. クローブ　小さじ1/4
9. パセリ　小さじ1/4
10. クミン　小さじ1/2
11. オレガノ　小さじ1/2

ハリッサのときに少しヒントになったかもしれません。この3つの共通点は、たくさんあります。「ガーリック、オニオン、パプリカ、レッドチリ、ブラックペッパー、塩」です。中南米（ケイジャン・ジャーク）とスペイン（パエリア）は歴史的にも深い関係があり、食文化が影響を与え合っています。そんなこともあって、似た配合になっていると推測できます。

ともかく、これらに共通するスパイスがある程度の量で入っていれば、その他のスパイスを自由に組み合わせてオリジナルのシーズニングができそうです。

インド亜大陸周辺で使用されるミックスのパズルを埋めてみましょう。

《トゥナパハ》

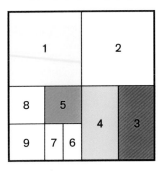

1. コリアンダー　小さじ4
2. クミン　小さじ2
3. フェンネル　小さじ1
4. クローブ　小さじ1/4
5. シナモン　小さじ1/4
6. グリーンカルダモン　小さじ1/4
7. カレーリーフ　小さじ1/4

《ガラムマサラ》

1. クミン　小さじ1
2. コリアンダー　小さじ1
3. グリーンカルダモン　小さじ1
4. フェンネル　小さじ1
5. ブラックペッパー　小さじ1
6. クローブ　小さじ1/2
7. シナモン　小さじ1/2
8. ナツメグ　小さじ1/2
9. メース　小さじ1/2
10. ビッグカルダモン　小さじ1/2
11. スターアニス　小さじ1/2

《チャットマサラ》

1. クミン　小さじ2
2. アムチュール　小さじ2
3. ブラックペッパー　小さじ1
4. ピンクソルト　小さじ1
5. シナモン　小さじ1/2
6. ザクロ　小さじ1/4
7. アサフェティダ　小さじ1/4
8. ジンジャー　小さじ1/2
9. ミント　小さじ1/2

また5つのスパイスを配合したミックスも存在します。パズルを埋めてみるとその配合の特徴がわかりやすくなります。

《パンチフォロン》

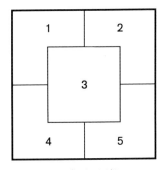

1. フェンネル　小さじ1と1/2
2. マスタード　小さじ1と1/2
3. クミン　小さじ2
4. フェヌグリーク　小さじ1と1/2
5. ニゲラ　小さじ1と1/2

《キャトルエピス》

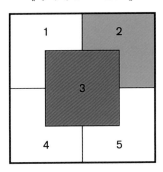

1. ホワイトペッパー　小さじ1と1/2
2. クローブ　小さじ1と1/2
3. ブラックペッパー　小さじ2
4. ナツメグ　小さじ1と1/2
5. ジンジャー　小さじ1と1/2

《ウーシャンフェン》

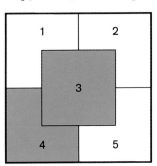

1. ホワジャオ　小さじ1と1/2
2. スターアニス　小さじ1と1/2
3. シナモン　小さじ2
4. クローブ　小さじ1と1/2
5. フェンネル　小さじ1と1/2

●世界のミックス・配合バランス一覧表

		エキゾチック				調味料			シーズニング			インド亜大陸			5スパイス			
		バハラット	セブンスパイス	ラスエヌハヌート	ハリッサ	クレイジーソルト	デュカ	ザアタル	ジャークミックス	ケイジャンミックス	パエリアミックス	トゥナパハ	ガラムマサラ	チャットマサラ	パンチフォロン	キャトルエピス	ウーシャンフェン	登場頻度
1	クミン	小1.5	小1.5	小1	小1		小1	小1.5		小½	小½	小2	小1	小2	小2			12
2	ブラックペッパー	小1.5	小1.5	小1		小1			小½	小½	小½		小1	小1		小2		10
3	クローブ	小¼	小½	小½					小¼		小¼	小¼	小½			小1.5	小1.5	9
4	シナモン	小¼	小½	小½					小¼			小¼	小½	小½			小2	8
5	コリアンダー	小1.5	小1.5	小1	小1		小1					小4	小1					7
6	塩				小½	小4	小1.5	小½	小½	小½	小½							7
7	ガーリック			小1	小1	小½			小1	小1	小1							6
8	ナツメグ	小1	小1	小½					小½				小½			小1.5		6
9	フェンネル									小½		小1	小1		小1.5		小1.5	5
10	パプリカ	小½			小2				小1	小2	小2							5
11	オレガノ				小½	小½		小1.5		小½	小½							5
12	レッドチリ				小1				小½	小½	小½							4
13	ジンジャー			小1					小½					小½		小1.5		4
14	Gカルダモン	小½		小½								小¼	小1					4
15	オニオン					小1			小1.5	小1.5	小1							4
16	タイム					小½			小½	小½								3
17	ミント	小1												小½				2
18	オールスパイス		小1.5						小1									2
19	セサミ						小1.5	小2										2
20	スターアニス												小½				小1.5	2
21	フェヌグリーク														小1.5			1
22	サマーセイボリー							小½										1
23	メース												小½					1
24	ビッグカルダモン												小½					1
25	マスタード														小1.5			1
26	ニゲラ														小1.5			1
27	ヘーゼルナッツ						小1.5											1
28	アーモンド						小1.5											1
29	キャラウェイ				小1													1
30	スモークドパプリカ										小1							1
31	セロリ					小½												1
32	パセリ										小¼							1
33	アムチュール													小2				1
34	アサフェティダ													小¼				1
35	ザクロ													小¼				1
36	ピンクソルト													小1				1
37	ホワジャオ																小1.5	1
38	ホワイトペッパー															小1.5		1
39	ターメリック			小1														1
40	カレーリーフ											小¼						1
41	スマック							小2										1
	使用スパイス数	9	7	10	8	7	6	6	12	10	11	7	11	9	5	5	5	

スパイスボックス
創造編 ～私だけのボックス～

以上のことを踏まえて自分好みのスパイスを揃えてみましょう。7つの小鉢がセットになったスパイスボックスに頼りになるスパイスたちを選んで収めていくイメージです。小鉢の場所によって、役割を明確にしておくと、スパイスを選ぶときにより実用的になるし、楽しめます。

スパイスの配合は無限です。永遠に楽しめますね。

●ボックス役割分担

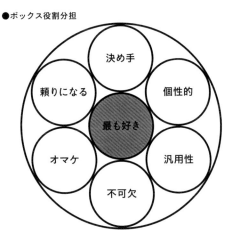

決め手 / 頼りになる / 個性的 / 最も好き / オマケ / 汎用性 / 不可欠

《カレー粉ボックス》

1.コリアンダー（ホール）／2.レッドチリ（ホール）／3.ブラックペッパー（ホール）／4.クミンシード（ホール）／5.ターメリック（パウダー）／6.フェヌグリーク（パウダー）／7.パプリカ（パウダー）

《マサラボックス》

1.スターアニス／2.ビッグカルダモン（ホール）／3.クローブ（ホール）／4.フェンネルシード（ホール）／5.シナモン（ホール）／6.メース（ホール）／7.グリーンカルダモン（ホール）

《シーズニングボックス》

1.ピモンデスプレット（パウダー）／2.ガーリック（パウダー）／3.オレガノ（ホール）／4.ブラックペッパー（パウダー）／5.塩／6.ジンジャー（パウダー）／7.オニオン（パウダー）

《マイブームボックス》

1.カロンジ／2.ローステッドカレーパウダー／3.キャラウェイシード／4.スマック／5.塩漬けチリ／6.カルパシ／7.カスリメティ

味の仕組みを体験できる
スパイスダーツ

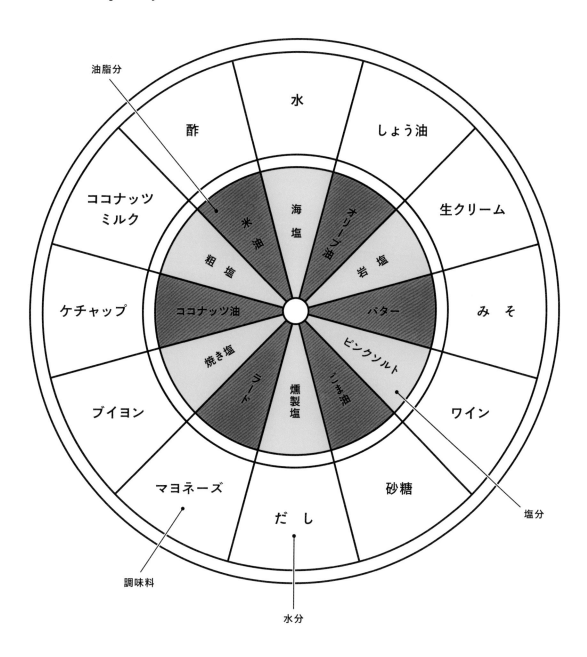

油脂分

水
酢
しょう油
ココナッツ
ミルク
生クリーム
ケチャップ
みそ
ブイヨン
ワイン
マヨネーズ
砂糖
だ　し
塩分
調味料
水分

海塩
米油
オリーブ油
粗塩
岩塩
ココナッツ油
バター
焼き塩
ピンクソルト
ラード
燻製塩
ごま油

次のトレーニングでは、なんと、
スパイスでダーツやルーレットを楽しみます。
次のページへ続く。

トレーニング

5

味と香りの関係を知る

【 How to スパイスダーツ 】

味と香りをみなさんはどう捉えていますか？ 「味」と「香り」は多くの場合、区別できるものではありません。密接に関係しているから。でも、区別するとすっきり腑に落ちることもあるのです。
ウナギは高級だから食べられないけれど、香りだけを嗅いでごはんを食べるという小噺があります。口に入れる前は香りだけを嗅ぎますよね。優れた調理人は何度も味見をしません。一度か二度だけ。でも味のおいしい料理を作る。不思議ですね。味と香りの関係について考えてみましょう。

たとえば、ダーツをイメージしてみてください。的にはたくさんの食材名が書いてあります。そこへめがけてスッと矢を放つ。じゃがいもに当たりました。じゃがいも？ またじゃがいもか。ま、じゃがいもでこのトレーニングを進めていくことにしましょう。

スパイスダーツ
塩分編

じゃがいもという素材をおいしく食べるために最も素朴にして最も重要なアイテムはなんだと思いますか？ 誰が何と言おうと「塩」です。塩さえあれば、肉でも野菜でも魚でも、たいていのものはおいしくなります。

・海塩	・燻製塩
・岩塩	・焼き塩
・ピンクソルト	・粗塩

これらの塩をふりかけるだけで、じゃがいもそのものの味わいと香りを十分満喫できるはずです。

●ゆでじゃがいも

【材料】
じゃがいも…2個
塩…少々　※塩分

【作り方】
1. 鍋にじゃがいもとかぶるくらいの水（分量外）を入れて火にかけ、じゃがいもの中心に火が通るまでゆでる。
2. 粗熱を取り、皮をむいて適当なサイズに切り、塩をふりかける。

油脂編

さらにじゃがいもをおいしく味わいたいと思ったとき、次に最も素朴にして最も重要なアイテムは何だと思いますか?「油脂」です。油そのものがうま味を持っていますし、加熱時に温度を上げておいしい風味を生み出します。

・米油	・ごま油
・オリーブ油	・ラード(牛脂)
・バター	・ココナッツ油

● フライドポテト

【材料】
じゃがいも(くし形切り)
　…2個
塩…少々　※塩分
揚げ油…適量　※油脂分

【作り方】
1. じゃがいもを油でこんがりするまで揚げる。
2. バットにあげ、熱いうちに塩をふる。

塩だけで食べたじゃがいもとはまた別のおいしさが生まれました。強いうま味と揚げた香ばしい香り。

調味編

もっとじゃがいもをおいしく味わいたいと思ったら、塩の代わりに使える便利なアイテムは、「調味料」ですね。ダーツの矢がマヨネーズに当たったら、ポテトサラダができます。そう、調味料というのは飛び道具とも言えるアイテムで、場合によっては塩も油も必要ない。それだけでおいしくなってしまうこともあります。

・しょう油	・マヨネーズ
・みそ	・ケチャップ
・砂糖	・酢

● ポテトサラダ

【材料】
じゃがいも…2個
マヨネーズ
　…大さじ2
※調味料

【作り方】
1. 鍋にじゃがいもとかぶるくらいの水(分量外)を入れて火にかけ、じゃがいもの中心に火が通るまでゆでる。
2. 粗熱を取り、皮をむいて適当なサイズにつぶし、マヨネーズを混ぜ合わせる。

水分編

ちょっとだけ脱線します。じゃがいもを別の調理で楽しみたくなったら、「水分」があると有効です。ブイヨンと合わせてじゃがいもスープにしてもいいし、生クリームと合わせてマッシュポテトもいいですね。ちょっとしゃれた料理なら、ビシソワーズにしてもいいかもしれません。これまでダーツで獲得した食材を順に使えばできますよ。

・水	・だし
・生クリーム	・ブイヨン
・ワイン	・ココナッツミルク

● マッシュポテト

【材料】
じゃがいも…2個(200g)
塩…少々　※塩分
バター…15g　※油脂分
生クリーム…50ml　※水分

【作り方】
1. 鍋にじゃがいもとかぶるくらいの水(分量外)を入れて火にかけ、じゃがいもの中心に火が通るまでゆでる。
2. 粗熱を取り、皮をむいて適当なサイズにつぶし、裏濾し器で濾す。
3. 小鍋に少々の湯(分量外)と生クリームを合わせて煮立て、じゃがいもを加えて混ぜ合わせる。バターと塩で味を調整する。

スパイスルーレット
風味編

風味というのはそもそも解釈が難しい言葉ですね。味と香りが両方混ざっているイメージ。そのイメージ通りに想像してみましょう。味も香りも強いアイテムは素材の味わいに色どりを与えてくれます。風味を強めてくれるため、「風味料」。ネパールで親しまれているポテトのアチャールは、ごまを使って作ることができます。

・にんにく	・唐辛子
・しょうが	・フライドオニオン
・ごま	・煮干し
・ナッツ	

●ポテトアチャール

【材料】

じゃがいも…2個（200g）

塩…少々　※塩分

マスタード油…大さじ1　※油脂分

穀物酢…大さじ1　※調味料

にんにく（すりおろし）…小1片　※風味料

しょうが（すりおろし）…小1片　※風味料

すりごま…大さじ1　※風味料

【作り方】

1. 鍋にじゃがいもとかぶるくらいの水（分量外）を入れて火にかけ、じゃがいもの中心に火が通るまでゆでる。
2. 粗熱を取り、皮をむいて適当なサイズに切り、ボウルに入れて、にんにくとしょうが、すりごま、塩と酢を混ぜ合わせておく。
3. フライパンに油を熱し、煙が出てきたら、ボウルに加え、全体を混ぜ合わせる。

スパイスルーレット
調香編／スパイス版

スパイスの最も重要な役割は「香りづけ」です。味を調えるのではなく、香りを調える。だから、「調香料」と名づけました。

それだけでなく、スパイスの香りは素材の味わいを引き立てる役割を持つのです。スパイスが加われば、たとえばスリランカのシンプルなじゃがいも料理が作れます。スパイスの特徴として、調味料に頼らなくてもおいしくさせられる点もあります。

・グリーンカルダモン	・ガラムマサラ
・クローブ	・クミン
・シナモン	・コリアンダー
・ターメリック	・ブラックペッパー

●スリランカのポテト料理

【材料】

じゃがいも

　（小さめひと口大）

　…2個（250g）

塩…小さじ1弱　※塩分

ココナッツ油…大さじ1　※油脂分

にんにく（みじん切り）…1片　※風味料

煮干し…小2本　※風味料

レッドチリパウダー…小さじ1　※風味料

ターメリックパウダー…少々　※調香料・スパイス

ブラックペッパーパウダー…小さじ1/2　※調香料・スパイス

【作り方】

1. 鍋にじゃがいもと水（分量外）を入れて火にかけ、じゃがいもの中心に火が通るまでゆでる。
2. ざるにあげて粗熱を取って皮をむき、ひと口大に切っておく。
3. 空いた鍋に油を熱し、にんにくを加えて炒める。じゃがいもを戻し、パウダースパイスと塩、煮干しを加えて炒め合わせる。

スパイスの組み合わせをシミュレーション
スパイスルーレット

「BASE」に風味料、香りの特徴によって「MIDDLE」と「TOP」に分類されたスパイスの名前が記載されたルーレット。実際に切り抜いて使用することができます。

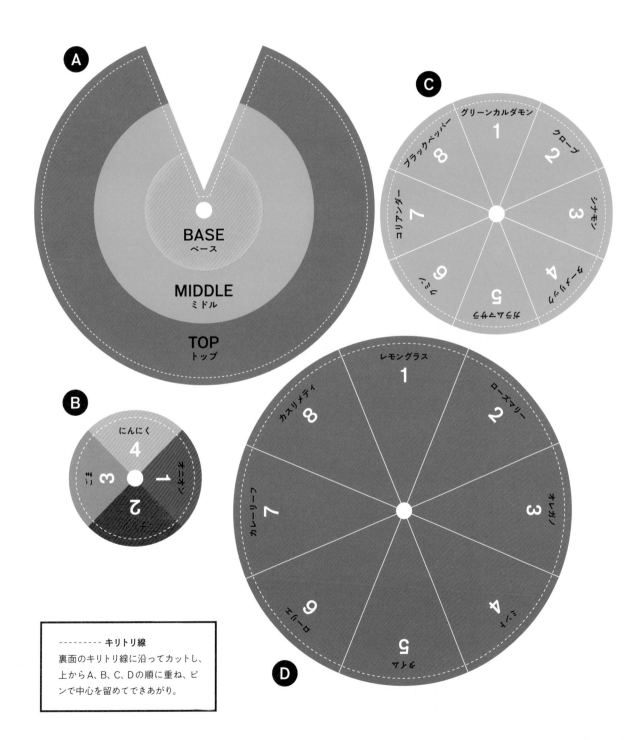

-------- **キリトリ線**
裏面のキリトリ線に沿ってカットし、上からA、B、C、Dの順に重ね、ピンで中心を留めてできあがり。

【作り方】

1. キリトリ線に沿って
ハサミで図をカットする。

2. 図のように重ねて
ピンで中心を留める。

3. Aを固定し、B、C、Dのパーツを動かし、
スパイスの組み合わせをシミュレーションする。

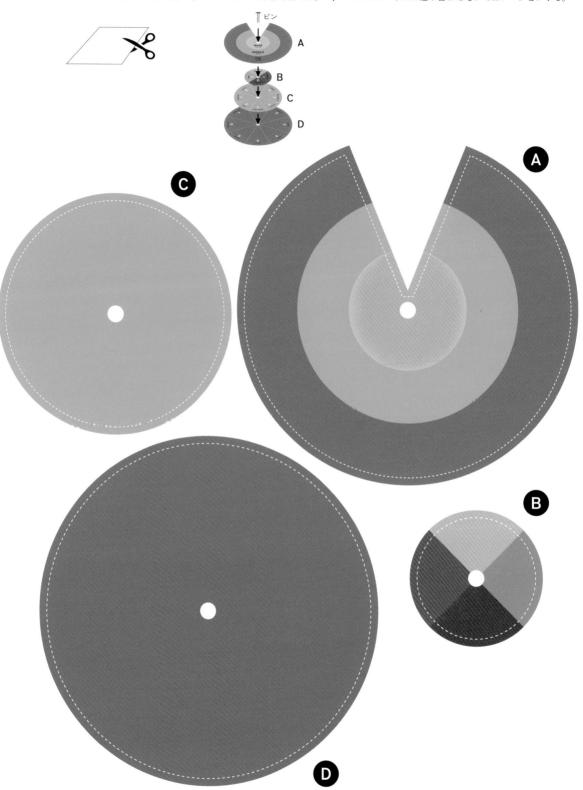

さて、ここから少し、趣向を変えて楽しみましょう。ここからはダーツではなく、ルーレットです。

【 How to スパイスルーレット 】

もうここまででじゃがいもは十分おいしくなったのだから、これ以上あれこれしなくてもいいじゃないか。そう思う人も多いかもしれません。たしかにそうかもしれませんね。でも、これまで作ってきたじゃがいも料理を思い起こしてみてください。

たとえば、ゆでじゃがいもにブラックペッパーがふりかけてあったら、どうですか？
たとえば、フライドポテトにみじん切りのパセリが散らしてあったら、どうですか？
たとえば、ポテトサラダに少しだけカレーパウダーが混ざっていたら、どうですか？
たとえば、マッシュポテトにナツメグやパプリカなどが潜んでいたら、どうですか？

もっともっとおいしく味わえたかもしれませんね。ちょっと別の角度から見てみましょう。よく食べている素材を知っているのとは別の味わいで楽しむために、効果的に使えるアイテムがあります。それを僕は「風味料」と呼んでいます。

スパイスルーレット
調香編／ハーブ版

スパイスルーレットをしたんだから、ハーブルーレットもしてみましょうか。インドで親しまれているアルーマサラにも変身させられます。

・レモングラス	・タイム
・ローズマリー	・ローリエ
・オレガノ	・カレーリーフ
・ミント	・カスリメティ

●アルーマサラ

【材料】
じゃがいも
（小さめひと口大）
…2個（200g）
塩…少々 ※塩分
植物油…大さじ2 ※油脂分
玉ねぎ（みじん切り）…1/4個 ※風味料
しょうが（千切り）…1片 ※風味料
クミンシード…少々 ※調香料・スパイス
レッドチリパウダー…少々 ※風味料
ターメリックパウダー…少々 ※調香料・スパイス
コリアンダーパウダー…少々 ※調香料・スパイス
香菜（みじん切り）…1株 ※調香料・ハーブ
水…100ml ※水分

【作り方】
1. 鍋にじゃがいもと水（分量外）を入れて火にかけ、じゃがいもの中心に火が通るまでゆでる。
2. ざるにあげて粗熱を取って皮をむき、ひと口大に切っておく。
3. 空いた鍋に油を熱し、クミンシードと玉ねぎを加えてキツネ色になるまで炒める。
4. じゃがいもとパウダースパイス、塩を加えて混ぜ合わせ、水を注いで煮立て、ふたをして弱火で5分ほど煮る。
5. ふたを開けてしょうがと香菜を混ぜ合わせ、さっと煮る。

フレーバーメガホン（ダーツとルーレット）

さて、ダーツとルーレットを使いながら、味と香りの関係を楽しんでいただけましたか？素材を中心に同心円状にパートナーが控えています。中心に近ければ近いほどなくてはならないもの。遠くなればなるほどなくても大丈夫なもの。内側をダーツで遊び、外側をルーレットで遊びました。ルーレットに登場したアイテムは「なければなくてもいいが、あれば香りや味をより豊かにしてくれるもの」と考えてください。風味料と調香料を分けているのは香りの働きです。

BASE NOTE ……風味料

MIDDLE NOTE ……調香料・スパイス

TOP NOTE ……調香料・ハーブ

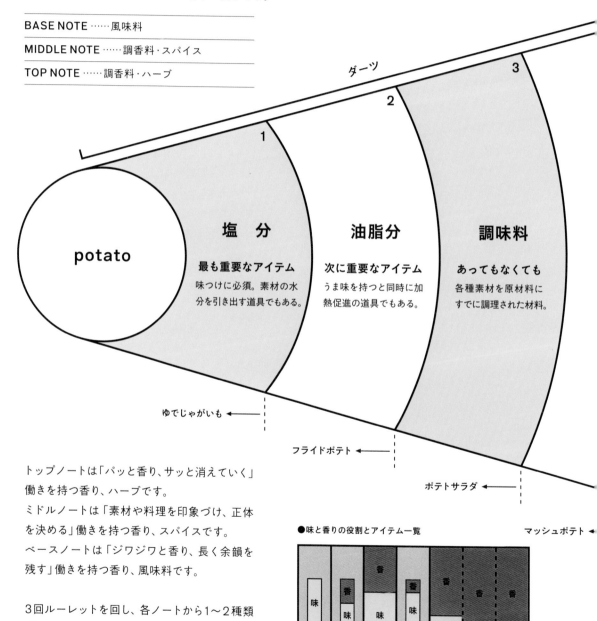

ダーツ

1

2

3

potato

塩　分
最も重要なアイテム
味つけに必須。素材の水分を引き出す道具でもある。

油脂分
次に重要なアイテム
うま味を持つと同時に加熱促進の道具でもある。

調味料
あってもなくても
各種素材を原材料にすでに調理された材料。

ゆでじゃがいも ←

フライドポテト ←

ポテトサラダ ←

マッシュポテト ←

トップノートは「パッと香り、サッと消えていく」働きを持つ香り、ハーブです。
ミドルノートは「素材や料理を印象づけ、正体を決める」働きを持つ香り、スパイスです。
ベースノートは「ジワジワと香り、長く余韻を残す」働きを持つ香り、風味料です。

3回ルーレットを回し、各ノートから1〜2種類ずつのアイテムを選んでブレンドすれば、バランスの取れた香りを生み出すことができるでしょう。

●味と香りの役割とアイテム一覧

1	2	3	4	5	6	7

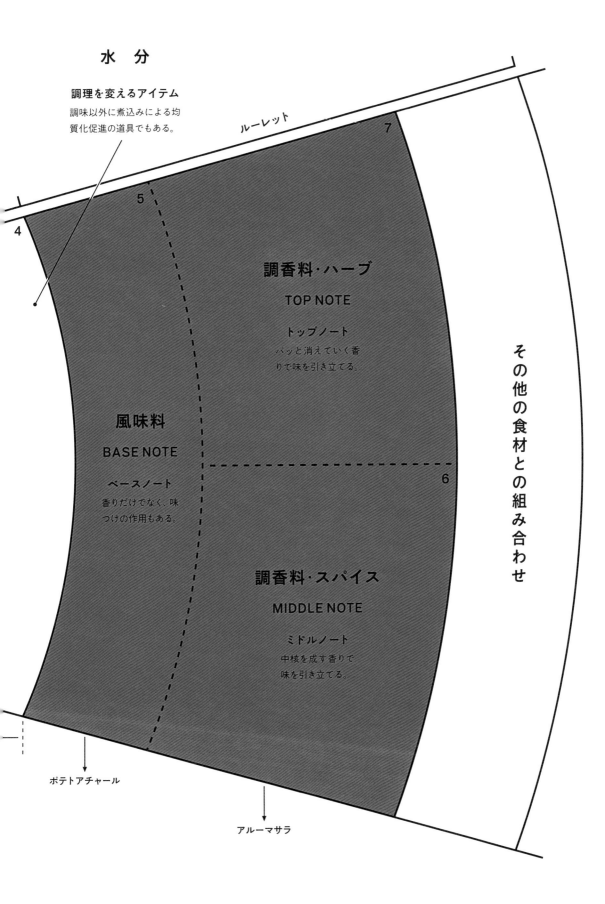

水　分

調理を変えるアイテム
調味以外に煮込みによる均
質化促進の道具でもある。

ルーレット

7

5

4

調香料・ハーブ
TOP NOTE

トップノート
パッと消えていく香
りで味を引き立てる。

風味料
BASE NOTE

ベースノート
香りだけでなく、味
つけの作用もある。

6

調香料・スパイス
MIDDLE NOTE

ミドルノート
中核を成す香りで
味を引き立てる。

その他の食材との組み合わせ

ポテトアチャール

アルーマサラ

Column

唐辛子をめぐる冒険

その

1

トルコの "ビベル"

撮影：ジンケ・ブレッソン

身近なものに目を向けておかないと、大事なものには気づけないのだよ。

できることなら去年の初夏を迎えようとしている自分自身に、そう伝えてあげたかったと思っている。トルコを旅するにあたって、僕の頭はケバブでいっぱいだった。「焼いた肉を大量に食らう」という、頭の悪そうなレジャーを目的に浮ついた気持ちではるか中東の国を目指す。どう見ても足元をすくわれそうな状態である。今思えば、唐辛子に対してノーマークだったことは、やむを得ないことだ。

昔からよく聞く「世界三大料理のひとつ」という触れ込みを鵜呑みにする気はないが、肉がうまそうだという印象はあったし、学生時代にパリでよく食べたドネルケバブの印象が頭から離れなかったから、期待は高まっていた。肉をおいしくするスパイスの配合があるに違いない。それを探りに行きたい。少し前に友人からもらったトルコの土産はミックススパイスだった。透明の袋に「MEAT」と走り書きがある。「市場のおじさんに特別にブレンドしてもらったの」と友人は嬉しそうに報告してくれた。そういう男がいるなら会いに行き、ブレンドの一挙手一投足を目に焼き付けようと意気込んだりもした。

イスタンブールに着くなり、僕はケバブ屋へ向かった。
旅先で働く "よさそうだ" とか "だめそうだ" と

いった勘には従うことにしている。たとえばそのケバブ屋は、よさそうな店のお手本のようだった。離れたところから歩いて近づいていくだけで、漂う香り、漏れる喧騒、調理器具の奏でる音などが入り交じり、いいジャズセッションを聴いているときのように訴えかけてくる。そんな店で人生初の現地ケバブを口にするのは幸せなことだ。

調子よく焼かれたケバブが運ばれる。期待を超えるおいしさに目を閉じた。あっという間に半分ほどが消え、残りを少し別の楽しみ方にしようと卓上にある木のケースに手をのばした。粗挽きの唐辛子とドライミントである。パラパラとふりかけ、口に運んだら、また目を閉じる。さっきよりもはるか豊かに香るケバブ。ジャズセッションに女神のヴォーカルが加わったような華やかさである。

この歌い手が唐辛子であることは、後になって知ることになる。

店のオーナーがいたから聞いてみることにした。「肉がとにかくおいしいんだけれど、スパイスは何を使っているんですか?」

白髪にヒゲを蓄え、貫禄のあるオーナーは常ににこやかな男だったが、僕の質問を受けて顔をこわばらせた。少し間があって、はっきりとした声でこう言ったのだ。
「バハラット、ノー!!!」
左の頬あたりに挙げた手を右の腰あたりまで勢いよく振り下ろすジェスチャーで、これ以上ない否定を示した。僕は自分の胸が切り裂かれたような気持ちになった。バハラットとはスパイスそのもの、または複数種類を配合したミックススパイスのことを指す。そういうものは一切使っていないという。毎朝、早い時間から大量の肉をマリネして仕込んでいるオーナーの毅然とした態度には、スパイスに頼らず肉のうま味を生み出す技術へのプライドがにじみ出ていた。

スパイスを使わずあのうま味が出るのなら、秘密は唐辛子にありそうだ。スパイスの主な役割は香りづけである。その香りが食材の味わいを引き立てる。確かに唐辛子の香りは好きだが、"ケバブ＋唐辛子"にはそれ以上の何かがあるような気がした。

地元民が集まる市場へ行くと、軒先にぶら下がるドライパプリカが目に留まった。頭の中にある唐辛子と目に映るパプリカがオーバーラップする。そうか、これ、同じナス科の植物なんだよな。生鮮野菜を売る店を見ると、赤や青の唐辛子からパプリカ、ピーマンなどがずらりと並べられている。ん? どこからどこまでが唐辛子? どれが辛くてどれが辛くない? これはスパイス? あれは野菜? さっきのケバブがフラッシュバックする。ヴォーカルが消え、脳裏にはフリージャズのように不協和音が鳴り響いた。

唐辛子とは、いったい、何なのか? 僕は唐辛子のことがわからなくなった。

Chapter

2

Enjoy

スパイスを楽しむ

スパイスを駆使して自在に料理をするシェフたちは、未知なる香りや味わいを披露してくれます。
彼らが快走する姿を目にすることは、刺激的で情熱を掻き立てられるでしょう。

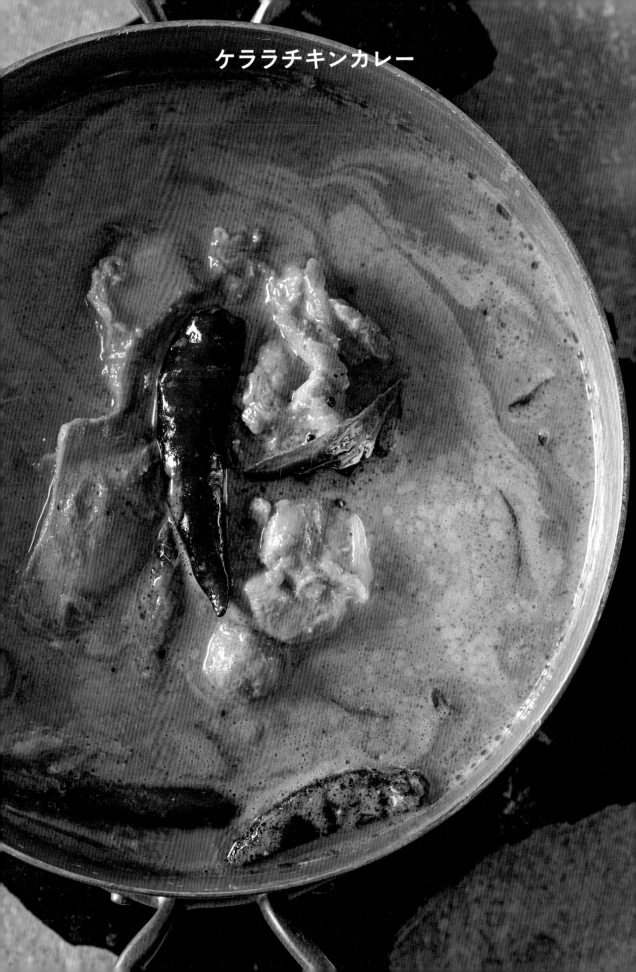

ケララチキンカレー

南インドを代表するメジャーなチキンカレー。ナイル善己氏のレシピは、
現地で食べたどのケララチキンよりもおいしいと僕は思います。
おそらく仕上げのテンパリングで加える特殊な香りの手法によるところなんじゃないかなぁ。

レシピ：ナイル善己（ナイルレストラン）　**調理：水野仁輔**

材料（4人分）：

油 … 大さじ3

玉ねぎ（千切り）… 1個

しょうが（千切り）… 1片

にんにく（千切り）… 2片

青唐辛子（千切り）… 3本

トマト（ざく切り）… 1個

パウダースパイス

　コリアンダー … 大さじ1

　パプリカ … 小さじ2

　カイエンペッパー … 小さじ1/3

　ターメリック … 小さじ1/2

塩 … 小さじ1

鶏もも肉（皮を取り除きひと口大に切る）

　… 2枚（480g）

ココナッツミルク … 300㎖

水 … 100㎖

テンパリング用

　油 … 大さじ1

　カイエンペッパー … 小さじ1/3

　マスタードシード … 小さじ1/2

　赤唐辛子 … 5本

　カレーリーフ … 1枝（あれば）

作り方：

① 鍋に油を熱し玉ねぎを炒め、玉ねぎがしんなりしてきたら、しょうが、にんにく、青唐辛子を炒める。

② 玉ねぎのふちが色づいてきたら、トマトを炒める。

③ トマトがくずれたらパウダースパイス、塩を加えさっと炒め、鶏もも肉、ココナッツミルク、水を加え、沸騰させたらふたをして弱火で10分煮込む。

④ テンパリング → フライパンに油を熱しマスタードシードを加える。マスタードシードのはねるのが収まったら、その他のスパイスを加えなじんだら鍋に加え、2〜3分煮込みなじませ、塩（分量外）で味を調整する。

〈 ケララチキンカレー 〉

エレガントチキンカレー

ワインソムリエの資格を持つナイル善己氏が、

独特の感性で"エレガントだ"と感じる香りを生み出すアイテムを満載にしたカレー。

これだけの香りをまとめて包み込んでしまうカレーという料理は、懐が深いなぁと感じます。

レシピ：ナイル善己（ナイルレストラン）　調理：水野仁輔

材料（4人分）：

ココナッツ油 … 大さじ5

ホールスパイス

　　カルダモン … 10粒

　　クローブ … 10粒

　　シナモン … 1本

　　スターアニス … 1個

　　メース … ふたつまみ

玉ねぎ（千切り） … 1個

にんにく（千切り） … 2個

しょうが（千切り） … 2個

青唐辛子（千切り） … 1本

トマト（ざく切り） … 1個

パウダースパイス

　　パプリカ … 小さじ2

　　コリアンダー … 大さじ1

　　クミン … 小さじ1

　　ターメリック … 小さじ1/2

　　ガラムマサラ … 小さじ1

　　カイエンペッパー

　　（青唐辛子の辛さに応じて） … 適量

塩 … 小さじ1

鶏むね肉（皮を取り除きひと口大に切る）

　… 400g

白ワイン … 200㎖

ココナッツミルク … 200㎖

カスリメティ … 適量

作り方：

① 鍋にココナッツ油を熱しホールスパイスを炒める。

② 玉ねぎを加え中火で炒め、玉ねぎの中心まで5割くらい火が通ったら、にんにく、しょうが、青唐辛子を炒める。

③ 玉ねぎがキツネ色になったらトマトを加えてペースト状になるまで炒める。

④ パウダースパイス、塩を加えさっと炒める。

⑤ 鶏むね肉を加えなじませたら、白ワインを加えてグツグツ煮立て、ココナッツミルクを加えて強火にする。

⑥ 沸騰したらふたをして弱火で10分煮込み、塩（分量外）で味を調整する。

⑦ カスリメティを加えて混ぜ合わせる。

焙煎スパイス香るチキンカレー＆
ポル・サンボーラ
（ココナッツの和えもの）

スパイスの焙煎に関する既成概念を打ち壊してくれたのがスリランカのカレーでした。
ローステッドカレー粉を含め各種素材の持つ香りを信じる。
だからこそ、調理プロセスは恐ろしく単純なのに奥深い香りを生み出せます。

レシピ：濱田祐介（カラピンチャ）　調理：水野仁輔

材料（4人分）：
鶏肉（骨付きもも肉）…600g
玉ねぎ（薄切り）…1/4個（約60g）
にんにく（みじん切り）…1片（約8g）
しょうが（みじん切り）…1片（約12g）
カレーリーフ…10枚
パンダンリーフ…約5センチ
塩…小さじ1（約6g）
ローストカレーパウダー
　…大さじ2（約12g）
ターメリックパウダー
　…小さじ1と1/2（約2.5g）
ブラックペッパーパウダー
　…小さじ1/2（約1.5g）
フェヌグリーク…小さじ1/2（約2g）
セイロンシナモン（細かく砕く）
　…スティック2センチ程（1g）
ゴラカ…1個
チリパウダー…小さじ1（約3g）
ココナッツミルクパウダー…10g
湯（50℃程度）…30㎖
水…400㎖

下準備：
・鶏肉（骨付きもも肉）の皮をはぎ、好みのサイズにカットする。
・ボウルを用意し、ココナッツミルクパウダーをお湯30㎖で溶いて
　ココナッツミルクを作っておく。

作り方：
① 鍋にチリパウダーとココナッツミルク以外の材料（鶏肉、玉ねぎ、
　にんにく、しょうが、カレーリーフ、パンダンリーフ、塩、ローストカレー
　パウダー、ターメリックパウダー、ブラックペッパーパウダー、フェヌ
　グリーク、セイロンシナモン、ゴラカ）を入れて、優しく混ぜ合わせる。
② 水を注いで中火にかける。沸騰したら、弱火にして20分程度煮
　込む。調理中は鍋の中をあまり強く混ぜずに、時々鍋を優しく揺
　らして混ぜる程度。
③ 小さめのフライパンでチリパウダーを焙煎し、焦げ茶色くらい
　になったら鍋に加える。
④ ココナッツミルクを加え、さらに5分ほど煮込む。ココナッツミ
　ルクを加えた後は、沸騰させない程度で煮込む。必要なら塩で
　味を調整する。

材料（作りやすい量）：
ココナッツファイン（乾燥）…60g
ココナッツミルクパウダー…5g
湯…10㎖
青唐辛子（薄切り）…1本（入手困難、辛い
　のが苦手な場合はししとう2本で代用可）
赤玉ねぎ（みじん切り）…30g
塩…小さじ1/2（約3g）
レッドチリパウダー…小さじ1（約1.8g）
レッドチリ（粗挽き）…小さじ1（約1.8g）
ブラックペッパーパウダー
　…小さじ1/2（約1.5g）
ライム…1/4個
　（レモン、すだちなどでもOK。お好みで）

作り方：
① ボウルにココナッツファイン、ココナッツミルクパウダー、湯10㎖
　を入れ、なじませておく（ほんの少ししっとりする程度）。
② ワンゲディヤ（すり鉢のような器具。すり鉢でも可）に青唐辛子を
　入れ、つぶすようにたたく。赤玉ねぎを加えさらにたたく。
③ 塩とレッドチリパウダー、粗挽きのレッドチリ、ブラックペッパー
　パウダーを加えて再びたたく。
④ ふやかしたココナッツファイン
　を入れ、さらにもみ込むように
　たたく。
⑤ ライムを絞り、さらにもみ込む
　ようにたたく。必要なら塩で味
　を調整する。

チキンカレー＆タルカリ

ネパール料理は、シンプルでいて滋味深いのが特徴。

これがインド料理なら、はるかに多くの種類と量のスパイスが入ります。

これらのレシピは、限られたアイテムの焙煎や加熱で驚くほど豊かな香りを生み出せる調理のお手本。

レシピ：本田遼（OLD NEPAL TOKYO）　調理：水野仁輔

材料（4人分）：
油 … 15g
玉ねぎ（スライス）… 100g
パウダースパイス
  コリアンダー … 2g
  ターメリック … 3.5g
  ガラムマサラ … 2.5g
トマト（ダイスカット）… 100g
にんにく（みじん切り）… 15g
しょうが（みじん切り）… 10g
鶏もも肉（皮付き）… 250g
水 … 500㎖
塩 … 適量
鶏もも肉（皮なし）… 500g
クミンペースト用クミンシード … 10g
ローステッドクミンパウダー … 1g

下準備：
・クミンペーストは、クミンシードを140℃で1時間ローストして5倍量の水で浸水し、ミキサーでペーストにする。
・クミンパウダーは180℃くらいで焙煎する。
・皮付き鶏もも肉は180℃でローストして藁か薪で香りをつけ、5センチ程度にカットする。

作り方：
① 鍋に油を熱し、玉ねぎを加えて焦げ茶色になるまで炒める。
② パウダースパイスを加えて香りが立つまで炒める。
③ トマトを加えて煮くずれるまで炒める。
④ にんにくとしょうがを加え、鶏もも肉（皮付き）を加えて水と塩を加えて煮立て、1時間くらい煮込む。火を止め、粗熱を取ってミキサーにかけ、ピューレ状（スープ状）にしておく。
⑤ 別の鍋に油（分量外）を熱し、鶏もも肉（皮なし）を炒めて火をおこして香りを移す。仕上がった肉に塩少々（分量外）をふりかける。
⑥ ピューレを加えて煮込む。
⑦ クミンペーストとローステッドクミンパウダーを入れて少し煮込む。塩（分量外）で味を調整する。

材料（4人分）：
なす（乱切り）… 200g
ハヤトウリ（乱切り）… 200g
油 … 15g
メティシード … ひとつまみ
じゃがいも … 400g
ターメリック … 3.5g
クミンペースト用クミンシード … 15g
にんにく（みじん切り）… 10g
しょうが（みじん切り）… 10g
塩 … 適量
水 … 250㎖

下準備：
・クミンペーストは、クミンシードを140℃で1時間ローストして5倍量の水で浸水し、ミキサーでペーストにする。
・じゃがいもは140℃で1時間ローストし、中に火が通っていたら皮をむき、3センチ大にカットする。

作り方：
① 油（分量外）を入れた中華鍋を熱し、なすを入れて火入れする。油を吸ったら少し水（分量外）を入れて火をおこす。なすに火の香りを移し、大きめのボウルに入れる。
② 空いた鍋にハヤトウリを入れ、鍋の温度が上がったら少し水（分量外）を入れて火をおこす。食感は少しシャキシャキする程度の火入れ。なすの入ったボウルに入れる。
③ 空いた鍋に油を熱し、メティを加えて黒くなるまで炒める。すぐにじゃがいもを加えてターメリックを加えて香りが出るまで炒め合わせる。
④ クミンペーストとにんにく、しょうが、塩を加え、水を注いで煮立てる。
⑤ じゃがいものデンプンが溶け出して水気がなくなり、とろとろになるまで煮込む。
⑥ なすとハヤトウリが入ったボウルにじゃがいもを入れてヘラで混ぜる。塩味を確認する。

Poulpe Alexandrie

タコ・アレクサンドリア

タコにどれだけの風味を含められるか、その風味を損なわず、
周囲にどんな香りをまとわせることができるのか。シンプルな素材に手を尽くして
華やかに飾りつける香りのテクニックが満載。際限なく食べ続けることができます。

レシピ・調理：茂田尚伸（Spoon2）

タコ

材料（作りやすい量）：

生ダコ … 1kg
大根（輪切り）… 100g
生唐辛子 … 1本

黒こしょう … 4g
茴香の茎（乾燥）… 1枝
シナモンリーフ … 2枚

作り方：

① タコにひとつまみ塩（分量外）をふり、よくもみぬめ
　りを取る。洗い流し、塩なしでもう一度同じ作業を
　繰り返す。
② 鍋に水（分量外）を張り、タコと大根、唐辛子、黒こ
　しょう、茴香の茎、シナモンリーフを加え、ゆっく
　りと沸騰させてからそのまま弱火で40分ほど煮る。
③ 竹串などでタコを刺し、すっと串が通れば火が入
　っている。そのままゆで汁の中で冷やす。

ビネグレットハイビスカス

材料（作りやすい量）：

乾燥ハイビスカスの花 … 20g
水 … 300㎖
煮詰めたハイビスカスのシロップ … 約30㎖
ザクロのメラス（ソース）… 20mg
タヒナ … 15g
オールスパイスパウダー … 0.5g
ターメリックパウダー … 0.3g
シナモンパウダー … 0.4g
ジンジャーパウダー … 0.2g
シェリービネガー … 12㎖
ローズウォーター … 12㎖
オリーブ油 … 30㎖
塩、こしょう … 適量

作り方：

① 乾燥ハイビスカスの花を水で煮出し、シロップ状
　になるまで煮詰める。その際ハイビスカスの花は
　ピクルス用に取っておく。
② ボウルにシロップと残りのすべての材料を上から
　順に加えて混ぜ、ビネグレットを作る。

ハイビスカスのピクルス

材料（作りやすい量）：

煮出した後のハイビスカスの花 … 適量
クローブ … 1本
シェリービネガー … 50㎖

作り方：

煮出した後のハイビスカスの花にクローブ、シェリー
ビネガーを加え浸しピクルスを作る。

燻製ビーツ

材料（作りやすい量）：

岩塩 … 適量
ビーツ … 400g

桜燻製チップ … 適量

作り方：

① プラックに岩塩を敷きビーツをのせ、180℃のオー
　ブンで約30分間火を通す。
② 燻製機を設置し、桜チップで燻製をかける。

仕上げ

材料（作りやすい量）：

クルミ … 20g
タルティーボ … 1/2個
しょうが（皮をむき、千切り）… 12g
生唐辛子（種を取り、千切り）… 1/4本
バラの花（乾燥）… 10g
黒ライム（パウダーにする）… 10g
ザクロ（丁寧に実を取り置く）… 20g
ハイビスカスのピクルス … 12g

作り方：

① クルミはプラックに並べ、150℃のオーブンで10
　分ほど煎る。
② タルティーボは塩、こしょう、オリーブ油、レモン
　ジュース（すべて分量外）で味を整える。
③ タコとビーツを適当な大きさにカットし、炭火であぶる。
④ ビーツをビネグレットハイビスカスで和え、皿に
　盛りつける。タコをその上に盛る。その他の仕上
　げの素材をバランスよく盛りつける。

Houmous Doha

フムス・ドーハ

メイン料理となりえないはずのフムスを茂田氏のアイデアと手腕で
見事に舞台の主役として演じさせてしまった料理。
よく知っている料理が未知の香りをまとって目の前に現れる感動を体験できます。見事と言うしかない。

レシピ・調理：茂田尚伸（Spoon2）

フムス

材料（作りやすい量）：

材料A

 ゆでたひよこ豆 … 100g

 クラッシュアイス … 120g

 生クリーム … 100㎖

 牛乳 … 25㎖

 アスコルビック酸 … 2g

 シェリービネガー … 12g

材料B

 グレープシードオイル … 50㎖

 オリーブ油 … 30㎖

 タヒナ … 115g

塩 … 適量

白こしょう … 適量

作り方：

① Aの素材をすべてミキサーでよくかく拌し、Bの素材を少しずつ加えて乳化させ、塩、こしょうで味を調整する。

② 濾す。

③ 液体状のフムスをサイフォンに注ぎ入れ、ガスを3本充填する。

ひよこの豆サラダ

材料（作りやすい量）：

材料C

 乾燥ひよこ豆 … 80g

 水 … 1000㎖

 玉ねぎ … 1個

 セロリ … 1本

 ローリエリーフ … 1枚

 メース … 2g

 重曹 … 1g

エシャロット（みじん切り） … 100g

赤ワインビネガー … 100g

コリアンダーリーフ（芯を取ってみじん切り） … 5g

パセリリーフ（芯を取ってみじん切り） … 5g

作り方：

① 乾燥したひよこ豆をひと晩水に浸し、戻す。戻したひよこ豆の水を切ってざるにあげ、12時間ほど軽く発芽させる。

② 鍋に材料Cをすべて入れ、弱火でひよこ豆にしっかり火が入るまで煮る。塩（分量外）で味を調整し、ひよこ豆のみ取り置く。

③ エシャロットを鍋に入れ、赤ワインビネガーを注ぎ、そのまま水分がほぼ蒸発するまで煮詰める。

④ ひよこ豆を戻し、コリアンダーとパセリを加えて混ぜ合わせる。

仕上げ

材料（作りやすい量）：

キャビアライム … 適量

スマック … 適量

ローリエパウダー … 適量

オリーブ油 … 適量

作り方：

① 皿にひよこ豆のサラダを敷き、サイフォンでフムスを絞り出す。

② フムスの上にキャビアライム、スマック、パウダー状にしたローリエの葉をまぶす。

③ オリーブ油を軽くたらす。

Agneau Dakar

アニョー・ダカール

子羊の首肉という堂々とした素材を彩るのは、見慣れない香りのアイテムたち。
珍しい米や芋、発酵した豆や貝類の風味、なじみの薄いハーブ類。燻製にした魚の風味。
香りを積み重ねてバランスを取った贅沢な料理です。

レシピ・調理：茂田尚伸（Spoon2）

ティエップヤップ

材料（作りやすい量）：
サラダ油 … 40㎖
イェット（スライス）… 12g
にんにく（みじん切り）… 20g
ハバネロ（種を除きみじん切り）… 5g
スンバラ … 3g
トマト（皮を湯むき、乱切り）… 100g
パセリ（みじん切り）… 6g
タマリンドペースト … 120g
ラムネック … 500g
マリネ用
　　｜ 玉ねぎ … 80g
　　｜ マスタード（ディジョン）… 30g
水 … 適量
ハーブ類
　　｜ キンデリバ … 2g
　　｜ ベチバー … 3g
　　｜ タイム … 3g
破砕米（2回粉砕を使用）… 200g

下準備：
玉ねぎをミキサーでピュレにし、マスタードと混ぜ、
ラムネックを30分マリネする。塩（分量外）をして炭
火で両面しっかり焼く。

作り方：
① 鍋にサラダ油を熱し、イェットを入れしっかり色づ
　 くまで炒める。にんにくとハバネロを加え、火を通す。
② スンバラに火を入れ、トマトとパセリ、タマリンドペー
　 ストを投入して軽く炒める。
③ マリネしたラムネックを投入し、肉がちょうど隠れ
　 る程度まで鍋に水を注ぐ。
④ タコ糸でハーブを縛り、鍋に入れる。ふたをして2
　 時間半から3時間ほど弱火で煮込む。ラムネック
　 に柔らかく火が入っていれば火を落とし、そのまま
　 鍋で液体とともに常温で2時間ほど休ませる。
⑤ 破砕米を軽く水で洗う。ラムネックを煮たブイヨ
　 ン220㎖を鍋にとり、破砕米200gとともに沸騰
　 させる。沸騰した時点でふたをし弱火で10分。そ
　 の後火を切り10分蒸らす。

ヤムのピュレ

材料（作りやすい量）：
燻製カワマス … 1本
しょうが … 50g
水 … 適量
ヤム … 1本

作り方：
① 鍋に燻製カワマス、しょうが、水を注ぎ、30分ほ
　 どゆっくり弱火で煮だす。濾して取り置く。
② ヤムの皮をむき、角切りにしてフライパンでしっか
　 り焼き目をつける。
③ カワマスでとったブイヨンを注ぎ完全に火が入る
　 まで煮る。ミキサーでなめらかになるまで回す。

花のコンブチャ

野菜のピクルス

ヴィーガンのように使用材料が限定される料理だからこそ、
調理テクニックが進化するんじゃないかと思います。"コンブチャ"というものは不勉強で知りませんでしたが、
時間をかけて風味が変化するプロセスを楽しめました。

レシピ：能田耕太郎（FARO）　調理：水野仁輔

材料（作りやすい量）：
水…1000㎖
砂糖…100g
冬至梅…適量
スコビー…1株

作り方：
① 容器を熱湯消毒する。
② 鍋に水を入れて沸かし砂糖を入れて溶かす。容器に入れて常温
　　で冷ます。
③ 冬至梅の花の部分だけを容器に詰めスコビーを上に置く。
④ ふたをして常温で置く。（※冬季は5日頃から飲料として使用可能、
　　夏季3日）
⑤ 2週間ほどで酸味が強くなりお酢の代用品として使える。

ピクルス液を準備するのに2週間ほど。野菜を漬け込んでから1週間ほど。
時間経過によってのみ生み出される香りがある。シンプルな料理をおいしくするための効果的な手段である。

レシピ：能田耕太郎（FARO）　調理：水野仁輔

材料（作りやすい量）：
赤パプリカ…1個
黄パプリカ…1個
きゅうり…1本
玉ねぎ…1個
にんじん…1本
セロリ…1本
ピクルス液
　　コンブチャ…200㎖
　　水…150㎖
　　砂糖…50g
　　塩…10g
　　クローブ…4粒
　　黒こしょう…10粒

作り方：
① 野菜をすべてひと口大に切り、密封できる容器に入れる。
② ピクルス液を作る。水と砂糖、塩を鍋に入れて沸かす。
③ スパイスを入れて常温で冷ます。
④ 冷めたらコンブチャと混ぜ容器に野菜が浸るまで流し込む。
⑤ ふたを閉めて1週間ほどで食べごろ。

エビのマディラ酒焼き

僕が昔から『クリスチアノ』へ行くと必ず頼んでいるメニューのひとつがこれです。
実際に佐藤氏の調理を目の当たりにし、「こんなシンプルに一瞬でできるの!?」と衝撃を受けました。
それだけ技術が問われるというわけです。

レシピ・調理：佐藤幸二（クリスチアノ）

材料（2人分）：
マディラ酒 … 大さじ2
オリーブ油 … 大さじ1
むきエビ（ブラックタイガー）… 10尾
塩 … 適量
ミニトマト … 12個
玉ねぎ（ダイスカット）… 1/4個

下準備：
・ミニトマトを直火焼きし、ヘタを取り、
　適度に皮をむいておく。
・玉ねぎをレンジで2分ほど加熱して
　おく。

作り方：
① フライパンを強火で熱し、マディラ酒と油、エビ、塩を加えて混
　ぜ合わせる。
② 軽く火が出たらトマトと玉ねぎを加え、高温になるまで混ぜ合わ
　せる。

〈 エビのマディラ酒焼き 〉

グリーンカレー

タイ料理の人気メニュー、"ゲーン・キョワーン"を王道の調理方法で披露。
各種スパイスやハーブ、魚介類の発酵調味料、ココナッツミルクなど必要不可欠な香りの要素を
素直に組み立て、絶対的な安心感を持つおいしさに昇華。

レシピ・調理：森枝 幹（CHOMPOO）

グリーンカレーペースト

材料（作りやすい量）：
ホールスパイス
> クミンシード … 大さじ1
> コリアンダーシード … 大さじ1
> ホワイトペッパー … 大さじ1

レモングラス（薄切り）… 5本
カー（薄切り）… 50g
にんにく（薄切り）… 10個
赤玉ねぎ（薄切り）… 1個（ホムデンなら15個）
香菜の根（みじん切り）… 大5本分
パイマックルー（千切り）… 30枚
柑橘（青ゆずなど）の皮（千切り）… 3個分
青唐辛子（薄切り）… 20個
甘長唐辛子（薄切り）… 適量
カピ … 大さじ1

作り方：
① クミンシードとコリアンダーシードは香りが出るまでフライパンで煎る。
② クロックに材料を順に加えてしっかりとしたペーストになるまですりつぶす。

グリーンカレー

材料（1〜2人分）：
グリーンカレーペースト … 大さじ4
エビ（殻をむいて背ワタを取る）… 100g
ココナッツミルク … 200ml
チキンスープ … 150ml
牛乳 … 80ml
パイマックルー … 3枚
ナンプラー … 大さじ1
砂糖 … 大さじ1
なす（乱切り・本来は小なす）… 1本
グリーンピース（お好みで）… 適量
ホラパー … 12枚

作り方：
① フライパンに適量の油（分量外）を中火で熱し、グリーンカレーペーストを軽く炒める。
② ココナッツミルクとチキンスープ、牛乳、パイマックルーを加える。
③ ナンプラーと砂糖で味つけをする。
④ なすとエビを加えて、お好みでグリーンピースを加えて軽く煮込む。
⑤ ホラパーを加えてひと煮立ちさせる。

かつお節のフォーガー

内藤氏が作る『An Di』の人気メニューのひとつがフォー。

時期によってさまざまにアレンジされますが、「香り」を意識したフォーを作ってもらいました。

ベースに眠るスパイスと華やかに舞うハーブのバランスを楽しめます。

レシピ・調理：内藤千博（An Di）

材料（作りやすい量）：

鶏ガラ…500g

　　※または鶏手羽（関節から半割り）

　　…4本

水…1000㎖

塩…5g

玉ねぎ（ざく切り）…1/2個

トマト（ざく切り）…1/2個

ホールスパイス

　　｜ シナモンスティック…1本

　　｜ クローブ…3粒

　　｜ スターアニス…1個

ナンプラー…適量

センレック乾麺のビーフン…50g

　　→水で約1時間戻して約100g

材料（つけ合わせ）：

かつお節…10g

ライム…1/4個

パクチー、ディル、ミント、バジル等

　　…適量

作り方：

① スパイス以外を鍋に入れ、沸いたらあくをひく。

② 鶏ガラの場合は3時間、常に鶏ガラが水をかぶるよう維持しながら煮る。ホールスパイスは最後の1時間に加える。※手羽先の場合は半分程度の煮込み時間で十分味は出る。仕上がりは350gが目安。

③ ナンプラーで味を調整する。

④ ビーフンを器に盛り、③を注ぐ。つけ合わせの材料をのせていただく。

ゴーヤチャンプルの生春巻き

生春巻きは"常温"の料理。アツアツで提供される料理とは違って、

鼻から入る香りは穏やかです。ところが、春巻きに包まれ、潜んでいた香りが口の中でよみがえる。

そのために発酵やフルーツや特殊なスパイスの香りをしのばせておくのです。

レシピ・調理：内藤千博（An Di）

材料（1人分）：

ゴーヤ（スライス）… 1/4本目安

豚バラスライス（または豚こま肉）

   … 40g

調味料

   しょう油 … 5g

   砂糖 … 3g

   しょうが（すりおろし）… 4g

卵（Lサイズ）… 1個

ナンプラー … 5g

砂糖 … 3g

パイナップル（スティック状にカット）

   … 4本

ソース用

   パイナップル

   （焦げ目がつきやすいように

   平たくカット）… 50g

   ココナッツミルク … 20g

   レモンジュース … 少量

   ピパーツ … 2本

   （手に入らない場合は

   ブラックペッパー約8粒で代用可）

ライスペーパー … 1枚

サニーレタス … 2枚

きゅうり（スティック状にカット）… 4本

クミンシード … 適量

大葉 … 4枚

作り方：

① ゴーヤは塩ゆでし（水、塩ともに分量外）、冷ましておく。

② 豚肉は調味料をよくもみ込み、フライパンで炒める。冷めたものを1本につき、40g使用する。

③ 卵はナンプラーと砂糖と一緒によく混ぜ合わせ、フライパンで炒め、冷ましておく（スクランブルエッグ）。1本につき、30g使用する。

④ パイナップルは油（分量外）をひいたフライパンで、しっかりと焦げ目がつくよう両面をソテーする。ココナッツミルクとレモンジュース、ピパーツを加えてミキサーで回し、ソースとする。

⑤ ライスペーパーを霧吹きで濡らし、サニーレタス、きゅうり、パイナップル、スクランブルエッグ、豚肉、豚肉に絡むようにクミンシードをのせる。手前から奥に円の半分まで巻き、さらにゴーヤ、大葉をのせて左右を内側に折り込む。そのまま奥まで転がして最後まで巻く。半分にカットして皿に盛りつけ、別皿にソースを用意して完成。

ペルー風ビリヤニ

ペルー料理の真骨頂は、唐辛子をペーストにした独自の風味にあると思います。
舞台が違うと演じるスパイスの香りも変化する。それがおもしろい。僕が調理したから、
ビリヤニはちょっとインド式の炊き上がりになってしまったかも。

レシピ：太田哲雄（LA CASA DI Tetsuo Ota）　調理：水野仁輔

材料（4人分）：
オリーブ油…適量
にんにく（つぶす）…20g
玉ねぎ（みじん切り）…200g
ペルー産アヒ・パンカペースト
　（※ペルーの乾燥唐辛子をペーストにし
　たもの）…大さじ3
トマトペースト…大さじ2
プレーンヨーグルト（水を切っておく）
　…100g
塩…適量
こしょう…適量
ホールスパイス
　｜　クミンシード…2g
　｜　カルダモン…2g
パウダースパイス
　｜　チリ…2g
　｜　シナモン…2g
　｜　クローブ…0.5g
　｜　ガラムマサラ…1g
仔羊肉（ひと口大に切る）…500g
チチャデホラ
　（※ペルー産とうもろこしのお酒）
　…200ml
バスマティ米…300g
米ゆで用
　｜　水…2000ml
　｜　塩…60g

下準備：
・仔羊肉は塩、こしょう（ともに分量外）
　で下味をつける。フライパンにオリー
　ブ油（分量外）を熱し、表面全体に焼
　き色がつくまで焼いておく。
・ホールスパイスはそれぞれ乾煎りし
　てすりつぶしておく。
・バスマティ米は30分浸水させておく。

作り方：
① 鍋にオリーブ油とにんにくを入れて火にかける。
② 玉ねぎを入れて炒める。
③ アヒ・パンカペーストを入れて甘味が出るまで炒め、トマトペーストを加え、ヨーグルトも加えて炒め、塩、こしょうで下味をつける。
④ すべてのスパイスを加えて炒める。
⑤ 羊肉を加えて炒め、チチャデホラを加えて適宜水分（分量外）を加え煮込む（塩梅を見ながら塩、こしょうで調整する）。
⑥ 別鍋に水を張り、塩とバスマティ米を加えて沸騰させながら4分ゆでる。
⑦ ゆでた米をざるにあげて鍋に加え、ふたをして薪火で20分炊き上げる。炊き上がったらお米の上に薪をのせ、燻香をつける。

アマゾンカカオスパイスペースト麺

甘味はないのにスイーツを食べているような香り豊かで濃厚なペースト。
ほのかに香るアーモンドやトマトのロースト感が、どんなタイプの麺でも受け止めてくれます。
仕上げにカカオニブを散らしたのは僕のアレンジです。

レシピ：太田哲雄（LA CASA DI Tetsuo Ota）　調理：水野仁輔

材料（4人分）：
皮付きアーモンド … 55g
ローストトマト用トマト（半切り）
　　… 500g
にんにく … 2片
玉ねぎ（スライス）… 100g
E.Vオリーブ油 … 約100㎖
パウダースパイス
　　クミン … 小さじ2
　　カシミールチリ … 小さじ1
　　テジャチリ … 小さじ1
　　コリアンダー … 小さじ1
　　ガラムマサラ … 小さじ1
　　シナモン … 小さじ1/2
カカオニブ（ミルで細かく砕く）… 20g
バジル … 5枚
羊のチーズ … 大さじ3
塩 … 適量
こしょう … 適量
お好みの麺 … 適量

作り方：
① アーモンドはオーブンでローストしておく。
② ローストトマト用のトマトに塩をふってオーブンで焼いておく。
③ にんにくは水から3回ゆでこぼしておく。
④ 鍋にオリーブ油（分量外）を熱し、玉ねぎを加えて焼き色がつくまで炒め、塩、こしょうで味を整える。
⑤ 別の鍋に分量のオリーブ油を入れ、スパイスを加えて温めテンパリングオイルを作る。
⑥ ローストしたアーモンドを刻み、トマト、にんにく、炒めた玉ねぎ、テンパリングオイル、カカオニブ、バジル、削った羊のチーズと一緒にミキサーにかけてつぶし、なめらかなペーストにする。塩、こしょうで味を調整する。
⑦ お好みの麺をゆで、ペーストを絡める。

麻婆豆腐

調理の冒頭部分で香りのほとんどすべてが決まるという、
ヒリヒリするクッキング。この料理が好きで何度も自己流に作ってきましたが、
麻婆豆腐における香りを生むテクニックの本質を教えていただきました。実践できたかな。

レシピ：井桁良樹（飄香）　調理：水野仁輔

材料（2人分）：
サラダ油…大さじ3
豆板醤…大さじ1
一味唐辛子…大さじ1
にんにく（みじん切り）…小さじ1
豆鼓…大さじ
　（ひたひたの湯に5分ほど浸けておく）
紹興酒…小さじ2
しょう油…小さじ1/3
チキンスープ…160㎖
炸醤（肉みそ）
　　サラダ油…大さじ1
　　牛ひき肉…80g
　　牛脂…10g
　　しょうが（みじん切り）
　　　…小さじ1/2
　　甜麺醤…小さじ1強
　　紹興酒…小さじ1/2
　　しょう油…小さじ1
木綿豆腐（1.5センチ角に切る）
　…1丁（300g）
葉にんにく（7ミリ蝠に切る）
　…1/2束（60g）
長ねぎ（みじん切り）…大さじ2
水溶き片栗粉…小さじ2
花椒粉…適量

下準備：
・炸醤（肉みそ）を作る。フライパンに
　サラダ油を熱し、牛脂を加えて弱火
　で溶かす。牛肉を加え、強火で牛肉
　がパラパラになりにごった油が澄ん
　でくるくらいまで炒め、しょうがを加
　える。中火にして香りが出るまで炒め、
　紹興酒、しょう油を混ぜ、甜麺醤を加
　えて炒める。
・沸騰した湯500㎖に塩ひとつまみ（と
　もに分量外）を加え、豆腐を2分ほど
　ボイルしてざるにあげておく（または
　ボウルに入れた豆腐に湯を注いでおく）。

作り方：
①フライパンにサラダ油をひいて中火で豆板醤、一味唐辛子を赤
　黒くなるまで炒める。
②にんにく、豆鼓を加えて軽く炒める。
③紹興酒、しょう油、チキンスープを加え、沸いたら肉みそ（60g分）、
　水切りした豆腐を加えてごく弱火で煮る。
④葉にんにく、長ねぎを加え、水溶き片栗粉を入れてとろみをつけ、
　最後に強火で加熱し、花椒粉をふる。

このレシピを公開できることに喜びを感じています。

シンプルだが四川では麻婆豆腐よりはるかに支持されている料理。レシピ通りに作ったら、

僕がかつて訪れた成都で出会った回鍋肉の香りと味、見た目に出会えて感激しました。

レシピ：井桁良樹（飄香）　調理：水野仁輔

材料（2人分）：

サラダ油 … 大さじ2

豚バラ肉（塊・皮付きが望ましい）

　… 200g程度

長ねぎの青い部分（包丁でたたく）… 適量

しょうが（包丁でたたく）… 1片

にんにく（芯を除いて薄切り）… 1片

豆板醤 … 小さじ2

豆鼓（水洗いしておく）… 大さじ1/2

甜麺醤 … 小さじ1

紹興酒 … 小さじ1

しょう油 … 小さじ1/3

砂糖 … 小さじ1/2

葉にんにく（斜め切り）… 120g

下準備：

・鍋に1500㎖ほどの湯（分量外）を沸かし、豚肉と長ねぎ、しょうがを入れて弱火で1時間ゆでて、そのままゆで汁の中で冷ます。

・豚肉を取り出し、厚さ3ミリ程度の薄切りにする。

作り方：

① フライパンにサラダ油を中火で熱し、豚肉を重ならないように入れ、脂が透き通るまで炒め、にんにくを加える。

② 豆板醤を加え、全体になじませるように炒め合わせる。

③ 豆板醤が焦げ始める前のタイミングで豆鼓を加えて炒め、豆板醤が焦げ始めて香りが出てきたら甜麺醤を加える。

④ 紹興酒、しょう油、砂糖を順に加えて全体をよく炒め合わせる。

⑤ 葉にんにくを入れて炒め合わせる。

回鍋肉（葉にんにくの代わりにキャベツを使う場合）

材料（2人分）：

サラダ油 … 大さじ3

豚バラ肉（塊・皮付きが望ましい）

　… 200g程度

長ねぎの青い部分（包丁でたたく）

　… 適量

しょうが（包丁でたたく）… 1片

キャベツ … 120g

ピーマン … 2個

にんにく（芯を除いて薄切り）… 1片

豆板醤 … 小さじ2

豆鼓（水洗いしておく）

　… 大さじ1/2杯

甜麺醤 … 小さじ1

紹興酒 … 小さじ1

しょう油 … 小さじ1/3

砂糖 … 小さじ1/2

下準備：

・鍋に1500㎖ほどの湯（分量外）を沸かし、豚肉と長ねぎ、しょうがを入れて弱火で1時間ゆでて、そのままゆで汁の中で冷ます。

・豚肉を取り出し、厚さ3ミリ程度の薄切りにする。キャベツは一口大に手でちぎる。

・芯の部分は包丁の腹でたたいてつぶし筋を取り除く。ピーマンは縦半分に切ってヘタとタネを取り除きさらに斜め半分に切る。キャベツとピーマンと豚肉は同じくらいの大きさに揃えるとよい。

作り方：

① フライパンにサラダ油大さじ1を入れて中火で熱し、キャベツとピーマンを加える。すぐに水大さじ2と塩ひとつまみ（ともに分量外）を加えて炒め、6割程度火が通ったらざるに取り出しておく。

② フライパンの油をキッチンペーパーで拭き、残りのサラダ油（大さじ2）を加えて中火にし、豚肉を重ならないように入れ、脂が透き通るまで炒め、にんにくを加える。

③ 豆板醤を加え、全体になじませるように炒め合わせる。豆板醤が焦げ始める前のタイミングで豆鼓を加えて炒め、豆板醤が焦げ始めて香りが出てきたら甜麺醤を加える。

④ 紹興酒、しょう油、砂糖を順に加えて全体をよく炒め合わせる。

⑤ キャベツとピーマンを戻し入れ、全体を混ぜ合わせる。

Column

唐辛子をめぐる冒険

その

2

フランスの "ピモン"

撮影：ジンケ・ブレッソン

何かに興味を持つことは、それと関係ない何かをも魅力的にするんだよなぁ。

フランスを訪れた去年の晩秋に僕はそのことをなんとなく実感しながらパリの街中を歩いた。頬をたたく風は冷たく、厳しい冬がもうすぐそこにやってきている時期だった。旅の目的は、本書のためのシェフ取材。ついでにフランス・バスク地方へ足をのばすことにした。

トルコ以来、頭の中には唐辛子のことが渦巻いていたから、フランス・バスク地方のエスプレット村で栽培されている唐辛子を探ってみたいと思ったのだ。唐辛子に興味を持っていなかったら、バスクを訪れることはなかったかもしれない。

赤と白と茶色を基調としたかわいらしい民家の外壁に、真っ赤に染まった大ぶりの唐辛子がずらりと干されている。何かの写真で目にしたその風景を実際に見てみたい。収穫の時期を少し過ぎているが、畑で採れる唐辛子も触ってみたい。あれがしたい、これがしたい、と旅先に持つ憧れを手中に収めるための唯一の手段は、「自分の体を物理的に移動させること」である。僕はそれを楽しみにしている。

エスプレット村の唐辛子は、トルコの唐辛子と何がどう違うのだろうか？ また頭が混乱するのだろうか。期待を胸に列車に乗り、取材先となる「Atelier du Piment（アトリエ・デュ・ピモン）」を訪れた。

この街で唐辛子が特別な存在であることは、

現地ドライバーが教えてくれた。アトリエに向かう前、彼はとある路地を入り、一面に広がる畑の前で車を停めた。「ほら、これが唐辛子の畑だよ」。

　あたり一面の畑は薄めに雑草が生え、ライトグリーン色をしているのだが、ピモンの植えられている部分だけは濃い緑色をしている。胸の高さくらいまで青々と成長した葉の中にところどころ深紅色の点々が見え隠れする。唐辛子である。興奮した。吸い寄せられるように近寄ったら、どろっとした土に足元がぐらついた。ピモンの栽培には水が欠かせないらしい。完熟したピモンをひとつ、そっと触るとポロリと茎から取れて地面に落ちた。

　そうか、こんなにも身近に唐辛子があるのか。後に知ったことだが、歩いても1日ですべてを回れるほどの小さな街のかなりの面積を唐辛子畑が占めている。エスプレットは唐辛子とともに存在する街だったのである。

　サイズや形は僕の知る唐辛子とはだいぶ違い、ピーマンのようである。赤ピーマンのような赤唐辛子。そういえば、この街では、唐辛子のことを「ピモン」と呼ぶ。おそらく「ピーマン」と語源は同じなのだろう。ピーマン？ 唐辛子？ また「？」が頭の中を彷徨った。

　ピモンデスプレット（エスプレット唐辛子）の特徴は、豊かな香りと控えめの辛味にある。すなわち、この唐辛子の香りを存分に料理に使っても、他の唐辛子のように辛くなりすぎることがない。それだけ汎用性が高く、多くの人に支持されるアイテムとなる。

　2月に乾燥した種をプランターに植え、5月に畑に移す。10月に完熟一歩手前で収穫。網を張った木枠にざらっと並べ、数週間ほど熟成させる。ほどよく乾燥もしてピモンの表面に適度にしわが寄り、ずいぶん軽くなる。辛味が弱まり、味が均質化する。1カ月ほどの乾燥を経ると深紅色から黒っぽい赤色に変化。50度台の乾燥オーブンに入れて24時間から48時間ほど置くと香味が強まる。ミルで挽くと明るいオレンジ色が姿を現す。

　フルーティかつローステッドな熟成香。最初に甘味があり、軽い苦みとほんのりとした辛味が追いかけてくる。この唐辛子はおいしいのだ。

　取材時に最も驚いたのは、エスプレット村で人々は、"塩こしょう"の代わりに"塩ピモン"をしているという事実だった。その昔、こしょうは高価だったから、ピモンで代用されたらしいが、その後、「こっちのほうが安いだけじゃなくてうまいよね」となったのだろう。これならなんにでもパラパラとしたくなってしまう。

　唐辛子がこしょうの代わりになる。それどころか、より味わい深くしてしまう。それは僕の知るスパイスの概念を超えた存在である。もしかしたら、唐辛子はスパイスではないのかもしれない。遅まきながら僕は唐辛子の可能性に気づいたのだ。

取材協力：フランス観光開発機構 / ピレネー・アトランティック県観光局 / Atelier du Piment　コーディネート：PRESSE PARISIENNE

Chapter
3

Discussion

スパイスを語る

スパイスについて語るとき、頭の中にはたくさんの想像が渦巻きます。
いつも深く本質的で、ときに遊び心にあふれ、どこまでもマニアック。何度も読み返し、追走してください。

1. ナイル善己
ナイルレストラン

北インドと南インドの違い

水野（以下──）　香りについて語りたいテーマを3つ考えてきたんです。これまでの料理人生を3ステップに分けて話を聞いてみたい。その1はインドに修業に行ったとき。インドのゴア州で1年間修行している。しかもホテルのレストランと料理学校を同時並行で。そんな人は他にいないでしょう？

ナイル（以下N）　そもそもコネがないですからね。

──修業の1年間でスパイスという切り口で学んだことは何だったのか。その2は、帰国後、『ナイルレストラン』で働き始めてから。南インド・ケララ州のコックたちに刺激を受けたり教えてもらったりしたことは何か。その3は、自分自身が発見したり培ったりしたもの。

N　我々、つきあいが長いですけど、こんな真面目なテーマで語ったこと一度もないかも。

──まず、ゴアに行ったのは何歳のときですか？

N　20歳ぐらいだったかなぁ。21かな。都内のイタリアンで1年間修業して、基本的なフライパン、包丁のテクニックを身につけてから行ったんですよね。

──当時はインド料理については知識も経験もない。

N　ほとんどない。知ってるインド料理は『ナイルレストラン』にあるメニューだから、"ムルギーランチ※1"がインドにあるものと思って行った。

──ひどいレベルの低さです。

N　まぁ、タンドーリチキンとかサフランライスぐらいの、一般的なものは知ってはいたけれども、まだそのときはパニール※2とかそういうものを知らなかったぐらいで。

──どんな印象を受けましたか？

N　スパイス使いはやっぱり北と南で思ったより違うな、と。共通するスパイスもありつつも、ホールスパイスの使い方が違ったりして。

──北も南もゴアで両方とも習えましたか？

N　僕が働いていたホテルが5スターホテルなんですけど、料理学校も併設していて、そこで昼間に座学、夜はホテルの調理場で働くっていうシステムを取っていた。

──ダブルスクールみたいなものだから、2年間修業したぐらいの濃さがある。

N　そう。割と行っていろいろ学べたな。南インド料理が朝食。北インド料理がメインのダイニング。あとは西インド・グジャラート州の料理　スイーツ専門やタンドール専門セクションとかあって、割と濃厚に学ばせてもらった。

──学校ではどういうカリキュラムになっているんですか？

N　包丁使いから始まって、スパイスとはこういうのがありますよ、とか。ただ、インド人に教えているから、スパイスはそこまで深くは教えないんですよ。知ってる前提だから。どっちかというと、生きた鴨を持ってきて、さばき方とか。

──たとえば、スパイスの火の入れ方とかタイミングとか。

N　そういうのはシェフたちから教えてもらった。でも彼らは手づかみで入れるから、分量がいつもわからないんですよね。教えてくれないんですよ。

──指の感覚が正確な分量をいちばん覚えているらしいですね。「この人から技を盗みたい」みたいな特別なシェフは？

N　北インド料理の人ですごいシェフがいて、その人の作るバターチキンとか抜群においしかったですね。スパイスもグリーンカルダモンを、贅沢に使うんですよ。向こうではカルダモンとかサフランは、高価なスパイスだから金庫室にしまってあって、勝手に出せないようになってる。そのシェフは油をガンガン強火で熱してカルダモンをばっと炒めて、そこにトマトとカシューナッツ入れてピューレにしてからざるで濾す。

──一回香りを移して。

N　ああ、カルダモンをこんなに使うんだっていうのが。

──加熱時間はどのくらい？

N　結構長いです。作る量が半端じゃないので。

──ああそうか。それなりの時間加熱するからカルダモンの香りは抽出される。

N　実際にカルダモンの香りは移ってましたね。

──その北インドのシェフは何がすごかったんだろう？

N　何となく圧倒されてたのは覚えてるんだけど。

──僕が考えるナイル善己の特技は、**火入れによるメリハリの効いた香りや風味**なんですよね。

N　しっかり加熱するのは体験として覚えている。「ここまで火入れるんだ」ぐらい、相当量の油に相当量の玉ねぎを入れて強火で炒めているっていうのは印象に残っている。

──それは南インドでも？

N　南になると油の使い方が変わってきて、ココナッツオイルをベースにするじゃないですか。そこまで加熱はしない。

――香りが飛んじゃうから？

N　そう。それと玉ねぎをそんなにしっかり炒めないので。

――南インドは、ものによっては**テンパリング**[※3]が後半にくるから、その分、スターターの油が少ない可能性がある。

N　少ない。

――そうすると必然的に火が入りにくくもなる。

N　南はさっさと炒めていく感じなのかな。

――インド人がこだわっていたのはどんなところですか？

N　油かなぁ。種類と分量。量は多いんですよね。ギーが圧倒的にうまいから、使えるならギーを使えって。そこは大事だと。北インドだと「玉ねぎはゴールデンブラウンになるまで炒めろ」と。一方で**南インドは「これしか炒めないの？」って真逆**だった。

――スパイスの使い方は？

N　パウダースパイスに関しては割と一緒だったかな。でも、北インドのほうはあまりパウダースパイスを加えなかったですね。ホールスパイスを多用しつつ、香りづけはカスリメティを使うことが多い。

――カスリメティは北インドの人たちが特に好きな印象がありますよね。

N　あれを仕上げに加えるとおいしくなるんだなというのは学んだ。事実、おいしくなりますね。

――パウダースパイスの種類はさ、特に南が少ない気がするんだけど。ターメリック、レッドチリ、コリアンダー、以上。

N　まあね、ガラムマサラを入れないですからね。フェヌグリークとかヒングとかはちょこちょこ使う。

――フェヌグリークはパウダー状態で使うんですか？

N　そう、パウダーで。フィッシュカレーなんて入れるとコクが出るのかな。パウダースパイスの量に関しては南のほうが多いような気がしますよね。

――フェヌグリークシードは？

N　シードは、南インドではテンパリングに使う。確実に入れたほうが香りと苦味が出ておいしい。

唐辛子のトリプル使い

――『ナイルレストラン』のコックから、ケララを中心に各種南インド料理として学んだことが、糧になっていますね。

N　20年間、南インドのトップシェフに囲まれてるので。

――ゴアでの1年間は北インド宮廷料理をメインで学ん

できているから、帰国後に初めて知ることがいっぱい出てくる。

N　いっぱいありましたよ。

――お店のシェフの中で最も信頼している腕利きのシェフは誰ですか？

N　うちのナンバー1は、いちばん昔からいる総料理長のムットゥ。チェンナイの**ティファン**[※4]のお店で働いていた。初代が腕を買ってヘッドハンティングしてきたぐらい。彼はもうワダとかイドゥリ、サンバル、ラッサムを作らせたら天才です。もうひとり、ナンバー2のラジュは、ケララの5スターホテルで働いていた。

――実際にふたりから学んだ香りのテクニックは？

N　**唐辛子のトリプル使い**。

――トリプル!?

N　南インドのテンパリングって最後なんですよ。最初にまず青唐辛子を使って、ベースの玉ねぎを炒めていく。香りづけと辛味づけ。残る2つはテンパリングでホールの赤唐辛子を加えて、炒めたのも加えるんですけど、そこにさらに、カイエンペッパーのパウダーも加える。さらにそこに、大さじ1杯ぐらいの細かく刻んだ

図.唐辛子のトリプル使い

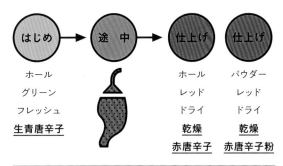

玉ねぎを入れるんですよ。さらにまた香りが増すっていう。一瞬ふわっと広がる香り、あれがね、ものすごくいい香りがして。これやるだけでフィッシュカレーとかも仕上がりがまったく変わってくるんですよ。これは、彼らのテクニックを見てすごいなと思った。

――仕上げのテンパリングって油とホールスパイスのみ、というイメージがあったんだけど、玉ねぎやレッドチリのパウダーを使っているのは新鮮でした。ホールチリはどれぐらい火入れする？結構焦がすんでしたっけ？

N　唐辛子？もう真っ黒になるぐらい。当たり前のようにやっていたから。

――「なぜそこまでやるの？」って聞いたことありますか？

N　何度も聞きます。でも回答は要領を得なくて、「おいしいから」とかそんな感じ。実際においしい。彼らもわかってやってないのかもしれないな、こういうもんだと思ってやってるから。でも仕上げのカイエンペッパーを加えるかどうかで絶対に味も変わりますし。北と南でこんなに違うんだっていうくらいやり方が違うから、ちょっとインパクトありますよね。

——他にスパイスの使い方で特徴的なものは？

N　**マスタードシードのホールを大量に入れます**ね。何でこんなに入れるのっていうぐらい。でも、邪魔しないんですよ。ムットゥは僕の倍は入れますね。真っ黒になって、焦げちゃうんじゃないのっていうぐらい加熱して、でも全然焦げてないし、香りがいいんですよね。玉ねぎを入れるころなんて、じゅわっと煙が立つぐらいの、熱々

図.火入れによって生まれる香りのバランス

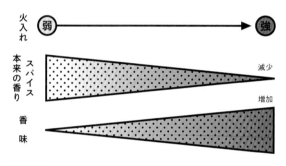

の油になっちゃっているので。ちょっと勇気が要りますよね。疑問に思ったけど食べて問題がなくおいしいので。

——焦げ臭いわけでなく、結果的にはおいしい。

N　しっかりマスタードの辛さも残っているし、うま味に変わってるので。

——メティシードがそこに入るときはどうなりますか？

N　苦味が強いので、少量しか入れないですね。

——パウダースパイスは？

N　パウダースパイスは、意外とシンプルかも。もう**ターメリック、コリアンダー、フェヌグリーク**ぐらいしか入れないときもあるし。香りづけでレッドチリが大量に入ってるんで。パウダーに関してはそれぐらいシンプル。

——僕はヴェヌゴパールさんという南インド・タミル・ナドゥ州出身のシェフによく教えてもらったけど、ターメリック、レッドチリ、コリアンダーの3種以外のパウダースパイスが出てきたことはない。

N　やっぱりそうなんだ、南インドのシェフ。たまにラジュが、南インド料理でガラムマサラ入れることがあっ

て、ああ、マサラ入れるんだと思って、「問題ないの？」と聞いたら「問題ない」と。でも仕上げにガラムマサラが入ってるので、とても高貴でエレガントな香りがするんですよ。これはこれでありだなと思った。

——ラジュは、5スターホテルにいたときの経験が、南インド料理にちょっとオーバーラップしている。

N　そのエッセンスがあるかもしれない。彼はうちのお店の中で、自分で挽いてガラムマサラを作っているので。

——どういうブレンド？

N　至ってシンプルです。**シナモン、カルダモン、ブラックカルダモン、クローブ、フェンネル、メース、クミン**。その辺かな。ブラックペッパーとコリアンダーは入れてないです。

——サンバルのときは<u>サンバルマサラ※5</u>、ラッサムのときはラッサムマサラ？

N　これはですね、うちはそれを使わないんです。ムットゥが作るラッサム、サンバルは、基本は、ターメリック、コリアンダーの2つがメイン。レッドチリはホール。それぐらいしか本当に使わないですよ。必要ないんだと思う。

——スパイスの種類が少ないのにいい香りが生まれるのはなぜ？

N　共通しているのが、**パウダースパイスをしっかり炒める**っていうところですかね。粉だから焦げやすいじゃないですか。でも焦がさないようにしっかり炒めて、香りを立たせながら、苦味を取る。

——そこで苦味を取るっていう感覚があるのかなぁ。

N　手早く動かして、短時間で仕上げる。焦げるか焦げないかぐらいの状態でやってるんで。**眠っていた香りがよみがえってくる**感じ。

——ナイル善己の料理に感じる火入れのメリハリはパウダースパイスの加熱のところにヒントがあるのかもしれない。

N　そうですね。

——ベースを作るときにトマトの前にパウダースパイスを投入する手法もこの香りに関係しますね。ただ油が熱々の状態のところに焦げやすいパウダースパイスを入れるわけだから、スパイスそのものの香りはある部分、失っている可能性はある。

N　飛んでいる。

——"肉を切らせて骨を断つ"みたいな、何かを手放す代わりに、別の何かを得るみたいなことをしているのかも。具体的に言えば、スパイス**本来の香りを手放してこそ生まれる香味**がある。

N　炒めて香りは立ってるけど、香りが仕上がったときに、抜けきっちゃう可能性もある。

──抜けきっている香りと、その強さでパウダーを炒めないと出てこない香りがある。両方ほしくても、両方はもらえない。おそらくムットゥは後者を重視している。

N　たぶんムットゥは**パウダーに関しては香りよりうま味**を重視しているような感じがしますね。

──はー！うま味。

N　しっかり炒めた、コリアンダーのうま味。いつも水野さんに「コリアンダー大量に入れるよね」って言われるのは、彼らがコリアンダーに頼るからなんですよ。

──フェヌグリークのパウダーもうま味になる？

N　うま味になります。パウダースパイスを炒めてうま味を増加させたい。でも香りが抜けちゃうから、最後のテンパリングで補うってことを彼らはしてるんじゃないかなと思います。

──ムットゥやラジュが使う油は？

N　油はごま油を使うんですよ。

──タミル・ナドゥ州のご当地油のイメージですが。

N　ケララ州でも結構使うんですよね。ごま油をしっかり加熱すると生臭い香りが飛ぶので。ごま油はうま味が強いので多用する。

──それも同じだ。ごま油のごまっぽい香りを捨てて、おいしさ、うま味を生かす。カレーリーフはどうなんですか？

N　カレーリーフはやっぱり、あったほうが絶対おいしい。使い方はテンパリングですね。時間がないときは最初にやっちゃうんですよ。先も後もどっちもありかも。カレーリーフはハーブ的な扱いなのかもしれないですね。でも僕はカレーリーフに関しては煮込んだほうがどんどん香りが出るような気がするんですよ、グレービーに。だから僕は、カレーリーフを加えるのは前半がいいような気がしてます。マスタードシードとカレーリーフだけ入れちゃって、玉ねぎ炒めをしていくっていう。他のホールスパイスって、長いこと炒めてるとだんだんだんだんくずれてきたり、折れたり、破けてきたりするけれど、カレーリーフに関しては、破けようがくずれようが全然関係なくって、**香りがずっと鍋の中で残る**から、入れすぎないで少量を煮込んだほうが僕はおいしいと思います。

エレガントな仕上がりになっている

──自分でオリジナルに編み出した香りのテクニックは？

N　実は、メースとスターアニスが好きで。いろんな料理に入れちゃうんです。

──好きなポイントは？

N　香りの立ち方が独特で、何て言うのかな、**エレガントな感じに仕上がる**んですよ。ちょっと高級感を演出したいときとか、レストラン料理なので、一応その辺を意識したいじゃないですか。

──経験値と感覚的なもので、この2つはエレガント担当。

N　使っちゃいます。そこにさらにグリーンカルダモンを入れちゃったりするんですけど、南インド料理ってカルダモンのホールってあまり使わないんです。でもココナッツミルクで煮るようなチキンカレーにこの3つを使うと、南インドの宮廷料理みたいに仕上がる。それはレシピ本とかでは一切書かずに秘密にして、個人的にやっています。

──このスパイスはこういうときに頼るなっていう。

N　**コリアンダーとパプリカ同量使い**。

──ああ、確かに。「パプリカが多いな」と前から思ってた。パプリカは僕も好きなんですよ。香ばしい香りとうま味が強まる。

N　鮮やかなきれいな色も出るし、コリアンダーととて

図.エレガントな香りの要素

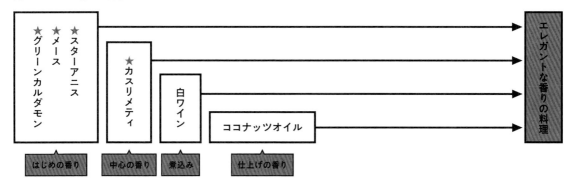

★グリーンカルダモン ★メース ★スターアニス	★カスリメティ	白ワイン	ココナッツオイル	エレガントな香りの料理
はじめの香り	中心の香り	煮込み	仕上げの香り	

も相性がいいと思っているので、同量を入れてもいいかなって。

——同量はさすがにちょっと。

N　いやいや、まったく問題ないですよ。お試しあれ。

——現地のインド人はパプリカパウダーをあまり使いませんよね。

N　そもそも彼らにはいろんな種類のチリがあるから。本当はカイエンペッパーを入れたいんですよ。あの香りがほしいから。でも、あれを入れすぎるとえらいことになるので。ラジュは**カシミールチリ**[6]をパプリカで代用してます。

——たとえばインド人シェフはやらないけど俺はやっちゃうな、みたいなものはありますか？

N　スパイスじゃないんですけどね、**白ワインを隠し味に入れちゃう**ことがあります。

——あ、それはいけない。

N　おいしくなるんですよ。それと白ワイン独特の香り。

——そういえば、あなた、ソムリエじゃないですか。

N　そうなんですよ、だからワインを使いたくなっちゃう。ベースを炒めて鶏肉を入れるじゃないですか。その後に水分系を加えるときに白ワインを一緒に入れて、軽くアルコール飛ばすような感じでささっと炒める。

——たとえば4人分のチキンカレー400〜500gぐらいの鶏肉で、白ワインをどれくらい入れるんですか？

N　**コップ1杯分ぐらい**入れるかな。そうするとかなり白ワイン香がしますよ。

——できあがりにも割とフレーバーとして残っている。

N　残ります。だからインド料理なのにちょっと洋っぽい感じがするんですよね。不思議でおいしい、エレガントな仕上がりになっている。そこにカスリメティを加えるとまた合うんですよ。どんどんどんどんエレガントな香りが重なっていって、豪華な感覚のカレーに仕上がる。

——とにかくエレガントに香らせたい。

N　シェフでありつつソムリエでもあるんでね。お客様に出すカレーだから、高級な感じというかちょっとリッチな感じのほうが**喜ばれる**のかなと。レストランの人間なのでボヤッとしてる味よりはしっかりしたほうがいいのかなと。

——他にもエレガントエッセンスを教えてください。

N　クローブの絶妙な分量。効かせにいってもあざといし、効かせ足りないとせっかくのあの芳醇な香りが出ない。**クローブの立たせ方は大事**。

——スターアニスやメースよりもうちょっと繊細？

N　クローブは香りの主張が強いスパイスじゃないですか。あれを絶妙に香らせるぐらいがちょうどいいと思っている。しかも煮込めばグレービーに香りが移るタイプのスパイスだから。

——ココナッツオイルは？

N　ココナッツオイルは、南インド料理では鉄板系エレガントオイルですね。

——ギーもいい香りだけれど。

N　**ギーは僕のキャラじゃない**ですね。確かに、インド料理としてはいい香りでマッチするんだけど、エレガントかどうかというと違うと思う。何か動物っぽい香りがするじゃないですか。

——カレーとかインド料理の話をしていて、エレガントって言葉は今まで出てきたことはなかったかも。

N　そうでしょうね、ワイン用語ですからね。ココナッツオイルとさっきのメース、スターアニス、クローブ、カルダモンを使って作るカレー。

——さらに白ワインで煮込んだらエレガントの極み。ありがとうございました。

※1．ムルギーランチ……「ナイルレストラン」の定番メニュー。

※2．パニール……牛乳などの乳製品を加熱し、レモンや酢などの酸で凝固させるチーズ。

※3．テンパリング……油でスパイスを炒めることを指す。調理の前半でも後半でも登場する。

※4．ティファン……主に南インドで親しまれている朝食や軽食の総称。

※5．サンバルマサラ……南インドの野菜料理サンバルを作るために配合されたスパイス。

※6．カシミールチリ……北インド・カシミール産の唐辛子。比較的辛味が弱めで香り高い。

ナイル善己（ないる・よしみ）／1976年東京都生まれ。銀座「ナイルレストラン」三代目。都内イタリアンレストランを経て、インドのゴア州に渡り、料理を学びつつシェフとして働く。ゴア在住中にインド全土を食べ歩き、帰国。現在はテレビや雑誌などメディアでも活躍中。

2. 濱田祐介
カラピンチャ

やっぱりココナッツ

水野（以下──） スリランカ料理には他の国で登場しないアイテムだったりテクニックだったり特有の食材だったりがある。香りの魅力も独特ですよね。

濱田（以下H） 南国でスパイスの世界的な産地でもありますからね。特徴的なとこで言うと、やっぱりココナッツ。**あんなにココナッツを使う料理なかなかない**と思うし、ココナッツが出すあの様々な香り、ココナッツの実からもオイルからも出るし、ビネガーとか、あらゆるココナッツの食品があって、あの香りを嗅ぐと、スリランカ料理を連想します。ココナッツの香りをうまいことちりばめるのは意識するし、それがうまくいったら、うちに来るスリランカ人がシンプルにおいしいって言ってくれる。

── ココナッツビネガーっていうのはどういうもの？

H ココナッツの木があって、花が生えてくるところの部分を少し切るんですよ。そこから液が出てくる。1日に採れる液ってかなり少量なんです。それを毎日おっちゃんが登って少しずつ切って、ピタピタ溜めてって、発酵させる。中途半端な発酵状態のやつは、スリランカで、「ラー」と呼ばれていて、どぶろく[※1]みたいなもの。

── ああ、南インドの「トディ」ってお酒と同じ？

H 英語で言うとトディ。シンハラ語で言うとラー。酒だけど、発酵し切ったらビネガーになる。ラーの状態では料理には使わないけれど、ビネガーになった段階のものは使う。

── **果肉、ミルク、オイル、ビネガー、大きく4つぐらいの使い分け**ですね。

H 香りに関しては、どれも要所、要所で使いますよね。油は家庭やったら、ほぼすべてココナッツオイル。

── ココナッツオイルのフレーバーって、かなりきついよね。

H きついですよ。ただちょっと不思議でね。日本で同じ作り方したらしつこく感じるんですけど、現地で食べるといけるんですよ。気候とか耐性とか、いろいろあるんかな。

── オイルの量自体は、たとえばインド料理に比べればはるかに少ない。

H そうですね。特に家庭料理は少ない。油を使うのは比較的レストラン料理で、玉ねぎやにんにくを油で炒めるっていうのは、スリランカ料理の歴史としても後から入ってきた料理。

── 仕上げのテンパリングみたいなのとか、最後にオイルを回しかけるみたいなことはあんまりないんですか？

H 近年になってからのテクニックだと思います。豆や野菜系のカレーはテンパリングしますね。ランペ（パンダンリーフ）とカラピンチャ（カレーリーフ）、にんにく、玉ねぎ、スパイス少々、ホールのチリなどを油で加熱してからジャッと加える。

── ココナッツミルクの量は？

H カレーによりますね。古い文献で調べたらカレーの色を黒い、赤い、白いで3つに分けるらしいんですよ。黒っていうのはローステッドカレーパウダーを使ったもの。赤っていうのはチリ。白っていうのは、実際には黄色いカレーのこと。黄色がココナッツミルクを使ったカレーで、すごく多いです。

── ココナッツ、大事だなぁ。

H あとはスリランカっぽいとこで言うと、**カラピンチャとランペ**。これを料理の70%ぐらいで使う。

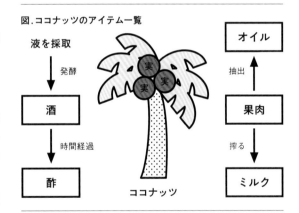

図.ココナッツのアイテム一覧

液を採取 → 発酵 → 酒 → 時間経過 → 酢

ココナッツ

オイル ← 抽出 ← 果肉 ← 搾る ← ミルク

実

── 登場頻度がすごいですよね。

H 香りを組み立てるハーブの代表格ですよね。他のハーブはどちらかというと、野菜的に使ったりするけど、これはしっかり油で加熱して**揮発させて[※2]感じさせるような香り**が軸として重要なとこですよね。これがないとスリランカ料理っぽくならない。

── ちょっとジャスミンライスっぽいっていうか、香ばしい香りはあるけれど、油で炒めるとあの香りが強まるってことなんですかね。

H フライドライスや煮込みの際にランペを入れると、ジャスミンライスっぽくなります。油で加熱すると、もっ

とおいしそうな香りが出る。説明しにくいですね。

——香ばしい香りでしょ。

H　食欲そそる系の。僕、ランペをよく使うんですよね。**クルンドゥ（セイロンシナモン）も大事**。スリランカの代表的な品のある甘味を作るし。スリランカのカレーの香りの大事な役割を担ってる。あと、**ランペやカラピンチャとセットで使われるのは青唐辛子**。

——これもハーブじゃないけど、フレッシュなものですからね、アイテムとして。

H　これも生でも香るし、火を入れたらまた違う香りになる。あとは玉ねぎ。玉ねぎはもちろん、火を入れたらいい香り。もうこれは多分、いろんな世界各国の料理共通なんやけど、生の玉ねぎを料理に結構使うんですよね。つぶしたり、何かと和えたり。たとえば、ポル・サンボーラっていうスリランカのココナッツと赤唐辛子とライムで和える料理とかも、現地の赤い玉ねぎを生で入れる。

——**つぶして混ぜ合わせる**。

H　そうです。その玉ねぎの出す香りっていうのも絶対に必要。サンボーラって言われる和えもの系の料理はマストでこの玉ねぎとか青唐辛子とかライムとかが使われる。「デヒ」って呼ばれている丸形のスリランカのライムが入る。

——スリランカ料理は、素材がそれじゃなきゃこの味にならないっていう要素が強いと思うんですよね。

H　そういう料理ですよね。しっかり素材の味が立つ料理やから。

——他の国で採れたココナッツミルクを使うのは？

H　嫌です。

——現地産をどうしても使いたいランキングベスト5は？

H　ココナッツは1位。シナモンが2位かもしれないですね。ランペはスリランカ産じゃなくていいんですよ。カレーリーフもフレッシュなら産地は問わない。コリアンダーは、スリランカ産がいいですね。スリランカ産っていうか、モロッカン種。**インディアン種とモロッカン種**があるんですよ。

——丸いほうですね。

H　丸。インドの人たちは楕円のインディアン種を使っていて、あの香りはインドのカレーパウダーの香りがするんですよ。

——ちょっと甘い香りの要素が強いよね。僕は基本的にグリーンコリアンダーって呼んでる楕円形のインディアン種を使ってる。

H　あとゴラカ[※3]はほしいですね。スリランカ産じゃ

なくても、インド・ケララのコダンプリでも代用可能。

雨の日の焙煎は避ける

——焙煎についてもたっぷり話したいテーマです。

H　そうですね。シンハラ語で、バダプ・トゥナパハ、英語でローステッドカレーパウダーがとても印象的です。それ以外にも、ミリス・クドゥ（チリパウダー）も焙煎するし、お米もココナッツも焙煎する。焙煎することで香ばしさを出すっていうのはスリランカの手法として大事。僕も自分なりに突き詰めてます。

——焙煎の具合を？

H　そう。理想がある程度あって、そこを目指してる。

——**トゥナパハと唐辛子（ミリス）、米、ココナッツ**って4アイテムあるとして、焙煎の手法自体は一緒ですか？

H　火加減はそれぞれ違いますね。ミックススパイスであるトゥナパハに関しても。

——1種類ずつ乾煎りするわけでしょ、フライパンの上で。たとえばトゥナパハの場合は各アイテムを個別に焙煎していく。

H　コリアンダーは単体。クミンとフェンネルは一緒にいきます。香りの出るタイミングが近いなって思ってるから。トゥナパハの「トゥナ」は「3」という意味なんです。

——クミン、コリアンダー、フェンネル。

H　内容量的にも3つでトゥナパハの75％を占めるんですよ。コリアンダーが実は50％近く占めてて、クミンとフェンネルで25％ぐらいを占めてる。スリランカの赤米やホールのムング豆なんかも煎るんですが、その辺は結構時間がかかる。カレーリーフなんかは弱火でじっくり火入れするとか、事前に乾燥させておくとか。他にも7種類ほどのスパイスや米などをホールのまま煎ります。

——**個別のスパイスを焙煎した上に、混ぜて挽いたときに完成する香りに理想型がある**。

H　もう一個言うたら、それを調理したときの香りですよね。

——いちばん手を焼くスパイスはどれですか。トゥナパハの中で。

H　やっぱメインのコリアンダー。

——それはやっぱり配合比率が高いから必然的に影響力が強まる。

H　自分で輸入しているコリアンダーを使ってるんですけど、輸入ごとのロットで差があるんですよね。湿気具

図.ローステッドカレーパウダーの焙煎

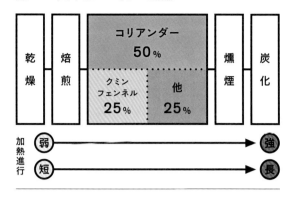

| 乾燥 | 焙煎 | コリアンダー 50% | | 燻煙 | 炭化 |
| クミン フェンネル 25% | 他 25% |

加熱進行　弱 → 強　短 → 長

合とか、持ってる油分の量とかが、同じ感じで焙煎していても全然火の入り方が違ったりするんで。また焙煎する日の湿度や気温も影響するので、雨の日は避けるようにしてますね。

――**乾燥の先に焙煎**があるけど、スリランカの場合は焙煎感が強いよね。

H　スリランカの人たちもこだわるんですよね。

――コーヒーじゃないけど、**深煎り、中煎り、浅煎り**ってあるでしょう。

H　ありますね。スリランカで体験した中でも、浅煎りの場合なんかはめっちゃおもしろいですもんね。「そんなレベルの焙煎でいいんや」みたいな。

――燻香が基本だけれど、部分的に炭化※4した香りも混ざっているような気がする。肉用とか魚用で配合を変えてますよね。

H　配合プラス煎り具合も変えます。

――自分でホールから焙煎するときって、煙がモクモク立つぐらいまでいく?

H　スパイスの種類にもよりますが、そこそこ煙が立ってますね。でもマスタードシードとかフェネグリークとかは全然煙が立ってない気がします。

――あれが本当に不思議。普通はモクモク煙が出ちゃったら、ある部分、香りは飛んでいると思う。

H　アム・トゥナパハのような未焙煎のものと比べると、フレッシュでさわやかな抜ける感じはなくなります。

――失っている部分をよしとした上で、あそこまで焙煎しないと出ない香りがあるわけじゃない?　そっちを取っているのが多分ローステッドの考え方だから。

H　料理によっては、ローストとアンローストの両方を入れたりするんですよね。

――いいとこ取りってことだよね。しかしなんであんなに焙煎するんだろう?

H　全体の料理で言ったら、焙煎したスパイスを使ってる料理って、たとえば5品目の料理が並んでるうちのひとつぐらいなんですけど、でも、**焙煎香に対する思い入れはかなり強い**気がします。

――そこにおいしさを感じている。チリの焙煎は結構他の国にもあるんですよ。トルコにも焙煎チリがありました。

H　あのチリを焙煎した香り、めっちゃいいですもんね。

――インドも真っ黒くするまで油で鍋の中で焙煎してくやり方もあるから。

H　スリランカも唐辛子自体を使い始めたのは、料理の歴史の中では後半のほうなんですよね。

――そうですね。米やココナッツもナッツ香みたいな香ばしい香りが出るんだけど、ローステッドカレーパウダーの焙煎に関しては、焙煎香の先の、燻香みたいなのに近いっていうかスモーキーな香りまでいってるでしょう。**乾燥、焙煎、燻煙、炭化って加熱が進行するにつれて香りが変化する**けれど、スリランカ人はいちばん攻めている部類に入る。焙煎以上、燻煙未満の微妙な線を狙っている気がします。

H　そのスモーキーな香りが好きですよね。ゴラカとかも製造工程で燻製していますから。

――スパイスというアイテムを使ってそれを出せるってことを発見した。逆に加熱時に鍋中で入れる火はそれほど強くなさそう。

H　多くの料理が煮込んで終わりですもんね。

――その分、調理前の素材の段階で必要な香りは出しておく。役割として**鍋の外で行われる焙煎と鍋の中で行われる焙煎**とをアイテムによって分けているのかもしれないですね。

H　グリル的な調理はしないですよね。野菜とかナッツをしっかり揚げて混ぜる手法はあります。素揚げのテクニックを使う料理が結構多い。なす、ゴーヤ、オクラ、カラピンチャ、空芯菜など。まあまあ、ディープに。そこにライムが加わってさわやかさが加わって、生の玉ねぎをつぶしたやつとかも使ってバランスを取ってる。

――一見、極端に見せて全体のバランスは上手に取る。

H　スリランカ料理って、一品一品が完成されていておいしいんじゃなくて、その日の献立の全部と大量のごはんを一緒に食べたときにどう感じられるのか。僕もチキンカレー作ってて、たとえばこれはカレーライスでごはんとチキンカレーで出すんだったら、ここからもっとやりたいこといっぱいある。けど、**ここでやめておくっていう作り方**。

味と香りがクロスオーバーすることで「おいしい」ができる

――いろいろと話してみると、改めてスリランカ料理における香りは相当大事な要素ですね。

H　料理の風味というか、総合点をつけるとしたら、実は香りが非常に大事やなって思う。味ってシンプルじゃないですか。香りは複雑で、しかも難しいし、取り手によって全然受け方が違う。

図.香りと味の相互影響

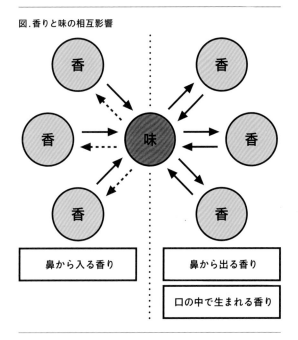

鼻から入る香り

鼻から出る香り

口の中で生まれる香り

――しかも香りが味を特徴づけますからね。

H　セットだから。**味と香りがクロスオーバーすることで「おいしい」ができる**。マール・アンブル・ティヤルっていう料理があって、マールは魚、アンブル・ティヤルは南部のほうの伝統料理。パブリス[※5]さんの得意料理のひとつでもあるんですけど、真っ黒な、魚の佃煮みたいな、汁気を飛ばした、ゴラカとブラックペッパーをバチッと効かす料理がある。どうやって味と香りをクロスオーバーさせてるかって言ったら、味は基本魚の味、魚のおいしいうま味とゴラカの酸味と苦味。これに掛け合わせるゴラカのスモーキーな香りと黒こしょうの抜けるような刺激臭がクロスオーバーする。

――じゃがいもを鍋中で焙煎させる料理もありますよね?

H　アラ・テルダーラ。アラはじゃがいも、テルダーラっていうのはテルが油で、テルダーラで「炒めもの」って感じです。ここには、ランペとカラピンチャのあの緑のさわやかな香りが必要。ココナッツオイルも使うんですけど、ココナッツオイルのちょっと甘ったるい香りがじゃがいもの味とフィットする。テクニックとしては、ココナッツオイルでランペ、カラピンチャの芳香を際立たせることかな。

――油で炒めるときの見極めはどこですか?

H　順番的には**ランペが先、カラピンチャが後**。

――**モルディブフィッシュ**[※6]の香りはそれほど重要じゃない。

H　重要じゃないですね、僕の中で。スリランカではそんなに使わないんですよ。ほんまにポイントで決めにいくときに使うけど、スリランカ料理全体での重要度はそんなに高くない気がします。あとはポル・サンボーラ。ココナッツの和えもの。これは、ココナッツ自体の味プラスライムがくるんで、そこの酸味とかがあるんですよね。ココナッツの甘味もあり、チリが入るんで辛味もある。なかなか複雑で味があるところに香りとしてライムのさわやかな香りとか、ココナッツそのものの甘い香りとかが混ざることで完成する。テクニックのポイントとしては、ココナッツをもう思いっきりたたく。ココナッツから油脂分がにじみ出てうまくなる。**たたく、すりつぶすっていうのがテクニックで必要**。

――刃のついているもので切るのとつぶすのではまったく香りが違いますから。

H　フードプロセッサーじゃ足りないんです。つぶさないと出ない香りがあるんですよね。

――電動ミルなどはぶつけた衝撃で粉砕しますが、つぶした香りにはかなわない。火入れはどうしているんですか?

H　僕は多分、普通の人より火力が弱いんですよね。アジア料理の割にはまあまあじっくり作ってるような気がします。

――その場合、スリランカっぽくはなりにくいんじゃないんですか?

H　僕が目指しているのは、家庭料理に近いところ。**家庭料理は、もともと薪と土鍋を使う**んです。ガスより熱が柔らかい。意外と弱火ぐらいの感覚なんちゃうかな。

――薪の火が柔らかく、土鍋は熱伝導もゆっくりだから。

H　そこを目指そう思ったら、弱火のほうがいいん違うかな。レストランとかは、ガスとアルミ鍋でガンガンいくけど、僕が目指してんのは土鍋の味のほうだから。

――レストランにいたときに経験したものは違った。

H　はい、でもチキンカレーの仕上げ方とかは、レストランスタイルを踏襲しているんですよね。ちゃんと玉ね

ぎを炒めたり、トマトのうま味を入れるのって、ちゃんとおいしいですよね。

——日本語の場合は風味っていう便利な言葉があるけど、不思議だと思うのは、**香りが味に影響する**ことはあるけど、逆があんまりない気がするんですよね。**味が香りに影響する**ケースは比較的少なそう。割とスリランカ料理の場合は、鍋に入る手前で香りをある程度もう決める。鍋の外にあるプロセスが大事だから、事前の仕込みで火が入ることも多い。

H　段取り重視という感覚かもしれないですね。

——焙煎香、燻製香、フレッシュなつぶしたものから出る香りっていうものとのバランス。

H　あとは、素材そのものの香り。とっても大切な香り。お米の香りなんかも。

——自分が理想としている風味と現地で体験した風味とのあいだに、どんなチューニングがあるんだろう。

H　スプーンで食べておいしいってことは、ちょっと考えないといけないかな。スリランカ料理ってもう本当は手で食べてほしい。グチュグチュつぶすとか、じゃがいもをブチューってつぶしたり、ゆで卵でもつぶしてごはんと**こねてこねて絡み合ったのがうまい**。

——かといって、提供する時点でつぶしておくわけにはいかない。

H　たとえば、チキンカレーやったら、あえて汁気を持たせたりはしています。

——ごはんにしみやすくなる。

H　そう。あとは野菜の水分量。スリランカの野菜って味がキュッと詰まってるんですよ。日本はみずみずしい野菜が多い。その水気を飛ばす調理法っていうのはちょっと考える。

——現地の空気の中で食べると違って感じるっていう部分はどうしようもないですね。食事をする前後で嗅いでる香りが違うわけじゃない。

H　スリランカに着いた瞬間、すごくいい香りがしますもんね。ちょっと街へ出たら、ココナッツオイルやスパイスの香りが漂っていて慣れていくんですよね。食べる準備ができていく。

——街の香りは変えられないから。でも、店に近くなってきてから漂って並んでるときに嗅いでる香りがある。それは影響すると思うんだよね。

H　あるかもしれないですね。それおもしろいですね。

——店内で調理したときに立ち上る香りが客席に届く効果っていうのもあると思います。だからたとえば「火の

入れ方と香りの出し方の正解はなんですか?」って聞かれても、それはレストランのサイズによって違うみたいなことになる。

H　おもしろい!

——作るタイミングと食べるタイミングのあいだに誤差がある。そのあいだに香りの質も量も変化するわけだから、そもそも**作り手が感じる香りと食べ手が感じる香りは違う**んですよね。ただ、店がそれほど広くなければ店内に漂う香りは共有されている。だからカレー粉の焙煎をした日の翌日とか翌々日ぐらいになると。

H　もう絶対にお客さんはそれを感じてる。自分でも感じますもん。全然1週間ぐらいは香りが残ってます。絶対それプラスに作用しそうですもんね、スイッチが入るし。

——焙煎した日から、翌日から、1日ずつ日が経つにつれて、ローステッドカレーパウダーの入れる量をちょっとずつ増やしてったほうがいいかもしれないですね。理論上だけで言えば。空間に香らせておく香り。毎週水曜日はちょっとココナッツの香りを強めに。お香みたいに。

H　あのココナッツオイルの匂いプーンッてしてきたら、腹、減ってきますもんね。

——香りの種類は無限だから楽しい。ありがとうございました。

※1. どぶろく……米と米麹、水を原料として発酵させ、漉さないで作る日本の伝統的な酒。
※2. 揮発させて……スパイスやハーブに含まれる香気成分は温度上昇によって揮発する。
※3. ゴラカ……インドではコダンプリ(クダンプリ)と呼ばれることもある果実。乾燥していて燻香が強い。
※4. 炭化……有機物が熱などの作用によって炭素に富んだ物質に変化すること。
※5. パブリス……Dr. Publis Silva。スリランカ料理界の生ける伝説的シェフ。
※6. モルディブフィッシュ……カツオを煮沸、燻製、天日乾燥させた、モルディブ周辺で生産される食品。

濱田祐介(はまだ・ゆうすけ)／1977年大阪府生まれ。「カラピンチャ」シェフ。2004年、初めて訪れたスリランカでの食事、人、文化に感動。2013年「カラピンチャ」を開店。現在も1年のうち1カ月程度はスリランカに滞在し、伝統的な料理の探究などを行う。

3. 本田 遼
OLD NEPAL TOKYO

焦げ茶から黒くするタイミングの香り

水野（以下──）　味と香りの役割分担に関して垣根があまりないのがネパール料理っていう印象です。たとえば使うスパイスがすごく少ないのは象徴的でしょうか。**ターメリック、クミン、チリ、フェヌグリーク**くらい。

本田（以下H）　そうですね。ターメリックはネパール産を使います。あれを<u>ダール</u>※1に入れることで、ネパールっぽい香りになるんですよ。

──色も香りも違いますもんね。

H　<u>タルカリ</u>※2を作るときにフェヌグリークを焦がしてターメリックを入れたら、家のネパールの香りになる。

──フェヌグリークシードを真っ黒く焦がすっていうのは非常に特徴的。あれで甘い香りが最大化するっていうのを、きっとネパール人なりに突き詰めたんだと思うんですよね。

H　あれ、なんであんな黒くするのかな。<u>ベンガル料理</u>※3とかどうなんですか？マスタードオイルを煙が出るまで熱々に熱して、そこに<u>パンチフォロン</u>※4とか入れないんですか？

──パンチフォロンは5種類のスパイスがミックスされているからフェヌグリークだけが真っ黒くなることはない。

H　フェヌグリークって黒くなる温度が高いんですよ。

──マスタードオイルを煙が出るまで加熱するのは胃に優しくする意図もあるみたい。

H　それをネパールの人らは、油がその温度帯まで上がっているかどうかをフェヌグリークで判断してることがある。黒くなったら油の温度もOKみたいな。

──インド料理だとホールチリで油の温度を判断する場合がある。真っ黒くするところまでいかないと出ない香りがある。

H　あれ、220度ぐらいです。

──現地のお母さんに「なんでこの黒にしなきゃいけないの？」って聞いたら、「苦味が切れるまでやる」って言う。

H　苦味、切れないですけどね（笑）。**焦げ茶から黒くするタイミングの香りって全然違う**んですよ。あれがネパールの香り。

──使うスパイスが少ないと、ストイックなアイテムで

どれだけ香りを出そうかみたいなところに意識がいくのかもしれません。それとは別にスパイス以外のものの香りを重視している気がします。象徴的なのはマスタードオイルですよね。

H　マスタードシードをまず煎って、ローストしてから搾る。

──あの黒いオイル、他で見たことない。

H　現地ではブデコトリコテールって呼ばれているんですけど、他にはないですよね。ネパールの<u>ネワール料理</u>※5もあれが特徴ですね。**あれがなかったら絶対その香りにならない**というか。

図. カレーのプロセス・特徴と違い（例）

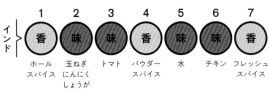

インド

	1	2	3	4	5	6	7
	香	味	味	香	味	味	香
	ホールスパイス	玉ねぎにんにくしょうが	トマト	パウダースパイス	水	チキン	フレッシュスパイス

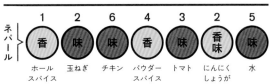

ネパール

	1	2	6	4	3	2	5
	香	味	味	香	味	香味	味
	ホールスパイス	玉ねぎ	チキン	パウダースパイス	トマト	にんにくしょうが	水

──ブデコトリコテールは、最後に添加したりはしない？

H　しますよ。テンパリングみたいなのもしますし。焼き油としても使うし。途中でかけたりもする。

──八面六臂の活躍。香り自体は加熱が続くと飛んじゃうから、スタートは香りの弱い油で進めてって、仕上げにあれを回しかけたら、ものすごいマスタードオイルの香りがつく。

H　おもしろいのが、日本で同じことをしてもネパールの香りにならないんですよね。たぶん日本って、空気が無臭に近いんでしょうね。ネパールだと**その空間にすでにいろんな匂いが漂っている**から、香りがそこまできつく感じないんですよね。

──その場に漂う香りと料理の香りのバランスが取れている。

H　だからカトマンドゥじゃないとあの香りにならないです。

──そこをこっちで作るときはどうやってチューニングしているのですか？減らしているんですか？

H　減らしてます。きつくなりすぎるから。**他のオイルで割ったりすることもある**。

──にんにくとしょうがの扱いも特徴的で、にんにくは

特に量が多い上に後半に加えるでしょ。青っぽい香りをあえて強めてバランスを取る。

H　そうですね。ダールみたいなのは先に加えて香ばしくするパターンもあるんですよ。

──どういう香りが必要なのかってことを考えて、入れるタイミングを決めていますか？

H　ダールの場合はジンブー※6を使ったりするじゃないですか。僕の予想やけど、あれの代用で香ばしい香りが必要になる。ジンブーは値段が高いから。

──そうか、ジンブーもスパイスとは違う香りアイテムのひとつですね。他にグンドゥルック※7とか発酵系のものの香りも入るし。

H　結構入りますね。

──味と香りの両方を兼ね備えているものをうまく組み合わせることによって全体の風味を生んでいる。

H　そうなんです。だから僕は最近、野菜の香りもスパイスと捉えることがあります。**ネパール人ってスパイスが強すぎると嫌がる**んですよ。その香りだけになっちゃうとおいしくない。

──汁気の多いジョールタイプのチキンカレーが典型的ですが、ネパールのカレーはプロセスに特徴がある。これがインド料理のスタンダードの手法だったら、油で玉ねぎとにんにくを炒めて、トマトとパウダースパイスいって、肉と水で煮込むんだけど、ネパールの場合は逆転している。油、玉ねぎいったら、もう鶏肉入れて、そこにパウダースパイスを入れて、そこからトマト、にんにく、しょうがの順序になる。**真ん中がひっくり返ってる感じ。**

H　そうですね。あえてにんにく、しょうがの香りを残すんですよね。ちょっと火が入ったぐらいの状態がマッチしてる。

──トマトの後に入れたら香りが残りやすいもんね。

H　温度がそこまで上がらへんから。肉をまず香ばしく焼くっていうのを重視している。

──そこでメイラード反応させる。

H　そうでないとおいしくないんです。

──肉を煮込むなら別のフライパンで表面を焼いてから入れたほうがおいしくなる。だからネパールのスタイルは理に適ってると思う。

H　ネパールは玉ねぎもあまり量を入れないじゃないですか。あれもうま味や甘味よりも香りのアイテムなんですよね。あの香ばしい香りが最後に効いてくる。一回、どこかで食べたチキンカレーかなんか、すごくおいしいと思ったんですよ。あえて玉ねぎを真っ黒にしているん

だけど、苦くはないんですよ。量が少ないから香りだけを抽出できる。

──**どの素材からどういう香りが出るのかを俯瞰**して投入タイミングや火入れの具合が決められてる感じがします。

ネパール料理の場合、クミンを使うしかない

──クミンと水のブレンドについて聞きたいんですが、あれはネパールで一般的にやっていますか？

H　やってます。石板や石臼で挽くときに水を加えながらだからペーストになる。ある家庭では煎って真っ黒にしてからするし、ある家庭ではちょっとだけローストしてから。僕はクミンの香り成分が大まかに4種ある中の、それぞれの揮発温度を狙って2種類の温度帯のペーストを準備している。他に通常のクミンパウダーと香ばしく焙煎したパウダーの4パターンを料理によって使い分けています。

──クミンシードを加えたら5パターン。クミンペースト2種類はローストの具合が違いますか？

H　そうです。140度と160度です。スチコンで温度管理して1時間ぐらい加熱する。

図.クミンの使い分けとコンビネーション

●5パターン

	状　態	加　熱	処　理
1	シード	未焙煎	―
2	シード	140度	水とペースト
3	パウダー	160度	水とペースト
4	パウダー	180度	
5	パウダー	未焙煎	―

──1時間も！じゃあ仕上がりはだいぶ違う。しかも完全なペーストにはしない。

H　もちろん。それが**ネパールの石臼で挽いた状態**。それを僕は仕上げの香りに使うんですよ。ペーストにしないローストクミンパウダーは180度で焙煎。香りの違いを出すとか複雑にするのは、ネパール料理の場合、クミンを使うしかないから。

──アイテムが限定的であることの影響。

H　**クミン数種類の使い分けやコンビネーション**は僕のオリジナルですよ。ネパールでは油のタイミングでクミンパウダーとか絶対入れない。香ばしい香りをつけた

いんだったら深煎りして水とペーストにすれば、どの段階で入れても香りつく。

──仕上がりの香りから逆算してタイミングを決める場合もあるけれど、タイミングを統一にして仕上がりの香りをコントロールするためには、あらかじめ段階的に香りを準備しておく方法もある。

H　そうですね。おもしろいのは、たとえばサーグって、最初にクミンシードを入れて焦げる寸前まで火を入れるんですよね。おいしいサーグって、クミンを焦げ茶色ぐらいまでにしてから作るんです。

──香気成分ごとに揮発温度が違いますからね。160度と140度ではどういう香りの違いがありますか?

H　160度は、ちょっとチョコレートっぽい。140はちょっと煎った感じで少しさわやか。今、**スパイスの水出しもやってる**んです。ティムル※8とかいろんなやつを試したんですよ。たとえばスターアニスを水出しにすると、あのスターアニスの香りじゃなくて、酸味が出るんですよ。スパイスって香りやと思っとったけど、味もある。クローブを水出ししたら、すっごい渋味。店にある10種類以上のスパイス、全部したんですよ。中華とかタイ料理もそうやけど、青菜の炒めもの作るとき、スープを入れるじゃないですか。そうすることで食べたときに長い余韻が生まれる。ネパール料理にもそれがほしい。食べた後の時間軸を大事にしたくて、サーグに水出ししたティムル水を加えて炒めてる。ティムルに火を入れちゃうとしびれが出ちゃうんですよ。水出しだとしびれなくて、ティムルの香りが余韻として残る。そんなところ、誰も気づく人はいないけど。

──クミンシードを水出ししたらどうなるんだろう。

H　あんまり、ネパールっぽくないですよね。

──ネパールっぽいかどうかは大事なんですね。

H　もちろん。ティムルの水出しも、クミンの香りをもうちょっとより長くするためで、ティムルそのものの香りがほしいわけじゃないですよ。**ネパール料理を基軸にしてどうやって発展させるか**が課題です。店でコースをやるようになってから、情景を表現したいんですよね。だから、店でも藁とか薪とか使うし、田舎へ行ったらキッチンの中で、そういう香りがする中でごはんを食べるとか、生活臭とかもセットなんですよ。香りをスパイス以外で、たとえば自然な香りとかそういうのをつけることで、ネパールの情景をも思い浮かべられるような料理を作ろうとしています。

──あの苔はなんて名前でしたっけ?

H　ジャウですね。東ネパールの山岳民族が料理に使います。タルカリやアチャール、ポークとかとの相性がいいから、血のソーセージにも入れたりするんですよ。あれ自体に森の香りがします。たとえば山の村の生活で食べる味を表現できるかもしれない。

──**ネパールの香りを増幅させたり、それを演出したりするための手法としてスパイス以外の食材で応用できる**ものもいっぱいある。

H　チャンっていうどぶろくがあるじゃないですか。あれをノンアルで出そうと思って、そうなったら甘酒を作らないといけないし、でも甘酒だったら甘い。ネパールの人らはチャンを作るときにちょっとスパイスを入れるんです。現地のチャンは酸味があってドロドロせず、薄いじゃないですか。じゃ、水で割ろうかな、と。

──スパイスウォーター。

H　そう。水で割ることで、チャンのニュアンスを出す。

──シャバッとしてるけど、香り高い。

H　渋味とか酸味とかの出るやつがあるんで、ちゃんとチャンのベースがあって、後ろのわかれへんとこで、スパイスだけで組み立てたらおもしろいかな。

──『OLD NEPAL TOKYO』の料理が、単体ですっきり洗練されている裏側に、ネパールをベースにした取捨選択が機能している。

H　めちゃくちゃ取捨選択早いっすよ。食べた瞬間に「違う」と思ったら、もう絶対使わない。

──たとえば最近だとティムルやマーガオ、山椒などがちょっとした流行だけれど、カレーに入れてしまうと効き目が鈍る印象が強いんですよね。

H　僕やったら、アチャールに入れますね。

──きっとそこの線引きも取捨選択。たとえば入れるなら別の料理にして、食べるときに口の中で混ざる。

タルカリがいちばん難しい

H　ダルバートのレシピを教えるときにタルカリがいちばん難しいです。自分の持っている感覚がレシピ化できない。

──ネパールの香りや味がわかってて再現できるかどうかっていうところに依ってるから。

H　そうそうそう。

──レシピってゴールイメージがないと、たどり着けませんから。

H　たとえばクミンも160度とか決めてあげてたら、で

きるじゃないですか、タイマーさえセットしておけば。けど、それぞれの野菜の香りの出し方、スパイスを入れてカレーっぽい香りにするときのイメージとか。タルカリがいちばん難しいですね。

――**意図的に鍋中に炎を入れる手法**はまだやってるんですか？

H やってます。あれはもう普通にやってますね。水と油を入れて、あれはなんか薪調理のイメージで、『OLD NEPAL TOKYO』っていう名前の通り、古典的な。

――他にも意図的にフレーバーを生み出す手法は？

H 魚のカレーやコースを作るときとか、ヒノキとかでスモークしたり。チキンカレーも焼いてますよ。皮をはぐじゃないですか。もったいないからその皮を使ってスープをとる。ネパールやったら、全部一緒くたに煮込んでのスープになるじゃないですか。僕はそれを分けて、チキンのないチキンカレーを作っちゃうんですよね。その**皮に木や薪で香りつけてます**。

――でも皮に薪で香りをつけても、その後、煮込んでスープにするんでしょ。そのときに、ちゃんとスープに残る程度のフレーバーをつける。

H いや、もうわかるかわかんないか。

――もうちょっとあざとくつけることもできるのに。

H それをやったら粋じゃない。僕の料理の趣旨に合わない。

――薪やヒノキ、藁、苔なんかもそれぞれにスモーキーな香りするじゃない。スモーキーな煙っぽい香りは応用している。それはネパールで食べるものの成り立ちから来ていますか？

H たとえば藁を使うのは、藁が採れる地域ですよね。けど、それより標高が高くなると薪になりますよね。そ

こまで表現したいです。ネパールをもっと知ってほしい。体感してほしい。

――香りと記憶が結びつきますからね。

H そういう意味で香りっておもしろいな。

――オリジナルでやってる香りのテクニックは他になんかありますか？

H **温度やテクスチャーは気にしています**。特にアチャールの。あれを変えることで、香りの立ち方が変わるんですよ。たとえば焼きなすのアチャール。

――焼き加減で香りが全然違うもんね。

H 昔はすごいピューレにしてて、おいしくなかったんですよ。僕、ミキサー4種類を使い分けてるんです。香りって、まず最初に鼻から入ってくる香りじゃないですか。そして食べたときの風味。その後に余韻。全部が合わさって香りだと思うんで、完全なペーストにしちゃうと最初の香りは一緒かもしれないけど、食べたときの風味が変わるんですよね。さらに余韻が単調になる。

――医学的には、**鼻から入る香りと抜けていく香り**の2種類。個人的にはそれに加えて**口の中に滞留しているときに呼吸をするからその香り**と、さらに**喉元を過ぎてからの余韻**があると思います。そこにテクスチャーが関係する。

H 結局それはダイナミクスが必要なんですよね。複雑に感じたりとか、シンプルでも強い香りって、その中でダイナミクスがある。

――スパイスでも同じことが言える。

H たとえばネパールだったら、シロウタ[※9]でスパイスを挽いて作ったアチャールがいちばんおいしいよねってなる。テクスチャーがあるからなんですよね。

――石板で摺るっていうのは、そこにランダムな食感を

図.理に適ったアチャールプロセス

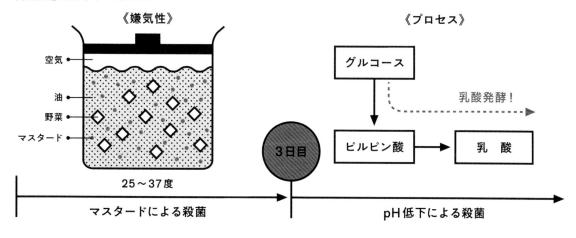

《嫌気性》

空気
油
野菜
マスタード

25〜37度

3日目

マスタードによる殺菌

《プロセス》

グルコース

乳酸発酵！

ピルビン酸 → 乳酸

pH低下による殺菌

生む。

H　そうなんです。そのランダムさって必要。**均質化するとダイナミクスがなくなる**から平坦な印象になる。驚きとか奥行きがなくなっちゃう。グリーンチリやったら、ちょっと粗めやったほうがいいし、たとえば僕はコースを組み立てるときに気をつけているのは、ネパールじゃやらないけど、グリーンチリをそのまま乾燥させてパウダーにしたりする。

——それ、クミンと一緒ですよね。結局、グリーンチリっていうアイテムをどう調理するかで、この1本のグリーンチリから複数の香りを出そうとしてる。

H　それで作ったアチャールをひとつのエッセンスとして料理の組み立てのポイントとして使うと、一気に複雑が増す。結果、メインの肉料理を引き立たせる。

——オイル漬けにして外に放置するアチャールは特殊。

H　いろんな論文読んでたどり着いたんです。**アチャールの作り方はすごく理に適っている**んですよ。ネパールは湿気が少ないんで、カビにくいっていうのもある。

——アチャールはどう理に適ってるんですか？

H　たとえば、トリ（マスタードシード）って、粉砕したタイミングから、つんとした香り出るじゃないですか。あれに殺菌作用があるんですよ。それが3日間もつ。乳酸菌発酵ってだいたい3日目ぐらいからpHが下がってくる。あとは温度帯とオイル。乳酸菌って嫌気性なので空気がなくても発酵する。

——いろいろと理に適っている。できあがったアチャールを料理に使うこともありますか？

H　ないんですよ。ネパールから外れちゃうから。

——チキンカレーのジョールタイプで煮込みのときに、アチャール入れちゃったりすると、きっとネパールを無視したらおいしくなると思います。

H　もちろん絶対おいしくなるんですよ。やっぱり発酵もすごくおもしろいなと思ってて、最近酢作ったり、ネパールのアルコール作ったり、マルチャっていう麹で。すごく不思議なことに、**ネパールって酢の文化がない**んですよね。あんなに醸造文化がある国だというのに。しょう油もないです。発酵調味料自体がほとんどない。そこは本当に不思議。

——でも酸味をつけるんですもんね。

H　酸味はいろんな種類あります。レモンをはじめ、基本的には果実系。

——グンドゥルックみたいなアイテムもあります。

H　グンドゥルックと同じように作ったシンキっていう

発酵大根はタルカリに入れたりします。どこまで行っても保存食なんです。

——ネパール料理にもいろいろあるけれど、「これぞネパール」っていう香りを導き出せてるのは、主にタルカリが多いんですか？

H　アチャールじゃないですかね。あれってやっぱいちばん、技術、そこまでいらないですよね。

——**技術差が出るのはタルカリ。**

H　そうですね。

——タルカリを自分なりに進化させていくってことは、ネパールを届けるのにはすごく有効なのかもしれない。

H　難しいんですよ。たとえばチキンカレーとか他の料理って、家ごとに作り方がある。タルカリは、最初の工程は絶対一緒。だからいちばん、俯瞰で見たときのネパールっぽさは出る。

——フェヌグリークシードを焦がしたところにターメリックの香りがふわっと上がる。

H　もうそこがネパールなんですよ。

——ありがとうございました。

※1. ダール……ネパールで広く親しまれている、豆を煮込んだスープ料理の総称。

※2. タルカリ……ネパールで広く親しまれている、炒め煮的な惣菜料理の総称。

※3. ベンガル料理……東インド〜バングラデシュにわたるベンガル地方と呼ばれる地域の料理。

※4. パンチフォロン……ベンガル料理でよく使われる5種類のシードスパイスを混ぜたもの。

※5. ネワール料理……ネパール国外でも割と知られているネワール族の料理。

※6. ジンブー……ネギ科の植物で乾燥させたものをダールの香りづけなどに使う。

※7. グンドゥルック……ネパールで親しまれている、青菜を発酵させて乾燥させた保存食品。

※8. ティムル……ネパール料理の特徴的な風味を生み出す、ミカン科サンショウ属の実。

※9. シロウタ……石でできたすり鉢のような調理道具。

本田 遼（ほんだ・りょう）／1983年兵庫県神戸市生まれ。「OLD NEPAL TOKYO」シェフ。専門学校卒業後、世界を旅して回る。23歳のときにネパール料理と出会う。2015年、大阪に「ダルバート食堂」を、2020年東京に「OLD NEPAL TOKYO」をオープン。

4. 茂田尚伸

Spoon2

きれいにするとつまんなくなっちゃう

水野（以下――） これまで積んだ実績の他に世界中の旅先での料理体験、一緒に働く多国籍なシェフたちからのヒントなどあると思いますが、茂田さんが自分の料理に昇華するときに心掛けてることは？やっぱりフランス人にとって食べやすいみたいなことなんですか？

茂田（以下S） あ、それは全然考えませんね。

――じゃ、自分の好みってことになる？

S 完全にそうですね。「これ、うまいな」って思ったものって、結構みんなにうまいと感じてもらえるんで。

――国籍人種を超えて。

S そう、あんまり関係ない。誰に向けてとかはなくて、自分がおもしろいとかうまいと思ったものを作っています。

――再現するときにはある程度イメージはあるんですか？

S ざっとはあります。同じ料理でも常に改良しています。スタッフとも話して食べて、かなりのマイナーチェンジを繰り返す。掘り下げていくのが好きなんです。

――フランス料理において香りはどういう存在？

S 僕はかなり重要視してるんですけど、最後の<u>アンフュージョン</u>[※1]とか、たとえばソース作るときに最後にハーブを加えて香りをつけるとか、そういうテクニックはよくあります。それと、必ず僕は<u>**できあがったら匂いを嗅ぎます**</u>。

――たとえばスパイスを使うにしても香り自体を楽しむ場合と素材の味を活かす場合ではちょっと違うんですよね。

S そのちょうど中間ぐらいを狙ってる。季節の素材に香りを加えてあげたらこんなになるんだよ、みたいな。

――奥深く重層的になる。日本語では、風味っていう言葉がありますが、フランス語は何かあるんですか？

S 風味という意味に近いのは、<u>**サヴール（saveur）**</u>ですかね。香りは<u>**パルファン（parfum）**</u>。

――英語でいうフレーバーは？

S <u>**アロマ（aroma）**</u>は言いますね。

――なるほど。今日、スモーキーな香りのするものが多かったんだけど、何か意図があるんですか？

S やっぱり香りが全然違うし、いろんなところで食べ歩いて、「あ、これうまいな」って思ったのが、<u>**ほとんど炭焼き**</u>だったんですよ。でも、別に煙臭いとか、そういうわけじゃないんで、自然にその香りを引き出していますね。

――いわゆるフランス料理で、スモーキーな香りっていうものは、そんなに頻出しない。

S ないですね。もともとはほとんど存在しない。

――旅先のおいしいものの香りの象徴。

S そうです。やっぱり焼いたほうがうまい。むしろ焦げていても全然構わない。インドとかで、ストリートで丸焦げになっていてもうまい。嫌な香りにならないし。

――焦げ臭とか、スモーキーな香りの加え方としては、燻製もありますね。

S 燻製もします。チップも使うし、羊の首肉なんかは、軽く焦げてるところもいっぱいあるんですけど、それがむしろよい香りになる。きれいな火入れを目指すよりは、思い切って焼いちゃうほうが僕は好きですね。きれいにカットして揃いすぎたのも好きじゃないんですよ。

――そのほうが、アクセントになる。ひとつの料理を食べてる中に起伏が生まれて、味わいが変わったりね。

S そうなんです。<u>**きれいにするとつまんなくなっちゃう**</u>。僕、トマトは手でちぎりますからね。それもインドで見たんですよ。インドのお母ちゃんがやってた。そのリズム感というか、不揃いなほうが食べてておいしい。

――今日の料理をひとつずつ簡単に解説してください。

軽すぎないけど重すぎないように

1. パニプリ

S パニプリなんですけど、これは<u>アミューズブーシュ</u>[※2]で出している。

――香りの特徴的には、クミンとフェンネルシード。

S フェンネルシードを煎ったものを最後に加えてて。スパイス自体はザクロのフレッシュ感もあり、さわやかなスパイスを感じてもらうのが入り口ですね。

---

2. ファラフェル

S これは普通ひよこ豆だけで作るんですけど、僕はスペルト小麦、あとレンズ豆、3種類を混ぜて、しかも形状をつぶしすぎないように、ちょっと食感がぎりぎりつながるぐらいの感じにしています。食べていただくと、スペルト小麦の食感が残るぐらい。

――ところどころでザクザクと感じる。

S <u>**一体化しすぎてるのがあんまり好きじゃなくて**</u>。

――単調になるんですよね、食べてる感じが。

S そう。"ターメイヤ"っていう名前のエジプトのそら豆料理がファラフェルの原型なんですけど、それをもと

にした。パセリやコリアンダーなどのハーブやハラペーニョとかも入ってる。

──混ぜ込んで、ターメイヤ感が出ている。

S　ハーブを感じてもらうのと、コリアンダーとかも粒のまま入ってて、スパイスも感じてもらうというイメージで作ってます。つけ合わせに"アジファ"っていうエチオピアのレンズ豆とマスタードが入ってるピュレがあるんですけど、それを一緒に添えてます。ちょっとレモンとライムを効かせて。

3. ドルマ

S　これもよく中東で見かけるんですけど、現地で食べて、なんか重いっていうか、飽きるんですよね。肉だけしか入ってなかったりとかあるんで。

──そこで魚が相棒になる。

S　**イワシの燻製と羊肉を合わせて**、炭火でさっとあぶりました。アネット（ディル）のヨーグルトを添えてます。

4. フムス

S　いろいろ旅して食べ歩いて、フムスってどこにでもあるじゃないですか、でも味が重いんですよね。

──重たいですね。

S　それをなんとかできないかなと思って、リキッド状にしたものにガスを入れてムース状にして、**軽すぎないけど重すぎないように**、ちゃんと食べやすいように。

──ひよこ豆を回すときに水分を多めにする。

S　そうですね。ちょっとシャバくベースを作ったものに、シフォンっていうガスを入れてる。

──上にふりかけているのはスマック？

S　スマックと緑色のはローリエを乾燥させたものをパウダーにしたものです。結構フローラルな感じが出る。

──フリーズドライ？

S　じゃないです。完全に乾燥させて、そこからミルで挽いて、粉にしてパッセ※3しているっていうか、濾す。

それでちょっとさわやかな香りを足して、オリーブオイルとキャビアライムで酸味と食感を出して、下にそのフムスのちょっし火を入れたものを。

──なるほど、飽きさせないように設計している。

5. ムール

S　ムールは、ハーブ、タイコリアンダーとかバジルとかミントとか、XO醤とヴァドゥヴァン。

──**ヴァドゥヴァンってインドとフランスの融合から生まれたミックススパイス**らしいね。

S　インドの発酵スパイスですね。

──半発酵させているとか。フランスにいると割と目にするんだけど、他で見たことないんですよ。

S　こっちでは結構出てきますね。

──南インドで使われるガンパウダー※4って言われているミックススパイスも似たような役割があるなぁ。XO醤を作るときに、そのヴァドゥヴァンを効かせている。

S　そうですね。ムール貝にさっとギーを塗ってちょっと炭火であぶっています。

──それでスモーキーな香りが加わっているのか。

6. バターチキン

S　クラシックな作り方なんですけど、ちょっと違うのが、ココナッツミルクを使ってる。もう**極限まで煮詰めて分離させて、さらにキャラメリゼ**する。それを加えてリッチに仕上げてます。

──でもココナッツミルクは見た目には存在しない。ちょっとオイルがテカッているのがそれですね。

S　そうですね。鶏肉はガラムマサラとかターメリックとか、にんにく、しょうがでマリネしたものを炭火でガリッと焼いてます。

──骨からすっと外れるでしょ。別で火入れをしてる？

S　注文ごとに焼いてます。

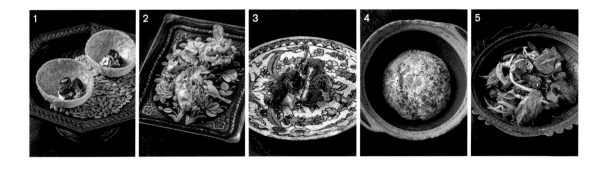

7. シュリンプケーキ

S　エビのすり身のケーキというイメージ。カレーリーフとかマスタードシードとかいろんなスパイスを埋めて、揚げています。にんにくとスパイスとベースのスパイスペーストみたいな、要はグレービーのもとみたいなものをエビのすり身の中に混ぜ込んで、食パンの上に塗って揚げる。

――カレーリーフはあえてざく切りにして、内側に含まれる部分と外側に出てこんがりしてる部分とで差が出る。

S　そうですね。カレーリーフも細かくしすぎず、ちょっと大きめにしてそのまま感じてもらえるようにしている。

――フェンネルのスライスもいいですよね。

S　ちょっと油っこくなるので、さわやかなフェンネルのスライスをのせて、さらに上に小さいエビのフライ。

――乾燥エビみたいなものが散ってましたね。

S　マヨネーズなんですけど、それも**レモンを炭火で真っ黒焦げに焼いた**のを、果肉を使ってスモーキーなマヨネーズを作って合わせている。

---

8. 根菜のスープ

――ナガランド州※5って行ったことあるんですか？

S　ないんですけど、前にここで働いていたインド人がナガランドの出身で、彼女が帰省したときいろんな種類の見たこともないスパイスを持ち帰ってきてくれた。

――あれ、何の葉っぱですか？ 初めて見た。ペーストにして固めてる？ 発酵させてる？

S　**発酵させてるはずですね。"アニシ"って言う。**

――タイヤの破片みたいな感じで、香りもクダンプリ※6みたいな。

S　似てますね。豚を煮込むのに使ってるみたいですね。これ、おもしろいなって思って「これを野菜スープのベースにしてみよう」と思った。

――ここから削って煮込みに入れるってこと？

S　すごく硬いので、水で30分ぐらい戻して、それをつぶしたペースト状になったものを使います。調べてみる

とタロイモの葉っぱをすりつぶして、燻して、乾燥させているみたい。

---

9. ビリヤニ

――何かアレンジしてるんですか？

S　最初に牛テールをほぐれるぐらいまで煮込んだら、だしと一緒に米を加えて炊き込みます。

――牛テールとは別にして、一緒に炊き込んでない。

S　炊き込んでないです。牛テールをしっかり焼いて、柔らかいのと、カリカリっとした食感や風味の両方を出すようにしていますね。

---

10. サマカハラ

――日本では見たことのない白身魚。

S　スズキの種類なのかな、メーグル。こっちでよく出回ってる魚なんですけど、それを使って、**セットエピス（7 épices）**とかいろいろ効かせて、スパイシーなトマトソースと、タヒナーソース。それにフヌイユ（フェンネルシード）の煎ったものと、ちょっと食感が出せるようにしています。

――フヌイユが好きなんですか？

S　フヌイユよく出てきますね。なんか、さわやかじゃないですか。言われてみれば、結構使ってますね。

――何となく好みなのかなと思って。クミンとフェンネルのシードのミックス。

S　確かにそのミックス、よくありますね。コリアンダーも結構好きで、使いますね。

---

11. ティエップヤップ

――羊の首肉。おいしかった。

S　これはもともとセネガルの、ティエップっていうのがベースなんですけど、セネガル料理では羊じゃなくて鳥とか魚の煮込み料理なんです。おもしろいのは、**イェットっていう貝の発酵食品**があってそれを香りづけに使う。めちゃくちゃ臭いんですけど炒めると香ばしくていい香

6

7

8

9

10

りに変わる。でも最初に火を入れるともう厨房中に香りが放たれて、「くせー！」て言いながらみんな出ていく。

——めちゃめちゃ臭いのを香りづけに使う。

S　だからバランスが大事なんですよね。かなり複雑に香りが入ってる。アフリカ人のシェフ友達に教えてもらったもので、**豆を煮て発酵させたスンバラっていう調味料**を使っている。他にもベティビエ（ベチバー）やタマリンド、マスタードなんかを香り出しに入れて複雑にしています。

——複雑な香りが僕にとってはしっくりくるのかな、アフリカは未知の世界だから。

S　そうですね。機会がなくてまだ行けてないんですけど。

---

12. タコ・アレクサンドリア

S　タコをゆでてグリエしたものと、ちょっと燻製をかけたビーツですね。あとビネグレット。ハイビスカスをちょっと煮詰めて、シナモンとかいろいろなスパイスを加えて、少し甘くてスパイシーな感じに仕上げています。

---

13. ドーサ

——ドーサのつけ合わせは何ですか？

S　あれはクダンプリですね。スパイスでグレービーみたいなものを作って、それとクダンプリを一緒に煮詰めたものを回してちょっとピュレ状にして。

——カレーリーフやダルも入ってる。

S　はい。ドーサの中身は菊芋を使ってチリと合わせてファルスっぽくしています。

---

14. 鳩・カランポロ

S　イランのシラーズという都市へ行ったときに、米とキャベツの伝統料理としてあった。イラン中、どこに行ってもその製法。米を炊くときに下に油をいっぱいひいて、米を敷いて、表面をガリッガリにするんです。その上に

またごはんを入れて、ひっくり返す。ちょっと、ガリガリすぎて食べづらいんですよ。なので、オーブンに入れて、ほどよくカリカリ感を残して仕上げています。

自分がいちばんうまいなと思った温度

——茂田さんの香りテクニックに通底する感覚として「不均一」がありそうだということはわかりました。その上で、各種料理をいただいて僕の中では大きく４つのポイントが印象的だったかな。**「食感」**、**「ふりかけ」**、**「アイテム」**、**「温度」**。ひとつずつ聞いてみたいです。食感に工夫がありますね。ファラフェルの粒のサイズの大小が織り混ざってたり、硬い柔らかいを意図的にひとつの料理に入れられていたり。

S　３種類混ぜたのも、ひよこ豆だけじゃなくて、レンズ豆はすぐ火が入る。スペルト小麦はちょっと時間かかるから、まあ粒感が残る。そういうのをあえてミックスして、食べたときに単調じゃなくするのが狙いです。

——粒感やサイズ感はアイテムによって変わる。切り方やつぶし方でも誤差が出る。それ以外は？

S　火の入れ具合ですかね。ひよこ豆だったらドロドロになるぐらいまで火を入れて、ブイヨンで冷やして、味をしみ込ませるとか。

——食感の違いが香りに影響するのは、多分、鼻から抜けるほうの香りですよね。漂ってくる香りよりも、口の中で咀嚼したときに鼻から抜ける香りがちょっとずつ違う。

S　スパイスの食感も同じです。

——僕もやるけど、ホールとパウダーの他に半砕を準備してタイミングを変えて投入する。

S　それもレシピに全部細かく指定してあるんです。最初、スタッフは「わけわからん。何言ってんだ、この人は」みたいな反応だった。

——狙いがあっても**食べる人が噛んでくれるかどうか**はその人次第だから、ちょっと運命を委ねている。

S　まあそうですね、それはそれでおもしろいですね。

──次はふりかけについて。僕は、フランスでスパイス的なものを感じるときに、「ふりかかってるな」って思うことが多い。あれは、フランス人の好みなんですか? おそらく僕が知る限り、フランスには世界でいちばんいろんなミックスが存在している。

S　めちゃくちゃありますね。バリエーションはすごい。

──ふりかける感覚が強いのかな。

S　ブラックレモンソースの、シュリンプケーキにはチリフレークをふりかけてます。あれはピマン・ダレップですね。シリア、アレップの唐辛子。

──ハーブをトッピングするのと同じ感覚なのかも。フムスにおけるローリエのパウダーとスマック。

S　中に入れ込んじゃったら均一になるじゃないですか。食べたときに直接口に入ると、それがふわっと香る。

──不均一を好むシェフとしては。表面にふりかかっていると、スプーンで掘って口に入れるときに**香りが層になっている**。

S　そう、香りが最初に立つ。

──口の中で混ざるから、最初から混ぜるなよっていう。

S　つまんないですよね。レイヤーなんですかね。

──次は香りのアイテム。タコの料理がすごくおいしかったんだけど、これ、香りアイテムのオンパレード。そもそもビーツに素材自体の香りがあるけれど、ローズウォーター、ハイビスカス、ザクロが加わるでしょ。

S　ザクロはフレッシュ感。しょうがの千切りを上に散らしてるので、ちょっとシャリッと。あとハイビスカスをアンフュゼ※7したものを煮詰める。それをビネグレットのベースにするんです。

──煮詰めるときにもスパイスが入っている。

S　入っています。シナモン、ターメリック、オールスパイスをちょっとすりつぶしたものと。食べるごとにいろんな発見があるというか、食べていて飽きないものを目指してますね。

──フランス料理のもともとのイメージは、素材の風味を活かすっていう感じが強い気がするので、何かを添加するっていうよりもともと持ってるものを引き出す。

S　そこも気をつけてますけど、**素材を引き立てるなら引いたほうがいい**。

──加えるならバランスが大事になる。

S　たとえば鳩だったらちょっとパンチが強いので、強めのスパイスとか。フムスだったらちょっと軽めに。

──素材の風味の立て方にも香りのテクニックがありますね。牛肉をほろほろに火入れした後に、部分的にカリッとさせるとか、皮付きの野菜をそのまんま使うとか。

S　そのまんまが好きなんですよね。アルミで包んでオーブンで火を入れた後にアルミをはがして、表面を焦げつくぐらいまで加熱する。

──野菜は皮のところに強い風味があったりするから。

S　そうですね。うま味もいちばん強い部分。別に**野菜の皮をむく必要はない**ですよね。

──不均一を好み、皮はむかない。最後のポイント。ムール貝で感じた温度。

S　温度は大事。寿司とかも温度管理は繊細だと思いますが、ムールは食べるときにちょっとぬるいぐらいがうまいなっていうのがある。

──温度が低くなればなるほど、香りは立ちにくくなる。低めの温度で提供するものは、強めに香りを入れたりとか、そういうことはするんですか?

S　どうだろう。そこまでは考えたことなかったですけど、食べてみて香りが足りないなと思ったら足すし、その状態によりますかね。

──冷たいものも口の中で温まるんだけど、口の中にいる時間によって香りが変わりますからね。

S　タコとかもちょっとぬるいぐらいで出してますね。**これは冷たい皿なの? 温かい皿なの?**みたいな。

──お客さんからたまに言われたりしますか?

S　よく言われますよ。「いや、これ、わざとです」。自分がいちばんうまいなと思った温度ですかね。

──あくまでも茂田さん自身がどう感じているかがベース。そこがハッキリしていて味にも香りにも反映されているのが印象的でした。ありがとうございました。

※1. アンフュージョン……※7と同様。
※2. アミューズブーシュ……コースメニューの前にひと口大で供されるオードブルの一種。
※3. パッセ……濾す、裏濾す。
※4. ガンパウダー……南インドの軽食メニューの風味つけに使われるミックススパイス。
※5. ナガランド州……インド東部、ミャンマーに隣接する州。
※6. クダンプリ……コダンプリとも呼ばれる果実。乾燥していて燻香が強い。南インド料理で使われる。
※7. アンフュゼ……液体にハーブやスパイスなどを浸して香りや成分を抽出すること。

茂田尚伸(しげた・ひさのぶ)／1979年佐賀市生まれ。2010年に渡仏。パリ老舗ビストロ「Benoit paris」、レストラン「Le Jules Verne」を経て、2018年スパイスをテーマにしたレストラン「Spoon 2」の料理長に就任。2023年よりアラン・デュカスグループ「DUCASSE Conseil」のコンサルティングシェフとして活躍。

5. 能田耕太郎
FARO

完成されたレシピを理解するところから

水野（以下──）　まずはイタリア料理について伺いたいと思うんですけれど、イタリア料理における香りっていうのは、あんまりぱっと浮かばないんです。

能田（以下N）　そうですね。基本的にハーブが中心。でも実はイタリアという国が建国して間もないんですが、もともと小国の集まりで、11世紀ぐらいから海運業に長けて、ヴェネチア王国とジェノバ王国っていうのが非常に発展した経緯があります。

──アジア諸国からスパイスが運ばれてきた。

N　そうです。実は中世の料理っていうのは、ものすごくスパイスが使われてたらしくて。でも、今その料理を再現したところで、みなさん食べない。当時は王国が多かったので、そういう宮廷料理、高級食品として貴族や王室が食べていたものには必ず入っていたらしいんです。現状、イタリア料理は家庭料理の派生なので、スパイスは庶民が食べられなかったもの。たとえばスパイスを混ぜて、イタリア料理に配合するってほとんどないんですよ。だからその名残りで、たとえばひとつだけお菓子の中にシナモンが入ってますとか、鹿とか、そういうお料理の中に、ジュニパーベリーが入ってますとか。ローマ料理でいうと、こしょうを結構使うんですけど、もともと辛いものを食べない人たちなのに、こしょうはアクセントで使ったりっていう名残りは感じられますね。ただそれを他の国と比べると、若干ニュアンスが弱い。誰が食べても食べやすい料理だとは思うんですけど、何か突出した味があるわけじゃなくて、伝統料理と言われるものは、大体原材料が少ないんです。その完璧な方程式っていうのがあるんですけど、その中のひとつの要素としてスパイスが入ることも稀にあります。

──完璧な方程式っていうのは、どういうものなんですか？

N　世界中のみなさんがご存じのお料理、たとえばカルボナーラみたいなものって、材料が大体5個ぐらいしかないんですよ。

──組み立てのパターンがある程度決まってる。香りってもの自体はどう捉えるんですか？

N　実は香りには敏感だと思いますね。個々の素材の香り、たとえばトマトを焼きました、その香り、じゃがい

もを揚げました。**素材そのものの香りに対して敏感**です。素材主義なので。

──素材の香りを本当に生かそうと思うと、スパイスやハーブはそんなに必要なくなってきますからね。

N　そうですね。もともと塩の文化なんですよ。保存を乾燥もしくは塩で行うという国なので、スパイスをたとえば保存に使うとかもそんなにない。

──ハーブのイメージは強いですよね。

N　ハーブは結局雑草と一緒じゃないですか。そこら辺に生えてるので。

──地場で採れるから、遠くから持ってこなくてもいいっていうのは大きいですよね。使われるハーブはエリアによって違いますか？

N　暑い南イタリアだと地中海のハーブ。北へいって寒い地域になると山で採れるハーブはちょっと違いますね。**いちばんメジャーなのはバジル。次にオレガノ**。マジョラムは使うレシピが少なくて、あとローズマリーやサルビア、タイムも実はあまり使わない。

──日本でも一般的に知られてるものがまあまあ多いですよね、バジルとかローズマリーとかオレガノあたり。能田料理のベースになっているローマの料理って、どういう特徴があるんですか？

N　今言われてるローマ料理っていうのは、実はそんなに古くなくて、ローマって歴史はもう2000年以上じゃないですか。当時、2000年ぐらい前に食べられていたものも何個か残ってるんですけど、結局イタリアもスペインの恩恵を受けていて、トマトとじゃがいもが入ってきたことによってガラッと変わるんですよ。ローマ料理っていう名前がついているもので、トマトが入っているものは比較的他の料理に比べて新しいものが多い。

──香りで意識するテクニック的なものは何かありますか？

N　素材を意識しますね。素材そのもの。たとえば、こしょうってイタリア人にしたら当たり前に使う食材なんですけど、イタリアで採れないじゃないですか。普通に出回っているこしょうって質がよくないんですよ。5つしかない材料のうちのひとつがこしょうだったら、そのクオリティってものすごく必要じゃないですか。なので、そういうものを探しますよね。

──素材的にはかなり引き算されている分、味や香りをどう生み出すかの重要度が高まりますね。

N　そうなんです。実は**引き算しすぎて最終形に行っている**ので、最初イタリアに行ったころは物足りない気がしてたんですよ。そこで足すんじゃなくて、この完成さ

れたレシピを理解するところから始めないと。

——それが出発点であり、着地点であるとして、そこからアレンジしたりオリジナルを作っていくときの判断はどうしているんですか?

N　最初はおいしかったら何でもOKだったんです。ただ、日本人なので、結局和に落ち着くんです。おいしいという口の中の味覚が、やっぱり和が強いので、甘いものをおいしいという傾向になる。でもイタリアンって甘くないんですよ。味覚は4つしかないですよね。

——甘い、酸っぱい、苦い。それと塩味。うま味はどうですか?

N　熟成品が多いし、うま味は実はたくさんあるんですけど、それをイタリア人は定義としては捉えていないんです。**4つの味覚の中に過剰なうま味が加わってる感じ**。唐辛子のような辛味っていうのは、実はそんなになくて。辛いもの食べないんですよ。南のほうにカラブリア州という地域があって、そこは辛いもの大好きなんですけど。

——そこ行ってみたいなと思ってるんですよね。唐辛子が活躍するエリアらしいですね。

図. 香りが生み出す3D、4D

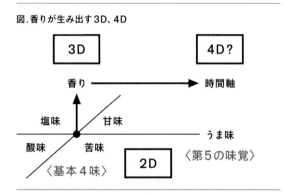

N　スプレッドタイプの唐辛子を漬けたハムがあるんですけど、すごくおいしい。名前がンドゥイヤって言って、「N」から始まるんですけど、イタリアでそんな発音なくて、アフリカ系の発音なんです。イタリアっておもしろくて、本当にいろんな国の侵略を受けているので、当然、アフリカからイスラム教の影響も受けてるし、北は<u>バイキング</u>※1まで来ているので、全部が混ざってるんですよ。それぞれが持ち合ったものを最終的にミックスしたのが各地方料理。ローマだったらローマ料理、ミラノだったらミラノ料理、シチリアだったらシチリア料理っていうのがいまだに存在して、言葉も違うし、料理も違うのが普通なんですよ。それを総称してイタリアって呼んでいるだけなんです。

食材が届いて開けたときに、全部がつながる

N　修業中においしいものだけを追求して、のっぺりとしたものを作っていた時代があった。お客様に「なんか違う」っていうか、一度、「料理に香りがないね」って言われたことがあったんですよ。そこからすごく香りを意識するようになった。それ以来、香りは自分の中ですごく大きなテーマです。もともとすごく香りが好きで、シェフにならなかったら<u>調香師</u>※2になりたかった。それぐらい好きだったんです。お客様に言われた香りのない料理って、わかりやすく言うと平面なんですよ。味って平面なんです。五感を全部使うと立体的になる。**味に香りがつくことによって膨らんで、2Dが3Dになる**んですよ。

——イタリア人自体が香りを重視してるんですか? それとも、そのお客さんが割と特別な人なんですか?

N　一般の人ではないですね。グルメの方で特別な人でした。そこからですね、自分が本当の自分の料理道を追求し始めたのは。イタリアンっていうのはその時点である程度わかっていたので、ここからは能田耕太郎としての料理を追求しようっていうところからですよね。僕が今いちばん大事にしているのは、生産者さんを訪れて、そのときの状況を自分がすべて記憶しておく。そのときの風景や匂い、香り、全部インプットされているので、東京に戻って、そこの食材が届いて開けたときに、全部がつながるんですよ。料理は考えないです。そのときのもう瞬間的な自分の感覚で作り上げる感じです。

——<u>ヴィーガン</u>※3っていうキーワードが出てきたのは何がきっかけなんですか?

N　日本から世界に向けて何を発信しようって考えたときに、未来を作りたいと思ったんですよ。今までって過去を勉強して、現在に投げてたんすけど、そうじゃなくて。それはもう一度しまって、現在から未来に投げる料理というものに挑戦しようと思って。

——簡単においしさが出るアイテムを放棄しないといけない。

N　ローマで作っていたときに弟子が僕の店を辞めて<u>ローヴィーガン</u>※4の店のシェフになったんです。たまたま彼が持ってきてくれたのがヴィーガンチーズだった。食べたときに目が覚めた。これはひとつの表現方法だと思ったんですよ。じゃあ動物性を使わずに同じことをすればいいと思った。テーマがうま味だったんです。うま味を野菜でどう出すかってなったときに、発酵、熟成。たとえば<u>コンブチャ</u>※5と呼ばれる発酵飲料があるんですが、

乳酸発酵させて香りを抽出して、香りのある酢として使ったり。自分のスペシャリティがバターと魚醤なんですけど、それをどう置き換えるかとなったときに、魚醤に変わるように、今度それを野菜で作らないといけない。バターもどういうふうに置き換えるかを試行錯誤していました。

——魚醤もバターも、別のもので再現しようと思ったときに、香りの要素が大事になってきますよね。発酵が重要なポイントになるんですか?

N　これ、実はローマの伝統料理なんですよ。ローマってオリーブ油文化なのでバターは食べないんですけど、唯一、バターを食べる料理がある。子どものおやつは、パンにアンチョビとバターをのせるんですよ。ただそれだけだと外国人が食べたときに、あまり納得しない。**何が足りないんだろうと考えてリコリス**※6**を香りの要素として入れた**んです。実はイタリアも、辛いカラブリア州ではリコリスが採れるんですよ。それがすごく好きで。あの北欧で親しまれているリコリスのキャンディも大好き。

——かなり癖がありますよね。

N　オリジナル料理にして、最終的にローマ人も外国人も納得する料理で落とし込んだんです。

——リコリスのあの特殊な風味が入ると、いわゆる立体になっていく感じになるんですね。アンチョビはヴィーガンで使えないから置き換えなければならない。

N　野菜でおいしくするにはしょう油がいい。自分で作ろうと思ったときに、日本にある独特な野菜、特に**山草系を米麹と塩で熟成させる**とすごくおいしいしょう油ができるんですよ。ただ、日本の「醤油(しょう油)」は、材料や製造工程が厳しく決まっているので、カタカナ表記で「ショウユ」としています。今まで作ってみていちばんおいしいなと思ったのは2つ。**白い皮のアスパラのしょう油とつくしじょう油**。つくしのものは日本にもともとあるんですけど。

——似た香りが生まれそうですね、アスパラとつくし。

N　すごくおいしくて。余計なものがまったく何にも入っていないしょう油ができた。

——バターのほうはどう置き換えたんですか?

N　まず植物性の油脂でバターのレベルと同じおいしさがあるものを探そうと思ったけれど、あんまりなかった。最初はナッツに走ったんですよ。

——ナッツは近そうな感じがしますね。

N　ただ、ナッツって独特の香りがあって、実は料理に入れると反発するものが多い。やっぱりナッツイコールデザートっていうイメージも焼きついてる。たとえばヘーゼルナッツやピスタチオの匂いが料理からしてきたときに、甘いものだと思って食べて塩辛いと、頭が混乱するんですよ。次に考えたのがココナッツだった。アジアではたくさん使われているし、スパイスとも合うんですよ。リコリスと合わせたら悪くはない。そこにカカオバターを足して、ピスタチオのペーストを入れたり抜いたり、リコリスをミックススパイスに代えたり。食材はあえてじゃがいもなので、その香りが強調されるように調整しています。

——香りの組み立てをスタッフにはどう伝えていますか?

N　自分が食べたときに、まず**香りがない料理は物足りない**ので、そして、立体で作れないスタッフもいるので、この要素を足したらっていうのは必ず言いますね。それがいちばん多いのがやっぱり香りですね。

——三次元目の上のベクトルってことですもんね、平面から持ち上げる。

N　まず縦と横じゃないですか。それを立体的にする要素として香りが必要になる。

——ハーブはイタリアでやってた時代からずっと今でもよく使っていらっしゃいますよね。国産で採れるものはまた香りが違いますから大変ですね。

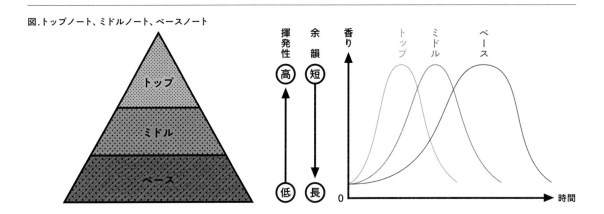

図.トップノート、ミドルノート、ベースノート

N　最初はもうレッスンですね。ハーブも３０種類ぐらいあって、ハーブの香りをオイルに抽出するんですけど、大体、ハーブって緑じゃないですか。緑のオイルが３０種類ぐらいあったんですよ。

──抽出するのって、フレッシュハーブを油と一緒に回してろ過するみたいな。

N　そうですね。７０度の加熱で。それはもう味じゃなくて香りとしてなので、そのオイルをお料理に少したらすことによって、ハーブの香りが上がってくる。

──ハーブオイルを使うときは感覚的なものですか。セオリーがあるわけじゃなく。

N　もう感覚ですね。**香りって難しいのは、トップノー**

図.入る香りと出る香り

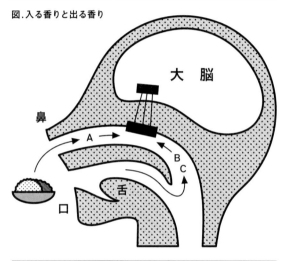

A	たち香	鼻先から入ってくる	オルソネーザル
B	口中香	口に含んで生まれる	レトロネーザル
C	あと香	のどごし後、鼻から抜ける	

トとミドル、ベースと３種類の香り方がある。料理を食べたときの最初の感覚、その真ん中の感覚、食べた後の余韻全部を含めて、三次元からさらにもっと膨らんだ、４Dぐらいまで考えないとトップの人たちは満足できないんです。鍛えられすぎてる人がいっぱいいる世界なので。

──すごくわかりやすく言うと、味が平面、２Dであって、香りで３Dに持ち上げて、そこに食べるときの**時間軸が入ると４Dになる。**

N　そうなんですよ。これが僕の今の理論です。さらに味を感じて初めて香りを感じるところがある。

──咀嚼しながら鼻から抜けたときに感じる香りですね。

入る香りと出る香りの区別が加わると５Dになっちゃうかもしれない。

N　全部、実は連携されているので、そこまで行きついて初めて一流シェフだと思う。もっと上の次元の人も実はいると思うんですよ。もう見えないものが見えるレベル。第六感じゃないんですけど、それがある人も多分いると思います。

──６Dまでいっちゃう。もうどう身につけていいのか、どう伝えていいのかわからない。

N　そうなんですよ。たとえば今日は寒いから、冷たいものをいちばん最初に出すより、温かいもののほうが絶対いい。でも、その温かい温度が、日本人向けなのか、イタリア人向けなのか、全部含めて、料理ってやっぱりおもてなしなので、大事にしないといけないのは、五感、その人が感じること。

──感覚と記憶が結構、脳の中で結びつきは強いらしいんですよね。感覚で体験したものが記憶される。４Dの話に戻ると、４Dって時間軸としての香りの感じ方だとしたときに、調理上で香りを生み出すプロセスとか順序にも関わってきますよね？

N　もちろんです。**香りをどういう状態で出せるか。**

──どのタイミングで何を入れるのか。

N　フレッシュハーブだと最初に感じるんですけど、オイルにして入れると２番目に感じるとか。それがたとえば冷たいと、口の中であったまって膨らむまでは感じないんですけど、最初からあったかい状態でのせると、トップとして感じるとか。それは全部自分の中でインプットする。

──調理のプロセスの途中段階、加熱時に入れたら、ほぼ全体的にはもう消えてなくなってるけど、ベースノートぐらいのところでほのかに、あ、あのハーブがいるんだって。

N　そう。加熱しているといちばん最後に余韻で感じる。

ヴィーガンにはそれがないと満足していただけない

──ヴィーガンを本格的にやり始めてどのぐらいですか？

N　本格的にはここをオープンしたときなので2018年10月です。教科書がないので、全部が創作になっちゃうんですけど。逆に自分の過去の引き出しを全部開けて、一回そこを全部ふるい落として、今必要なものをやっている感じ。あと、香りがテーマとすると、コンブチャ（紅茶キノコ※7）もいっぱい作ってるんです。ラベンダーミントっていうミントを、コンブチャに入れて。糖分を栄

養として、3日ぐらいでこの香りを全部抽出するんです。

──この上の白いのは何ですか？

N　スコビー※8。マザーと呼ばれる菌なんですけど、膜が張って、この膜が糖分を食べて、液体の中にある食材の香りを摘出して、発酵していきます。

──この液体は？

N　液体は、10％のシロップ。だんだんそれが、今もう酸っぱくなってるんですけど、その工程で今度、炭酸みたいに泡も出るんですよ。3日目ぐらいから飲みごろになってシュワシュワしてるときもあるし、それが終わったら今度完全に酢になっていく。これを炭酸で割って飲むのが今、健康食品として流行っている。僕がコンブチャと呼ばせていただいてるものはたくさんある。

──そうか、こういう熟成とか、発酵とか時間をかけて生み出される香りのアイテムがいっぱい調理場にあるってことですね。

N　そう。ヴィーガンにはそれがないと満足していただけない。

──パン酵母みたいな香りがしますね。これ、できるのにどのくらいかかるんですか？

N　これで3日ぐらいです、今、冬なので、どんどん増えていくんですよ。もともと1個あったのが増えてる。培養していくんですよ。びんが30本ぐらいあった時期があって、全部ひとつから始まってるので、代々ですよね。酵母と一緒です。つないでいかないといけなくて。

──今、冬場だから安定しやすいっていうか、コントロールはしやすそう。

N　過剰発酵はしないと思います。今は浮いてるんですけど、発酵しきったら沈んでいったりするので。ものがあるから沈まないですけど、今は酢として使えます。香りの酢。その前は飲みものに近い。だから、発泡ドリンク。紅茶にも入れたりしてるんですけど、今、コーヒーにも入れてたりして。これがイチジクの葉っぱのコンブチャなんですけど、これはもう、マザーが増えすぎてて。この香り、嗅いでいただくとイチジクの葉っぱなんです。

──イチジクの葉っぱの香りする！　いい香り。

N　ヨモギは、もうこれはマザーが増えすぎて。香りが出て沈んでいくんですよね。

──いいですね。季節ごとにその使うアイテムが変わってくと。

N　ただ、日本は暑いので、夏場はちょっとできない。

──何でやるのがいいですか、ハーブは。

N　好きなもの何でも。今は冬なのでハーブないです

けど、逆にスパイスとかでもいいので。変わったところで、ちょっとコーヒーコンブチャをお見せしますね。コーヒーとスコビーに色がついてしまうのですが、発酵が始まるとシュワシュワしてくるんですよ。これを入れることで、甘いだけのコーヒーにうま味が出てきます。これを煮詰めて、ヴィーガンのソースに使っています。

──ちょっとやってみます。料理に香りを生むアイテムは無限なんだな、と改めて実感しました。ありがとうございました。

※1．バイキング……8世紀から11世紀にかけて、スカンジナビア半島を拠点にヨーロッパ各地を侵攻した北方ゲルマン族の通称。
※2．調香師……香水や食品などに使用する香料を調合する職業。
※3．ヴィーガン……動物性食品（動物由来の食品）をすべて避けて食生活を行う人。
※4．ローヴィーガン……加熱を行わずに作られたヴィーガン料理。
※5．コンブチャ……東モンゴル原産と言われる発酵飲料。紅茶に砂糖とキノコのようなゲル状の種菌を10日以上漬け込んで発酵させている。別称紅茶キノコ。
※6．リコリス……スペインカンゾウ（licorice, liquorice）。マメ科カンゾウ属の一種の甘味料。
※7．紅茶キノコ……コンブチャの別称。
※8．スコビー……コンブチャ（紅茶キノコ）を作るために使われるキノコ状の物体（種菌）。スコビー（Scoby）。

能田耕太郎（のうだ・こうたろう）／1974年愛媛県生まれ。「FARO」シェフ。1999年渡伊。2010年「エノテカ・ラトーレ」シェフ時にミシュラン一つ星を獲得。2014年「ビストロ64」のオーナーシェフに。2017年2度目のミシュラン一つ星を獲得。2018年から「FARO」のシェフに就任。

6. 佐藤幸二
クリスチアノ

どんよりしたようなアルコール感と香り

佐藤（以下S） まず前提として、レストランと家の料理の違いを見せないと、お客さんは来てくれないと僕は思っていて。だから**温度感やライブ感が必要**。そのために絶対必要なのが香りだったりとかするわけで。

水野（以下──） 温度上昇で香りが立つわけですからね。

S そうそう。基本的に『クリスチアノ』ではオープンのときからそういうのを大事にしてる。

── それが伝わりやすい調理やメニュー構成を考えている。

S 温かい料理とか、鍋ものとかはふたつきで出したりとか、グツグツするまで出さないとか。

── ふたを開けたときにふわっと香る。

S その香りというのが、隣の席まで届く。レストランの空間全体がすごく盛り上がるわけですよね。入ってきたお客さんですらもいい香り。**お酒を飲む前のいちばん敏感なときに「いい香りするね」**っていうのを目指しています。そんな中で象徴的なもののひとつがエビのマディラ酒焼きですね。僕は「酸化香」って言い方するんですけど。

── 寿司屋のあぶりサーモンみたいな。

S バーナー香のような、油と水が合わさったところに火があるのは、火事と同じ状態ですよね。鉄板自体が210度とか220度ぐらい熱々にするわけですよ。鉄板の縁から、青い火がはみ出して煙が上がるくらいまで。そこにあらかじめボウルで混ぜておいた油とエビとトマトの刻んだやつとちょっと水分が出てる炒め玉ねぎ、調味料を一気に入れる。部分的に弾け散って、火がつく。

── 炎が鍋中に入る。

S 火事じゃないかぐらいに燃える。すごく香りがつく。**ずっと揺すって燃えている状態をキープする。**

── フランベとは違う。どこで学んだんですか？

S 着想はあぶりサーモンですよ。温度が低いサーモンの表面をバーナーで直にやるから燃えている状態を強制的に作っている。それをどう再現しようかなと思って考えた。

── じゃあ、意図的にひねり出したわけですね。

S 基本的にレストランでやっちゃいけないことなんですよ。僕がやり始めた12、13年前ぐらいだと否定的な人が多かったので、「ダメだから捨てろ」になるんですよ。**当初はあの香りがおいしいっていう認識自体はなかったんですよね。**

── ポルトガルではやらないけど、意図的に自分が生み出したい香りをつけてる料理には他に何がありますか？

S **レモンをつけ合わせる料理は、搾って投げる。**搾りカスもボンとのっけるっていうのがうちのルール。タイミングも、鍋の中で最後仕上げで火止めてから入れるか、途中で煮込んでるとき入れるかとか、メニューによって決めている。

── レモンとかライムって、果汁だけじゃなくて皮から揮発する香りも大事だから。

S そうです。あとはピーマンの、**マッサ・デ・ピメンタォン**※2 ていうポルトガルの調味料があって、それ使うときとかは、2パターンあって、はじめに油で炒めてしまってから煮込んで仕上げるっていうやり方と、最後に入れて軽く煮込むのでは風味が変わる。

── マッサも香りはいいけれど、加熱すると飛んでしまう。

S あれはだから、火を止めたときぐらいです。最後バッて入れて混ぜ合わせて、そのままふたを閉めるんですよ。あとポルトガルはにんにくの香りが強い。西洋料理ではにんにくやエシャロットは、あらかじめオリーブオイルになじませて炒めるっていうのが基本。でも日本のにんにくだと香りが弱いので、あえて最後に入れることで香りが全然違ったりします。

── スタイルを踏襲する点とプロセスを変える点がある。

S ポイントは日本の素材ってとこなんですよね。オレンジもポルトガルは有名ですね。オレンジを料理に使うっていうのがすごく多い。油の印象をつける料理も多くて、オリーブオイルの使う量がすごい。タコ料理やバカリャウ料理もそうなんですけど、「溺れる」って言葉を使うんですよ。溺れ煮みたいな。ポルトガルのオリーブオイルって**苦味や香りが強くて仕上げに入れる油の量の比率が高い**。僕はハーブもすごい好きなので、ハーブの使い方は、タイミングを変えてます。アルコールもあえて飛ばしすぎないで使う料理とか。マディラもそうだしウォッカも使う。

── ウォッカ、独特な香りですね。

S ウォッカは、多分、全体的に食材の香り自体はすごい強く香らせる効果がある。加熱のときにウォッカ入れます。先に入れて飛ばすんじゃなくて、あえて途中で入れちゃいます、**ウォッカのどんよりしたようなアルコー**

ル感と香りが、結構、料理自体の辛味とかをきれいにまとめてくれるんですよね。ウォッカを入れて炒めるイカのトマト煮があるんですけど、かなり香りがついてる。

──白ワインや赤ワインをドボドボ入れて煮るみたいな料理はあんまりないですか？

S　あります。もともと中部に、シャンファナっていう料理があって、ヤギを赤ワインで煮てゆでこぼして赤ワインを捨てて、もう一回ゆでこぼして赤ワインを捨てて、最後、仕上げに赤ワインでもう一回煮ておしまいみたいな。

──ワインの香りがたっぷりついてそうな料理。

S　それは本当にワインの香りですよ。めちゃくちゃワインの香り。うちは、あえて天然のブドウ色素を入れてマリネしたものを用意して、肉を用意して、それと玉ねぎとスパイス、八角とシナモンとクローブとクミンを一緒にゆっくり火を入れてって、最後に赤ワインを加えて香りをつけている。

香りがすごくきれいに上がってくる

──バカリャウ[※3]についてですが、昔、自家製するための発酵部屋がありましたよね？

S　温度を22度で管理できる、通称"バカリャウセンター"。

──バカリャウってかなり特徴的。香りのニュアンスとしては東南アジアの魚醤みたいなものに近い？

S　バカリャウって正直、あんまり香りが立たないかなっていう。オーブン焼きにしたときにふんわりしたような香りはあるんですけど、バカリャウの香りを楽しませるっていうよりも、最後にオリーブオイルで溺れさせて仕上げるっていう料理が多い。

──どちらかと言えば、バカリャウは味なのか。

S　そうです。現地の人曰く、味というよりも食感ですね。独特の繊維と。タラであえて作る理由もあって、なんで他の魚で基本やらないのかっていうと、ちょうどいいぐらいの脂肪を持ってるんですよ、タラって。独特の繊維感とグニグニする食感。『パッポンキッチン』というタイ料理店をやってたときに、**衝撃的にうまいと思ったのが、乳酸発酵させる鶏**。肉自体を炊いた米に塩を入れて、ぐちゃぐちゃっとしたものを作ろうとする。水入れて発酵させるわけですよ。米自体を発酵させたとこに肉をぶっ込む。

──それは生肉を？

S　生肉。常温でそのまま発酵させるわけですよ。肉がピンク色になっていくんですよ。その発酵させたものを

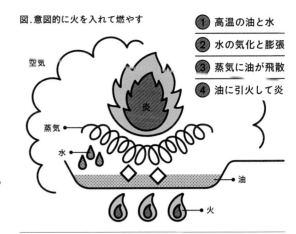

図.意図的に火を入れて燃やす

① 高温の油と水
② 水の気化と膨張
③ 蒸気に油が飛散
④ 油に引火して炎

空気　炎　蒸気　水　油　火

取り出して数日間干して、表面の水分だけ取りながら熟成もさせて、それを揚げものにしてるんですよね。似たようなやり方でミンチ肉を作ったりとか。ラム肉とかも柔らかくもなるし、香りも出るのでそうやったりとか。

──ネーム[※4]ってソーセージもそれを使う？

S　そうです。内臓、鶏の内臓物とかの発酵揚げっていうのをやってて。それはもう、ほんと香り、めちゃくちゃいいですよね。ちょっと食べたことないような酸味のあるような香り。乳酸発酵から生まれるアミノ酸の香ばしいような、あれはメイラード反応したようなときの香りなんでしょうけど、すごく香ばしいような、ちょっと発酵したツンと鼻にくるような香りとか上がってくる。それはタイ料理から学んだ。

──そういえばタイにいた時代の料理の刺激や料理での経験の話はあんまり聞いてないですね。

S　タイにいるときはハーブでいちばん悩んだ。ハーブは本当に悩んでて、香りの種類が違うんですよね。水や土壌が違うから、とにかく香りが強いんですよ。食材の味自体もめっちゃ強い。**香りに関してはタイへ行って揉まれましたね。**

──食材やハーブの香りが強くて、発酵調味料、魚醤の香りが強いから、強いもの同士でバランスが取れている。

S　タイ料理って、そういうふうにできあがってると思いますね。発酵って言うか、香りで言ったら、うちでオープンのときから作ってたカマンベーコン。

──ああ、カマンベーコン！ かの有名な。**カマンベールのカビを応用して作るベーコン**。

S　そうです、豚バラに白カビを噴霧してカマンベールチーズみたいに仕上げるっていう。大体2週間ぐらいかけてあの菌を繁殖させる。

──独自のアイデアと試作から生まれたものですか？

S　はい。フエカセーロっていう、スペインとかで食べられる白カビが周りについたサラミがあって、あれは白カビ噴霧してるんですよ。あえてベーコンというか豚バラ肉にああいう香りをつけてみようと思った。ベーコンって本質的にはスモークするのってなんでだろうって考えると、周りの外敵から守って滅菌するため。その方法として、カマンベールみたいな感じでカビをつけるのもあるし、サンドレっていう灰をまぶすのもある。白カビを取ってやったら大失敗したんですけど、その失敗したときの味と香りがめちゃくちゃうまかったんですよ。

──じゃあ厳密に言えば、失敗にはならなかった。

S　温度帯自体をちゃんと管理してなかったから部分的に腐ったんですね。**人間がおいしいと感じない味と香り**がしたんですよ。乳酸と酵素なんですけど。

──腐敗と発酵は紙一重。乳酸発酵は嫌気性だから、脱気と温度調整さえコントロールできればいい。

S　簡単に言うといちばん問題だったのは水分なんですけど、成分自体をどう取れるのか。バラ肉で作るので、作ってる工程で水分の出る場所っていうのがあるわけですよ。豚バラ1枚のくぼんだ部分の骨がない部分に水が溜まる。そこの部分だけは、湿度がなかなか減らない。膜をはがしてペーパーをかませたりとかして、はじめに2日間、水分を抜いたりとか、結構いろんなことやった。どうやったら白カビがきれいにつくのか。ようやく完成して、**初めて食べたときの衝撃的なあの香りと甘味**。すごくうまかった。わかったのは、調理時にあえてすごく低めの温度帯で火を入れるんです。普通のベーコンの火入れの温度帯ってちょっと高いんですけど、ちょっと低めの温度で火を入れる。表面を焦がすと香りが飛んじゃうので微妙な加減で加熱する。白カビチーズのついたカマンベーコンだけには、温度ちょっと弱めなんですよ。**フライパンで眠らせるっていうかね、寝かせる感じ**ですね。オーブンに入れる前のフライパンって、普通は火口でちょっと火つけて、パチパチいってきてからオーブン入れたりするんだけど、あえてフライパンの温度を上げない常温に近い状態でそのままオーブンに入れちゃう。鉄板が温まっていないから、上火だけにすれば全体の温度がそんなに上がらない。

──加熱が強すぎるとメイラードの香りで発酵の微妙な香りが打ち消されてしまうのかもしれない。

S　そうなんですかね。白カビの本来持ってるすごいきれいな香りがなくなっちゃうんですよ。とにかく、その状態をキープしながら大体250度で4分ぐらい加熱す

るんです。これ、すごく難しいことなんですよ。それができれば、香りがすごくきれいに上がってくる。しかもこの料理に関しては、**少し冷めてから食べたほうがうまいんですよ**。もう油がとろけるように甘くて、とにかく香りが芳潤できれいです。

──確かに香りはすごく芳潤。他に人気メニューは?

S　イワシだったりとか。

──あれは割とシンプルですか?

S　あれって単純に見えるけど、実はポイントがあって、ただのイワシじゃないんですよ。あえてイワシ自体の血を抜いて、バカリャウとかからの血をとって、その**血を塩にまぶして常温で発酵させている**。

──発酵させているのか。それをふりかけているんですか?

S　それをイワシにまぶして、それで焼いてるんです。だから、うま味が、天然のうま味だしみたいな。うま味塩みたいな。だからあれ、おいしく感じるんですけどね。必要性ないから、お客さんに言ってなくて。うちはだから味つけはシンプルに基本的にするので、その塩めちゃくちゃ使ってるんですけど。

──発酵の風味は強力な味方だ。

畑で採れたてのトマトの香りが生まれる

S　レストランにとって、**香りは温度と付随して心象的にお客さんに訴える**役割がある。気持ちを戻らせるというか、「もう1回あの場所に行きたいな」って想起させるような感じが僕はするんですよ。香りの記憶っていうんですかね。

──香りと記憶は結びつきが強いから。そういう点では香りの感じ方に季節とか関係あるんでしょうか?

S　多分、**いちばんおいしく感じるレストランの香りって、秋から冬とか春の頭の寒いとき**ですよね。それって大事なのって、多分外の空気もある。結局、比較ができるから。入る前の寒さから、ちょっとほんのり暖かいようなところで香りがいいのが出て、あと、外に出たときのちょっと張りついたような、引き締まったような空気の温度帯のところに出たときの対比。

──ちょっと乾燥したというか。

S　そうです。ちょっと息が白くなってきたときぐらいの夜って、めっちゃ覚えてると思うんですよ。おいしかったっていう記憶と香りと。これって、外ですよね。

──入ったときのインパクトがまず強い上に、出た後は別の香りに邪魔されないってこと。アウトドア料理がお

いしく感じるのは後者の効果なのかもしれません。

S　それじゃんか、すごく気持ちよくなるというか。飯屋を出たときの外の張りつめた空気で、まだ体もポカポカして、酒も飲んでて、あのときの、すーって吸ったときの空気の気持ちよさ、うまさと言ったら。

——それって余韻として刻まれるっていう。

S　本当にうまかった料理とかって、さっきの僕はチャーハンだとか、あそこの焼き飯食いたいなとか、**やっぱり香りですもんね。味ってあんまり残ってない。**

——そうね、そのときはうまいと思うけれど。そう考えると『もんじゃさとう』も香りがすごいですもんね。

S　もんじゃ焼きという料理の醸し出す温度帯がいいところで、普通のレストランよりもさらにアドバンテージが取れるわけですよ。料理って温度が高ければ高いほどうまく感じるので。

——目の前で熱々ですから。

S　だからその中にやっぱり香りっていうのは含まれる。メキシコもんじゃっていうのをやってて、仕上げにテキーラを入れるわけですよ。そうすると、リュウゼツラン※5の花のきれいな香りがめっちゃ立つわけですよね。

——**アルコール成分が熱で飛んでも香りが残る。**

S　香りはすごく残ります。そういう点ではもんじゃはすごくいいですね。

——多ジャンルにまたがってインプットがあって、アウトプットもたくさんある中で、独自フィルターがかかる。そのときに香りの組み立てはどういうふうにしてるんで

図.カマンベーコンの仕組み

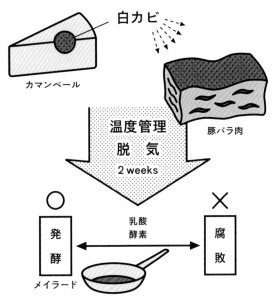

すか?

S　僕、小さい頃から香りだけは自信あったんです。

——香りに敏感だった。

S　香りにめっちゃ敏感。イギリスで働いてたレストランが、いつも衝撃的にいい香りがしていたんで、ハーブとスパイスに対して結構いろいろ使うようになった。イタリアにいたときは、ハーブが当たり前すぎたせいか、そんなに興味なかったです。イギリスの後、タイに行ったときに混乱した。フランス料理もイタリア料理も王道のものをちゃんとやってきたつもりだったのに、タイに行ったときに、それまで使ったものがすべて存在しないわけですよ。タイムもローズマリーもオレガノもマサラもなんもない。あるのはホーリーバジルやチャーオムというアカシアがあったりとか、もう香りが全然違うものすぎてもまれた。結果、広がったんですよね。

——柔軟さが身についた。

S　別にタイ料理をタイ料理に落とし込まなくていい。食べる人に合わせるってことが、優先順位高くて、自分がおいしいとかじゃなくってってとこですね。

——今、スパイスにしても、ハーブにしても、その他食材の香り、加熱テクニックによって生まれる香り、色んな香りがある中で、どういうその分類にしているんですか?

何かメソッドがあるとか。分類して組み立てて、これの場合はここのA×Bの組み合わせ、こっちの場合はC×Dみたいな。

S　あります。**これとこれを組み合わせるとこの香りになる**とか、これとこれを組み合わせるとこの味になるみたいなのは、頭の中で大体もうできあがってるんです。たとえば、知ってるかわかんないですけど、ローズマリーとトマトって合わせると、しょうがと似たようなものになる。

——似たような香りになるってことですか?

S　たとえばそれって僕の中で勝手に決めてるんです。それはイタリアに行ったとき、ただピザ食ったときに思ったっていうだけなんですよ。その手の印象は、頭の中にめちゃくちゃ構築されてます。

——調味料系も作るし、びん詰や缶詰も作るから、そこにも香りのテクニックは活用されてそう。

S　あるイタリアンから缶詰を頼まれて作ったとき、オレガノのような雰囲気の香りを残したいって言われたときに、マジョラムで代用した方が出るな、とか思うのは自分なりの感覚。香りの組み合わせで言うとあれですよ。**かつお節と唐辛子を混ぜるとスモーク香が強まる**じゃ

ないですか。そういうのもときどき使います。あとはトマトの香り。トマトって皮むきするときみんな湯むきするじゃないですか。あれって**直火で焼いちゃったほうが、畑で採れたてのトマトの香りが生まれる**んですよ。

——それは、パプリカみたいに周りを焦がして皮をむくってこと？

S　あれとは違います。あそこまで焦がさないので。皮むけるぐらい。めっちゃいい香り。赤く実るときのトマト畑って、多分ガスが出るんですかね、香りのガスというか。あの燻されたような、トマトの甘い香りが立つんです。

——たとえば、なすやトマトは、周りを黒く焦がして、燻した香りも含めてフレーバーとして楽しむ方法があるけれど。

S　その手法も効果的ですよね。あえて**野菜を燻したり真っ黒焦げにしてスパイスを合わせてだしをとったり**もします。コンソメを作るときはそうやって取ってます。

——香りについて膨大な独自の辞書がある。

S　そうです。そういう組み合わせが、そこの香りとか味とか、そこに、触味っていうのかな、歯ざわりとか舌ざわりとかで、さらに香りとかが逆に立つように印象づけられたりとか。最終的なゴールにたどりつけば手段はいろいろあっていいと思います。

——ありがとうございました。

※1. マディラ酒……ポルトガル領マデイラ島で造られている酒精強化ワインで、シェリーやポートワインに近い風味を持つ。
※2. マッサ・デ・ピメンタォン……赤パプリカを塩漬けし、ペースト状にしたポルトガルの伝統的な調味料。
※3. バカリャウ……ポルトガルで親しまれている、塩漬けして乾燥させたタラ。
※4. ネーム……タイ北部の郷土料理で、豚ひき肉を中心に各種材料を加えて発酵させたソーセージ。
※5. リュウゼツラン……テキーラの材料として知られる多肉植物。別名アガベ。

佐藤幸二（さとう・こうじ）／1974年埼玉県生まれ。「クリスチアノ」ほかオーナーシェフ。調理師専門学校卒業後、都内のホテルへ就職。イタリア、イギリス、タイなどで料理人として働き、「リストランテ・ヒロ」「アロッサ」を経て、2010年ポルトガル料理店「クリスチアノ」をオープン。

---

7. 森枝 幹
CHOMPOO

口の中で重なり合って香り爆弾みたいになる

水野（以下——）　料理における香りのテクニックとして自分の中に備わっているものはどんなものですか？

森枝（以下M）　ちょうど最近、思い出の昔の料理がいっぱい出てきたりしていて。基本的に香りで作っている感じなんですよね。マグロ、スイカ、タイバジルみたいなペアリングが得意。モロヘイヤとシソとスッポンの冷たいスープに、中にサザエとオクラとミョウガが入っているとか。焼きなすを皮ごとそのままピューレにしちゃって、梅酢とクミンとヒマラヤ岩塩を一緒に使うのが好きで。焼けた匂いと味がマッチする。

——ヒマラヤ岩塩の硫黄臭は特徴がありますね。ユニークな組み合わせの数々。

M　鱧と梅の酸味を合わせるみたいなのとか、セロリ、ウニ、甘エビ、すだちとか、どれも意外に筋が通ってるかなみたいな。

——香りが基調。組み立てを考えるときの発想の出発点はどこなんですか？たとえば焼きなすで言うと、スモーキーな香り。焼いたときに真っ黒くするわけでしょ。

M　めちゃめちゃ真っ黒くしますね。

——焦げた皮をはいでペーストにする？

M　**皮もろともペーストにして焦げの風味を味わう**、火を食べるみたいな感じで。火が上がっていったりするときに野菜の外側をガリガリに焼いちゃって、ストウブに入れといて、余熱で全部くたくたに柔らかくして、それを基軸に、いろんな肉とか魚を混ぜて作る。カツオとめっちゃ焼いたなすのペーストと、まさに今の香ばしい組み合わせみたいなやつを作るとか。

——焼きなすに関して言うと、そこに何を合わせて料理に組み立てていくかって考えたときに、ベースがまず真ん中にスモーキーな香りがある。

M　料理を全部、**マインドマップ**[※1]**みたいにして考えてます**。真ん中にテーマ。そこから紐づけて広げていく。たまにずれるものもあって。テーマを鱧にしたはずなのに、そこに梅を合わせてからなすを合わせようとしたときに、なすのほうがおもしろくなっちゃってその先に線がいっぱいのびちゃう。オリーブオイルのちょっと辛いピリッというのがほしいから混ぜちゃうとか、そういうのを足し

ていくとおいしいアイテムができちゃったりするんですよ。これ、鱧じゃなくてもタコでもいいかもしれない、みたいな感じになると、梅酢のニュアンスと合う食材であれば代用できる。夏野菜の夏っぽいパリパリした感じとタコの食感でも鱧の食感でも、もしかしたら穴子とかでも。

――たとえば、なすを焦がすと、スモーキーなフレーバーが拘束力を持つわけでしょ。ヒマラヤ岩塩の硫黄臭にくっついたとすると、スモーキーなフレーバーと硫黄臭っていう組み合わせ自体がルール化されていったりはしないんですか？

M 変換するときはありますね。僕だったら焼きなすの皮はむいて、ゆで卵の白身の部分と一緒に食べたらおいしそうだなと考えたり、思ったりはします。でもそのときに強烈な焦げの黒い部分は、僕の頭の中では取り除いていましたね。

――焦げた皮を取り除いたあとの身の部分にも、フレーバーは残るからね。そこでバランスは取れるのかもしれない。**スモーキー・火・硫黄臭みたいな鉄板の組み合わせ**は、自分の中で他にもいくつかあったりするんですか？

M めっちゃありますね。キウイとパクチーのサラダとかは、シグネチャーメニューっぽくなっています。皮付きのキウイをオーストラリアで食べたのすごい青々しい味というか、ニュージーランドのワインっぽい感じだったりとか、山椒っぽさとか。そこから連想してパクチーとマジョラム、実山椒、塩、ディルの花を組み合わせる。めちゃめちゃ塩とライムジュースをふる。キウイが甘いし濃いから、**口の中で緑の味が重なり合って香り爆弾みたいになる。**

――キウイの皮の内側のちょっと青っぽい香りみたいなのと、フレッシュハーブの香り爆弾を組み合わせていこう、と。マインドマップの真ん中にキウイがある。

M キウイというより緑かもしれないです。なすというより火かもしれないです。

――キウイのサラダの場合は、別の食材とのタッグは？

M 山椒、ライム、ハーブ。**香りの軸だけじゃなくて、塩味と甘味の軸や食感の軸もある。**

――でもキウイをメロンにしたらこれは成立しなくなる？

M しないですね。キウイじゃないとだめ。

――なぜキウイじゃないとだめなのかってとこが、たぶんこの組み合わせを、森枝幹メソッド化できるポイントですね。

M 文脈的に言うともうひとつ、フィッシュ＆チップス

が僕のシグネチャーメニューなんですけど。鮎を背開きにして、中の骨を抜いて、その骨はまた乾かしてからカリッと揚げて、骨のチップスと、魚のお腹の中に鮎の肝が入ったタルタルソースを入れて、モラキュラー[※4]とかで使う肉や魚のみをくっつける結着剤があって、それをくっつけて、もとの形に戻してあげる。背骨がないけど。米粉とか入れてカリカリにした衣で揚げてスダチを入れたタルタルソースを、注射器でお腹の中にソース代わりに注入する。

――クリスピーな揚げたときのこんがりとした香りから、フレッシュなすっきりした青っぽい香りとの組み合わせを並べることでの組み合わせがセットになっているから、もしかしたら何かをフライにした香ばしい香りから、フレッシュでちょっと青っぽい香りにした順序で、別の二品ができるかもしれない。

M そういうアプローチはよくしますね。

化粧というよりは下地かもしれない

――シグネチャーメニュー解説、他はいかがですか？

M 何が難しかったってやっぱ鹿カツとビーツと、あとビーツと木イチゴなんてまさに赤だったなと思うし、でもそういうもの食べてたりとか、ビーツの土っぽさも鹿にはあるよねとか、そういうところ。

図.香りと味のマインドマップ

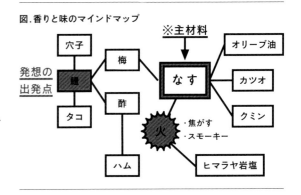

――そうですね、土っぽい香りはどちらにも共通して感じられるものですからね。

M そういうところで組んでたんだなというふうに思ったりすると、鹿肉いい香りするな、じゃあそこをどうのばしてあげようかとか。でもちょっと油が足りないな、カツにしようとか。ある意味では抽象、絵というか、化粧ですよね。もっとこうだったらもっとおいしいなって思って。

――香りは化粧。元の素材をどうお化粧するか。

M　僕の中で、**香りは化粧というよりは下地**かもしれないですね。接着の役割を担う。

――ファンデーション？香りを下地にする感覚は新鮮。

M　香りで足してあげるというよりも、香りで共通点を見つけてくるみたいな。そこが紐づいていかないと、合わないから。別に合わなくてもいいんですけど。僕は口内調味が大好きだから、一回一回食べ終わって口をきれいにしたくない。口の中にすでに何か入っている状態で、混ざったときにおいしいと思う状態を常に作りたい。

――そういうときにはベースの香りが共通していたほうが実現しやすい。口の中で感じる香りの組み立ては同じ方向で増幅させる場合もあるし、別のものでバランスを取る場合もある。なんとなく香りって、スパイスとかハーブとかっていうものをイメージしがちだから、あとで添加してお化粧するみたいな感覚が一般的には強いと思うんですよね。

M　そうですね。それはタイとかやってても、本当に、**にんにくとホワイトペッパーとパクチーの根っこ**、この3つが混ざったらそれだけでタイ料理の味になるし、おいしいんですよね。そういうのは、記憶と紐づけられててずるいなと思うし、めちゃめちゃ困ったらやっちゃう。

――保険みたいなもの？

M　超保険です。料理と文化って、ある一定のわかりやすさっていうところが担保されてないと、勝てないんですよ。

――タイ料理で言えば、さっきの3点セット。でも一方で**レモングラスやこぶみかんの葉**みたいなものはなぜかベースの香りという感じはしない。

M　香りのコンビネーション的なものは考えたことがありますね。焦げ目をつけないできれいに蒸し焼きにしたズッキーニに、リコッタチーズとオリーブオイルとラベンダーを入れた料理を作ってて。ラベンダーの石けんっぽい香りにミルクのニュアンスがあるから、チーズを合わせると、ラベンダーを噛んだときによりミルクの香りを感じる。今やっている麺料理も、ココナッツミルクのベースのスープ、そこにナンプラーとお砂糖がちょっと入っている。そこにのっているのは、**生のしょうがとパイナップル、赤唐辛子**。この3つと麺とスープを絡めて食べると、しょうがが今までで感じたことないぐらい立体的な味がするんです。辛味の部分もなんかちょっと違うし、なんか土っぽい香りと、しょうががこんなにおいしかったのか、唐辛子がこんなにはっきり見えるのかとか、パイナップルの酸味が柔らかくて気持ちいいなとか、組み合わさる

ことでよりその食材の味と香りがハッとなる。スポットライトを口の中でポンと当てる感じ。

――**ステージとしての風味に演者としての味、スポットライトとしての香りといった具合に料理の役割分担**を考えるとイメージしやすいのかも。

M　そうですね。キウイという舞台にキウイ自体の香りが主人公としていて、そこにマジョラムとパクチーがパンと引き立たせてくれる。そのときに口の中でハッとする感じってあるじゃないですか、それが好きかもしれない。

――香りの役割を2つぐらいにわけているかもしれませんね。

M　それはあるかもしれませんね。食材が持っている香りのほうが一般的かなと思うけど。

――香りってそのものを切るなり、たたくなり、すりつぶすなり、加工することによって立つ。タイ料理はそれが特に活かされている分野だと思います。

M　ペーストでももちろんどこまでつぶすかというところはありますけど、さっきのグリーンカレーがいちばんわかりやすいですよね。下地になっているものと、フレッシュで入れたい、口の中に入れたときに噛ませたい、噛んだときに香りを感じさせたい、全体に薄まるようにのばしたい。**香りの役割によって生み出される味の感じも違う。**

――グリーンカレーの場合は基本的にクミンにしろ、ホワイトペッパーにしろ、にんにくもしょうがもレモングラスもすりたたきつぶして、煮込むときにこぶみかん。

M　他にはポイントとして油があるんですよね。油を分離させて出して、油に香りを移すじゃないですか。**タイ料理は乳化させずに分離させる**。それって口に入ったときに多分最初にそこが触れて、そのあと液体が触れて、中に入っているものもあって、米と一緒に食べるっていう。

――最終的に緑色のフレーバーオイルが浮くわけですからね。あのフレーバーオイルは、土台にしたはずのものから移っている香りもかなりある。

M　トップの香りっていうか。

――口に入れるときに、最初にそれを感じる。ベースとかミドルでのタイミングで加えたはずの香りが部分的にトップノートとして出てくる。非常におもしろいですね。

M　一方でトムヤムクンとかの最後にエビオイルを足すとか、**トップノートを添加する場合もある**。北欧料理でディルやバジルのオイルを、盛りつけた料理の上にたらす手法って今みんな当たり前にやり出したけど、にじみ出させて分離させるって、本当に特殊すぎる。

――香りのハーブオイルの場合、香りの素は食用のもの

じゃなくてもいい。エゾマツの葉をオイルにしたものを食べたことあるけれど、油と何かしらの葉っぱでミキサー回しちゃって、あと、ろ過器でポトポトやればフレーバーオイルだから。

M クロモジとかみんなやってますね。漬け込みもあるし、いろんな方法でフレーバーオイルを作りますよね。スパイスもそうだけれど、食べて飲んで自分の中に一個一個落とし込んだ後に、組み合わせをいろいろと考えるのがおもしろい。食べたときにパッて「おもしろい」と思わせることって実は簡単。たとえばローズマリーとカリン、マスタードをペーストにしているシェフがシンガポールにいた。香りの強い素材をうまいこと何か接着剤を加えた上で、料理に忍び込ませると<u>チャーミングな香りの記憶につながる</u>。

──組み合わせを考えて、相手を探せないものもありますか？

M ラクサ^{※3}リーフもわからない。ラクサに入れるハーブ。ソーピーな香りがする。石けんの香りみたいな雰囲気があって、さわやかなドクダミっていう感じもある。

──特に香りの強いものの場合、慣れも影響しますね。

メキシコ料理は発酵と魚醤を抜いたタイ料理

──タイ料理における香りは何なんですか？ さっき言ったステージとスポットライトっていう組み合わせはあるものの、あの辺のアイテム以外に、たとえばナンプラーの香り相当大事ですよね。

M <u>空港を降りたときに感じるのが食文化のベースを成す香り</u>ですよね。日本だったら豆で、韓国だったらにんにくとキムちみたいな乳酸発酵みたいな匂いするし、タイへ行ったら魚醤の匂いやジャスミンライスの匂いがする。

──発酵を香りのアイテムとして捉えるとハーブと相性がいいような気がします。不思議だけれど。

M そうですね。

──タイ料理の香りのアイテムは発酵が大きい。

M 大きいと思いますよ。発酵の香りに、さっきのスッポンといちばん相反するものがするっと絡み合っていくみたいな感じのことをやっていくと、食欲につながっていく。

──冒頭のなすの話で出てきた香りのタッグは、森枝幹式メソッド的なもので言うと、ナンプラーみたいなものの、魚醤の香りっていうのは何と結びつく？ 魚醤系はよく使いますか？

M めっちゃ使います。鮎の魚醤は使ってます。

──魚醤を料理に使うときの組み立ては？ 味も香りも相当強いですよね。それが真ん中に来ますか？ 料理に魚醤を使うかどうかでだいぶ印象は違う気がします。

M 違いますね。分厚くしたいかしたくないか、っていうのもあります。薄いままでおいしいものもいっぱいあるから。

──<u>魚醤は風味を分厚くするアイテム</u>のひとつだから、使うときには高いところでレベルを合わせないといけなくなる。

M だしに近いです。

──そうすると香りの強いものを組み合わせたほうがいい。

M 本当に少し入れるだけでも変わるし、香りを意識しないぐらい下げても使えるし、そこにちゃんと口の中でうま味を残そうみたいなときにも使える。

──タイ料理の手法ではないけれど、<u>魚醤を肉のマリネに使う</u>方法もあるよね。噛みしめたときにほのかに香る。

M めっちゃおもしろいですね。

──だから、まあ強いとはいえ、香らせ方や加える量によっても常に強い香りがタッグを組まなくてもいいかもしれない。

M まあでもライムと唐辛子も合わせるし。

──料理にナンプラーを使ったときには、にんにく、ライム、唐辛子あたりが紐づいてくるって感じ？ マインドマップ的に表現しようとしたら、タイ料理の香りのエッセンスは果てしなく広がりすぎていて、つながりも役割分担も複雑になりすぎる。手に負えない感じがしてきます。

M それで言うと、しょう油から何を引っ張れるかって言ったときぐらい難しい感じはしますけど。ナンプラーにパイナップルは合うなとは思ったりとか。パイナップルジュースも。でもマンゴージュースも合いそう。

──前提として、フレッシュな青っぽい香りがいい。

M そうですね。サルサに全部合いそうって感じか。それで言うと、<u>メキシコ料理は発酵と魚醤を抜いたタイ料理</u>だなっていうふうに思います。

──へえ、おもしろい。

M 味の組み合わせと作り方と、そこに何があるかって言ったときに、トウモロコシと唐辛子の豊富さで組み立てる。トウモロコシにあるものは、穀物由来の噛んだときに対する甘味とうま味みたいなもの。そこに対して明るいソースがかかっていて、それを噛み続けることで、めっちゃおいしくなる。ナンプラーには最初からその要素が入っている。酸っぱくて辛いハーブ感がある。ペルー

〈香りのスポットライト〉
レモングラス
こぶみかんの葉

〈風味の主役〉
素材自体が
持つ風味

〈香りの脇役〉
ガピ
ナンプラー

〈香りのステージ〉
にんにく／ホワイトペッパー／パクチーの根

のセビーチェとかにも相通ずるかな。

——セビーチェなんか生魚から出るフレーバーと柑橘の香りがマッチするように。

M その要素を拾ってどうこうしている料理だと思うから。

——今後のハーブの可能性としては、割と特徴の強いハーブがこれから残っていくんでしょうか。

M 春になると日本の山菜みたいな香りはすごい好きだし、ヨモギの香りとかもすごくよく抽出する。ヨモギとセルフィーユが似てるなとか、どこかしらで何かと合わせるときに使いやすいゾーン、ワンツースリーみたいな感じになってたりする。ディルが1位で2位がフェンネルとか、そういうような感じで捉えているところがある。

——A軍、B軍、C軍みたいになっているということ？

M そうですね、肉系はこういうのが好きだなとか。山椒に近い系の香りはレモングラスとこれとこれとかっていうふうにしてて、多分、頭の中でゾーニングをしながら使っている。

——香りの方向性でゾーニングするときに、僕はスパイスやハーブの香りを6つに分類して解釈していますが、そういう独自の分類はありますか？

M そうですね。ローズマリーとラベンダーとマスタードとか、そういう**特徴的に記憶に残った香り同士は混ぜない**。でもさっき言ったディル、タイのそういうバジルみたいなものとミントを混ぜるとかっていう、同じセロリもそこに混ぜてもいいし。同じ系統にあって混ぜて成立するものと、同じ系統にあってもピンで使いたいなってものは自分の中にある。でもそこをルール化するのはすごく難しい。

——明確にルール化できているわけじゃないから、足り

ない部分を感覚や経験で補っているのかもしれませんね。

M フェンネルとかも甘く出したいときと、妖艶に出したいときで使いたいなって思う周りのキャストを変えるし。甘いフェンネルがいたらフェンネルシードもちょっと足しちゃおうかなとか。フェンネルの花の香りを引っ張ってきたいなとかだったら花のほうを使うとか。酸を入れるともっとこっちになるし、そっちじゃないほうに行くとこっちになるし。

——香りの切り替え、というか代用は個人の感覚によるところが大きいですよね。

M そうですね。あれがなかったらこれでいいですよ、これとこれあればいいですよってすぐに言えるのは、それって、**自分に香りの基準があるかどうか**。

——まあそうですね、自分なりのね。

M 自分の基準は、どれだけルールが複雑化、チャート化しているところを整理してるかっていうところで。その方程式があるということなのかなって気がします。

——ありがとうございます。

※1. マインドマップ……イギリスの著述家、トニー・ブザンが提唱した、思考を図式で表現するためのツール。
※2. モラキュラー……「分子」の意。分子ガストロノミー料理全般を指す言葉として使われる。
※3. ラクサ……シンガポールやマレーシアを中心に東南アジアで親しまれている麺料理。

森枝 幹（もりえだ・かん）／1986年東京都生まれ。「CHOMPOO」シェフ。調理師専門学校を卒業後、オーストラリアへ留学。「Tetsuya's」で料理の基礎を学ぶ。帰国後、修業を経て2011年に独立。「Salmon&Trout」のシェフを務めた後、2019年、渋谷パルコにタイ料理店「CHOMPOO」をオープン。

8. 内藤千博
An Di

ハーブオイルをお皿の奥のほうにだけ置く

水野（以下——） カリフォルニアンキュイジーヌ、フレンチ、モダンベトナム料理、と創作料理人生ですね。

内藤（以下N） 創作してばっかり。

——味と香りの組み立てはどんなふうにやっているんですか？

N 組み立ては素材から考えていって、ベトナム料理を日本の食材とかその文化で落とし込んで、それを形にするっていうスタイル。まず季節の食材が来て、たとえば「落花生おいしいな、何か作ろうかな」っていうところからスタートですね。

——最初のレストランは、メインシェフがフルーツをよく使っていたそうだけど、フルーツフレーバーも影響ありますか？

N 当時のシェフのスペシャリテで、ポークチョップがあったんですけど、そのつけ合わせで、マンゴーをピクルスにしたものがついてたんです。それが衝撃的においしくて、米酢とかでつけてるんですけど、そこにちょっとピンクペッパーを入れたりとか、スパイスをいくつか入れて。

——漬け込んで熟成させているってこと？合わせてる？

N ピクルスというかマリネみたいな。ちょっと硬めのマンゴーで食感が残ってて、豚の脂身とかすごく相性よくって。まさに今、鴨とマンゴーを合わせたりしてるんです。

——マンゴーも鼻から抜ける香りが独特だもんね。特に、国産のマンゴーだと、やっぱり甘味重視なのか、海外のやつのほうがフレーバーは強い。『レフェルヴェソンス』時代は、香りのテクニックを身につけましたか？

N 香りテクニックはいっぱいありますが、いちばんはハーブかな。**フレッシュハーブを料理のパーツとして使う**。

——じゃあ、ハーブとのつき合いはそのときは長い。

N そうですね。普通のフレンチで言ったら多分、4種類、5種類使うのが関の山かと思うんですけど、そこはもう花もあるし、酸味のある花もあるし、そういうのはすごい勉強になった。

——ハーブは直接的に香りますから。合わせて、添えて一緒に食べてもらうっていうほうが多かったですか？

N そうですね。逆に加熱するっていうのは、ほとんど

なかった。

——たとえばペーストにするとか、刻むとか、つぶすとか。

N そういうのはありました。あの店のスペシャリテであるカブの料理があるんですけど、イタリアンパセリのペーストみたいなのが下に敷いてあった。

——ハーブの使い方に独自のルールとかはあるんですか？

N お店で料理を作るときに、そこは守ろうと思ってやってるんですけど、**ハーブを飾りとしてのせたくない**。ちゃんと料理の中の歯車のひとつとして成立するようにしたい。

——説明がつくってことだったらわかりますけどね。

N お皿の料理の盛りつけにはこだわっています。料理の三本柱で**アセゾネ（assaisonner）、キュイッソン（cuisson）、ドレッサージュ（dressage）**っていうのがあって、アセゾネ、要は塩しょうで味つけて、キュイッソンで火入れ、3つ目がドレッサージュ、盛りつけなんですよね。お客さんはどういう角度でナイフを入れて、どういう順番で食べるのか。『レフェルヴェソンス』では、ここに最初に主食材が来て、途中でソースと絡んでつけ合わせと絡んでのっかっているハーブが混ざる、という具合に計算しながら盛りつけを考えていた。あえてハーブをソースと食材のあいだに食い込ませるようにしたり。

——料理ごとにハーブの香りを口に入れてもらいたいタイミングがあるわけですもんね。

N そこをコントロールするのがなかなか難しい。せめてこっちで**ある程度のレールを敷いて盛りつける**ようにはしています。「こういう順で食べてください」っていう気持ちを込めて。

——ハーブをトッピングすれば、早いタイミングで口に入れる可能性はある。料理の中に忍ばせたり、挟み込んだりすれば、それが真ん中になるし、下にペーストにして敷いたら、もうちょっと後になるかもしれない。他のものと混ざり合ってくれたほうがいいと思えば、混ざり合いそうな盛りつけにしておく。

N たまにやるのがピューレとかソースの上に、バジルのつぼみとかをそのままのせても食べてくれないので、それをもうほじってしまってソースに点在させておく。

——どのタイミングで口の中でそのハーブが香ってくれるかっていうのは、味の印象を変えますからね。

N 僕は後半のほうに香ってほしくて、最初は食材があって、だんだん味わいが変化していくっていうのが理想かなと思って。フォーの場合は味変、香り変パーツがいくつかあって、事細かに説明します。「最初にスープを飲んでください、次にこれを入れてください。ハーブを自

分でお好みで入れて、味の変化を楽しんでください」って。

──狙ってあのタイミングで口に入れてほしいなって盛りつけるケースもあるんですか？

N 　**ハーブオイルをお皿の奥のほうにだけ置く**とか。ナイフ、フォークで食べていくうちに最後のほうで絡まってくる。あと、お皿を結構温めてるんです。たとえば、ミックススパイスとかドライにしたバジルのパウダーとかをトッピングするときに冷たいお皿に比べると立ち上る香りが違う。お客さんを観察していると、**届いた瞬間にお客さんが皿に顔を近づけて香る**んですよ。あの動きが出たら勝ったなって思います。

──設計した通りの香りがより明確に立ち上がってくる。

N 　そうです。なので、パウダー系は食材にかけるっていうよりは、お皿の上に散らすようにして、逆にハーブは温かいとしおれてふにゃふにゃになってしまうので、たとえば、肉に立てかけるとか、ワンクッション置いて直接熱が伝わらないような感じにはしている。そうするとお客さんがまず、そこに興味を示して、これ何かの香りですかっていうので、結構料理への食いつきが違う。ちょっ

図.香らせるタイミングのコントロール

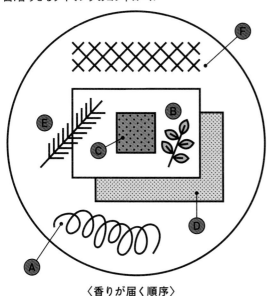

〈香りが届く順序〉

Ⓐ **パウダー**：皿の上にふりかける

Ⓑ **ハーブ**：肉の上にトッピング

Ⓒ **ハーブ**：料理に忍ばせる

Ⓓ **ペースト**：料理の下に敷く

Ⓔ **ハーブ**：料理に立てかける

Ⓕ **オイル**：皿の奥に置く

とした気遣いで結構、効果が高い。

──**香らせるタイミングのコントロール**、おもしろいですね。

口の中に入れたときの香りのスパーク

──ハーブを多用するようになったきっかけは？

N 　いちばん最初にベトナムへ行ったときにフォーを食べたのが本当に衝撃的で、いわゆるざるに、日本ではあまりなじみのないようなハーブが山盛りで。あれを**口の中に入れたときの香りのスパーク**。これを日本でできたらいいなって思った。

──複数のハーブをひとつの料理に使う場合は、何かポイントはあるんですか？

N 　この料理にはこういうバジルが合いそうだなとか、なんとなくあるイメージなんですけど。

──それってたとえば、甘味の強い料理に、甘さを増幅させる方向の使い方と、ちょっと酸味とか、刺激的な香りで引き締めるやり方と、とかっていろんな方法があります。メインの料理の味に対してハーブの香りの組み合わせが同じベクトルで行くものとわざと逆のもので、引き立てるもの。

N 　**カウンターパンチ的な使い方**のほうが多いかな。そこでぐっと引き戻される。とはいえまったく違う方向にも持っていきたくないので、たとえば、鴨料理の場合、組み合わせとしては鴨とマンゴー、こぶみかんのオイルなんですけど、この**オイルがマンゴーと鴨の橋渡しみたいな役割をする**。そこにバジルとパクチーを刻んでのせています。このバジルがちょっとカウンター的な要素になっている。今は台湾バジルとシナモンバジル。台湾バジルはちょっと漢方とか薬膳っぽい苦味もあるので。

──確かにそれはカウンターパンチだ。シナモンバジルはかなり特徴的ですもんね、甘い香り。

N 　鴨だけ切り離したときにも、その2つって多分、結構相性がいいと思う。パクチーはどちらかと言ったら、こぶみかんとかと同じような役割。

──**地下水脈的に流れている香り**がパーツを結びつける。

N 　エスニック独特の得も言われぬあの香りって、やっぱ、パクチー、ナンプラーとか魚醤とか、そういったものが、ライムとかそういう柑橘系のものと合わさったときに、エスニックを食べてるよねっていう気持ちになると思うんです。

──ベトナムをベースにしている前提があるから、そう

いうエスニック感が、下支えでつなぐ役割を果たす。ほぼすべての料理に何かしらのハーブが必ず入っていますか？

N　何かしら、入れたくなっちゃいます。

──ハーブがあまり採れない時期はハーブオイル？

N　オイルやパウダーです。

──冷凍もいける。ただ調理提供時に手法が縛られる。完全にカラカラに冷凍した葉っぱを手でもんでバリバリバリってやると、ふりかけとして使える。

N　この時期はスパイスを使う比率が増えたりします。フォーのスープに入れて一緒に炊いたり、だとか。オリジナルミックスもあります。

──スパイスを使う場合は何かルールとかがあるんですか？

N　難しいんですけど、**メインの食材を飛び越えない使い方**は意識しています。かと言ってまったく香らないと使う意味がなくなってしまう。そこのバランス。

──その素材を味わわせたいなら、効いてるか効いてないかわからないぐらいに使うっていうのが、スパイスの使い方としてはいいと思います。料理として全体のバランスを考えたりとか、素材のおいしさを生かそうとすればそうなる。昔は保存のためとか別の目的があったとは思うけれど。よく使うスパイスはありますか？

N　店では、ペッパー系でよく使うのは**マーガオ**※1。コリアンダーシードの若いやつをちょっと肉の後ろに忍ばせくっていう感じの使い方で、常に主張するわけではなくて、**噛んだポイントによって感じる**のがいい使い方です。

──ちょっと癖のあるこしょうっていう感じだよね。塩マーガオみたいな下処理することある？

N　うちで入れているマーガオがそもそも塩蔵のものなんです。ちょっと塩味もあって、フレッシュ感もあって。山椒もよく使いますね。

──山椒もその位置付けですよね。

N　**山椒の香りと東南アジアの香りの相性がすごくいい**いなと思ってて、ミカン科のつながりだと思うんですけど、一回前の料理で山椒のオイルとこぶみかんのオイルを一緒に使ったことがあって。これ、すごく相性がよかった。

──一緒に使うっていうのは、両方トッピングするってことですか？ それとも混ぜちゃう？

N　お皿の上で、どっちかを食材の上にかけてしまって、もう片方は皿の上に敷いて、だんだん混ざってくみたいな。

──山椒オイルはどうやって作ったんですか？

N　いろんな作り方があると思うんですけど、僕は鍋にオイルを熱々になるまで熱して、そこに山椒をバッと加えて混ぜ合わせる。

──ドライの山椒？

N　フレッシュのときもドライのときもあります。

──ラー油に近い。香り油系は、相当活躍しますね。

N　活躍しますね。いちばん使うのはこぶみかんの油。自家製ではないし、ちょっとチート的な使い方になってしまうんですけど、**ムージャン油**※2。あとは、イチジクの葉の油とか。

──基本はフレッシュな状態でオイルと一緒に回して濾す？漬けておく方向はどうですか？

N　漬けとくのもやったことありますけど、もうひと声、香りが足りない。カルパッチョにかけるくらいだったらいいのかなと思うんですけど。

──カレーリーフオイルの作り方をいろいろな条件で実験したときに、湯煎温度60度台がいちばんフレッシュな柑橘の香りが残るオイルになりました。

N　『レフェルヴェソンス』のときは食材とオイルを入れて、真空でパッキングして湯煎してました。香りが100％保たれる。そのまま引き上げて保存しとくと、どんどん油の方に香りが出て、保存も効きます。

──湯煎時に素材が加熱調理されますしね。

N　肉や野菜というよりも昆布とかクロモジとか風味の強い素材でやることが多かったですね。

──スパイスやハーブには分類されないけれど、香り

図．香りの設計書（例）

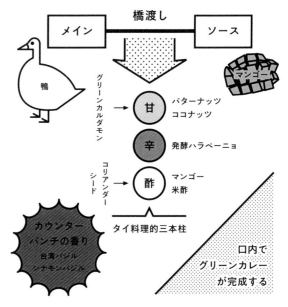

がいい素材はたくさんあるから。素材に香りを染み込ませるっていう点で言うと、マリネの実験をしたのがおもしろかった。乾燥したスパイスやハーブを塩と一緒にもみ込んで100時間マリネしたんだけど、塩だけが肉の中心まで入り込み、**スパイスの香りは中には入らない**ことがわかったんです。油分やアルコール、水分に溶け込ませたら浸透するケースもある。フランス料理だと香味野菜や赤ワインを一緒に肉に漬け込むことがあるけれど、あれは赤ワインの風味が中まで入る。

N　長時間漬け込んだらうっすら。中心までいくかって言ったらいかないですね。

――食材の中にしみ込ませようっていうよりは、食べるタイミングで、狙い通りの香りを感じてもらうように設計したほうがよさそうですよね。

N　そうですね。香りっていうか、そこまで煮込んでしまうと、それはそれでおいしいと思うんですけど、その素材を選んでいる意味が希薄になりそう。

スパイスは中盤、ハーブは最後の一瞬

――スパイスやハーブじゃないもので、香りの強いものを料理に使うときの感覚は、どんな感じですか？たとえば、お茶の葉っぱを使うでしょ？

N　発酵から得られる香りっていうのもあると思うので。あれはあれで使ったりはします。キンモクセイをハチミツで漬けたり。**1年経ってもしっかり香りが残ってる。**ハラペーニョは塩水に焼酎とスパイスを入れて漬け込む。

――蒸留酒だと辛味は抜けていきますよね。

N　パクチーの根っこがちょっと余ってたので、八角とクローブ、ライムと漬け込んだり、鮎を塩漬けにして魚醤も自家製しています。自家製しょう油もどんどん熟成していく。まろやかですよね。アカシアの葉っぱや花は、ちょっとだけ酸があるんですよね。デザートに使ってます。

――発酵は、かなり大きな武器になりますね。

N　まだまだありそうな感じがするんですけど。オイル漬けはアンチョビみたいなのもやってました。他で出すことのできない風味を出せます。

――**発酵とハーブは、発酵とスパイスよりもはるかに相性がいい**んだと思います。タイ料理のペーストとかもそうだし。

N　香りのベクトルがまったく違うからですかね。

――ここの前菜で出てくるミャンマーの緑茶葉を発酵させたサラダ。あれも独特ですよね。

N　ほうじ茶の葉バージョンもあるんです。ミキサーで回してペースト状にして、3週間ぐらい発酵させる。これで豚肉を煮込んだら、めちゃくちゃおいしい。

――そういえばダージリンに行ったときに、紅茶を煮出して水の代わりに紅茶を入れてチキンカレーを作ったら、おいしかった。それで、紅茶以外のあらゆるタイプのお茶で代用してみたら紅茶がダントツ。発酵の具合がちょうどいいのかもしれない。発酵っていうのは、『レフェルヴェソンス』のときの影響が強いんですか？

N　『レフェルヴェソンス』でも最初から発酵を取り入れていたわけではないんです。生江史伸シェフが海外とかいろんなレストランで、そういうのを見てきて、「じゃ、うちでもやろう」っていうことになった。

――発酵が一時期、世界的なトレンドになりましたもんね。

N　その時期に発酵を担当していたのが僕だった。中の人みたいな感じなんですが。

――そうか、裏の発酵主任だったんだ。

N　僕はそれをおもしろがってやっていたので、ぬか漬けとかもやったりしましたし、塩レモンじゃなくて、塩カボスを作ったり。**塩もみして真空にして常温で発酵させる。**

――発酵のフレーバーを効かせる料理も『An Di』は多いですよね。だからやっぱり発酵とハーブ。

N　今まで、それは全然意識したことなかったです。あと、お酢も自家製しています。これがイチジク。フレッシュのイチジクとドライにして甘味を強くしたイチジクと合わせてソースにして、それにベトナムのカカオとカツオを合わせる。

――香りアイテムがかなりあるけれど、組み立てはどうしているんですか？

N　なんとなく、っていう感覚。

――今出てきた中でも、発酵系、お酢、ハーブ、スパイス、カカオとか、かつお節。

N　カツオは、藁でちょっと燻製して軽いたたきみたいにして、ちょっとスモーキーな感じ。ちょっとスモーキーなほうが多分合う。そういうアイテムを引き出しに入れておいて、新しいメニューを考えるときにちょっとずつ出して組み合わせる。

――加熱調理のプロセス上、生み出す香りはどうですか？

N　たとえば、フォーのスープをひくときにスパイスとハーブで香りをちょっと入れる。

――それはどういうタイミングで入れるんですか？

N　**スパイスは中盤、ハーブは最後の一瞬だけ。**

〈内藤千博〉

——バッと入れて火止めて混ぜ合わせるみたいな。

N　他には肉、魚のメイラード反応のさせ方。うちは肉も魚も割とその低温で火を入れたりすることが多いんですけど、最後に温度を上げてガッとつけるっていうのが、多分いちばん効果的かなと。フライパン以外にも炭でやることもあります。

——メイラードの香りをつけるのも提供する前の仕上げに近い段階であればあるほど残る。

N　残ると思います。鴨肉の皮面を焼くときに**「これ以上いったら焦げ臭や苦味が出る」という微妙な線引き**って、経験のところがあるから自分でしかできないプロセスかな。

——それは何で判断するんですか？色、音、香り。

N　色、音、香り、全部ですかね。常にやってるわけじゃないんですけど、あえて焦がすっていう場合もあります。パイナップルを意図的に焦がしてからソースしたりとか。

——あえて焦がしてそのまま提供するよりは、ミキサーを回して焦げの炭化香を、香りの一部として全体に混ぜ込む。

N　『レフェルヴェソンス』にいたときに、メキシコ人の研修生が来て、まかないでモレソースみたいなものを作ってくれたんですよね。**玉ねぎをオーブンでめちゃくちゃ焦がす**んです。「大丈夫かな」って心配するんですけど、実際にソースになるとおいしい。台湾に行ったときに見たのは、中華鍋を使ってマンゴーを焦がしてた。

——ブイヨンをとるときに、玉ねぎの断面を真っ黒く焦がすのも、一時期流行りましたよね。焦げ臭がプラスに転じるものは結構ある。メイラード反応とキャラメリゼが同時進行するから、素材によっては、たとえば玉ねぎとかパイナップルとか甘味の強いものだと、焦げが出やすい。

N　そうですね。バランスがちょっと難しいですけどね。

——**メイラード、燻香、発酵フレーバー、スパイス、ハーブ、各種素材の香り、焦げ**。割とありとあらゆるものが応用されていますね。ありがとうございました。

※1. マーガオ……台湾で使われるスパイスで、こしょうと山椒、レモングラスの香りを併せ持つ。
※2. ムージャン油……木姜油。レモンに似た香り、さわやかな風味、ピリリとした辛味がある。

内藤千博（ないとう・ちひろ）／1983年埼玉県生まれ。「An Di」シェフ。調理師学校を卒業後、西麻布「サイタブリア」で腕を磨き、その後、フレンチの名店「レフェルヴェソンス」で研鑽を積む。2018年「An Di」料理長に就任。

9. 太田哲雄
LA CASA DI Tetsuo Ota

ブイヨンをひくときに草だけを使う

水野（以下——）　世界各国でいろんなシェフ仲間と仕事をしてきたから、香りの体験も豊かでしょうね。

太田（以下O）　海外に行くと、やはり、スパイスがすごい多様化されてるし、スパイスに対しての捉え方が全然違うんだなっていうのがあったんですよ。スパイスって食べるのが一般的だと思うんですけど、調子が悪いときは、枕にスパイスを入れられたりとか、上着の内ポケットに入れられたりしました。

——それはインド人の同僚からの勧めですか？

O　そう、同僚が。「安眠効果があるから、嗅いだほうがいい」とか言われて。『エル・ブジ』にいるときにブラウンカルダモンを使ってたんですよ。**スパイスを医療用のガーゼに入れて温めておく**。食べるときにそのガーゼを嗅ぎながら料理を食べさせるんです。

——そんなのがあるんですね。

O　それがブラウンカルダモンだったんです。山シギか何かのローストを食べさせるんですけど、ちょっと山ブドウっぽい感じの野生のスグリっぽい感じのソースにまとわせて、カルダモンを嗅ぎながら食べる。香辛料っていうのはカレーのために生まれてきて、カレーに使われるものだって思ってた自分が、多様性を知った。クッキー生地であったり普段飲むお茶であったり、そういうのにすごく香辛料を入れてたのがおもしろかったなと思います。

——**器の外側に香りがある**わけですもんね。

O　そうです、ガーゼだから。嗅覚と味覚がつながっているから、嗅覚で香りを感じさせてから食べちゃったほうが、脳には信号としては最初に入るので、一体感やマリアージュっていうのは出やすい。**日本人って口内調味する技術に長けてる**んですよ。イタリアだと、リゾットとか味がバチバチに決まってるものを食べて、ワインとのマリアージュと、チーズとのマリアージュくらいなんで、口の中で新しい味を作り出すっていう体験はそこまでないんです。ただ、嗅覚から入って、味覚にもさらにスパイスをのせて、脳と口で新しい味を作り出すっていうのは新しい味の組み立て方。

——いきなりすごい体験ですよね。

O　そういうところでは、ひとつ、前衛的な料理のところのスパイス体験っていうのができたっていうのはおもしろかった。

——ミックススパイスの香りは料理のほうに振り分けられていて、口の中に入る。ブラウンカルダモンは外からの香りだけ。それを分けてるのには意図を感じますね。香らせたいタイミングが違うということもあるし、香りって、鼻から入る香りと出る香りと2種類あるじゃないですか。器の外にあるスパイスは鼻からは出ないですからね。

O　そうですね。今までいろいろな人種の人と働かせていただいたんですけど、インド人やスリランカ人はどんなまかないにもスパイスを入れてくるんですよ。入ってるとなんか自分たちは落ち着くみたいな。ノスタルジーを感じるとか安心するっていうのは、多様化の先にあったりするものなんだっていうのを教えられて、新鮮でした。

——『エル・ブジ』時代に香りについて記憶しているものってどんなものですか?

O　香りって、日本だとその当時、サーモンにサクラチップでスモークするみたいな感じで、少し香草を香らせるぐらいの感じだけだったんですけど、当時の『エル・ブジ』って香辛料を焦がして香りをまとわせて一気にふたを開けて香りを嗅がせたりとかしていました。それが**香辛料だけじゃなくて、木の枝を一緒に入れるとか、皮を入れるとか**も。

——口に運ばないものでも香るものだったら平等に扱う。

O　そうですね。あとはオイルに香りをつける。しかも球体にする。

——球体にする?

O　オイルって球体にできるんですよ。特殊な素材を使って。ただ油分は膜が作りにくいんですよね。パリパリッとした"マルト"っていう、一気に周りを糖化させるアイテムがある。それで、ボンボンシュガーみたいなものの中にスパイスの香りをつけたオイルの球体を入れる。オブラートも使ってました。オブラートって水には弱いんだけど、油分には強い。オイルをオブラートに入れて口に入れて溶かして食べさせる。

——香りを抽出するっていうプロセスがかなり独特でバラエティがすごく広いですね。

O　すごく広かった。楽しみ方の多様性ですよね。白トリュフってお米とか卵と一緒に入れると香りが移りますよね。スパイスでもそれができるんです。スパイスクッキーって、別にスパイスそのものを生地に入れなくてもいいんですよ。できあがったクッキーをスパイスと一緒に3～4日間、**容器に入れて置いとけば、香りをまとう**。中心からガツンとした香りと外からのほのかな香りと、違いを出せるんです。同じ方法で原材料の粉にも香りはまとわせられます。

——今も自分の料理に取り入れている手法ですか?

O　直接加えないで香りをまわせる方法はとります。ブイヨンをひくときに草だけを使うんですよ。山に行って生えているのをとってきたり、そこら辺の草とか藁を乾燥させたりして。

——ドライハーブですね。一方でイタリア時代に感じた料理における香りの捉え方はどうですか?

O　イタリア料理って北から南までありますよね。簡単に言うと、南はにんにくとトマト、バジルみたいな感じなんですよ。ただ、シチリア半島まで降りると、アラブの文化が入ってくるので、香辛料は多様化してくる。どちらかというと、少しモロッコの中東フレーバーが入ってくるんですよね。フェンネルシードを焼き菓子に入れたり、「太古のチョコ」っていう、カカオニブ[※1]をお砂糖だけですりつぶしてチリを入れたり。少し乾燥させて、グルタミン酸[※2]を強めた感じのチリを多用したりしますね。スロベニアの国境沿いとか、そういうところに行くと、ラビオリ生地にシナモンをガンガン入れてくるとか、そういうふうな感じになってくんですね。

——スパイスとハーブって分けたときには、ハーブは一般的。

O　ハーブは使いますね。ハーブに関しては使うんですけど、あの南米を経験した後だと、全然使ってねえなって。南米だと料理だけじゃなくてサウナでも蒸気にハーブの香りを入れますからね。**常にユーカリやヨモギの香りをまとってる**とか。アンデス[※3]やアマゾンへ行くとさらに多種多様になってくる。

図.唐辛子ペーストの調理例

アヒ・アマリージョ aji amarillo	アヒ・ミラソール aji mirasol	アヒ・パンカ aji panca
	種を取る ↓	種を取る ↓
	酢と水で3回 ゆでこぼし ↓	天日干し ↓
炭火焼き ↓	水とペースト	ひと晩浸水 ↓
にんにく、 油 玉ねぎと ペースト		ペースト、 裏ごし

アヒ・ミラソール
種を取る ↓ 天日干し ↓ 煮る ↓ ペースト、 裏ごし

チリのうま味的な捉え方は、まさに中南米

——ペルーはじゃがいもが4000種類あるようなところだそうですね。

O　世界中の50％以上の食材の起源を持ってしまっている。ペルーもアマゾンも保存食ってほぼないんですよ。そもそも冷蔵庫がないし、ガス、水道もないじゃないですか。だから、獲ってきた獲物を燻香かけてジャーキーにして置いておく。水で戻して食べる。基本的に発酵食材ってできないんですよね。アンデスには発酵文化がある。私も長野県白馬生まれで、冬って何にも採れないから発酵文化で乗り越える。

——限られた食材とか、手に入れたいものが手に入らないって環境で手法が進化する。さっき南イタリアのほうで、チリをドライにして、グルタミン酸をちょっと増強させる話がありましたが、チリのうま味使いに興味があるんですよ。

O　チリのうま味的な捉え方は、まさに中南米のものですよ。辛いというよりかは、ドライトマトに味が近い。そこから味を構成してくんです。私の**基本的なカレーのベースは8割、唐辛子で決めています**。唐辛子のうま味に対して、トマトとかお肉とかのうま味をのせてく感じですね。

——唐辛子のうま味をベースに料理をしていこうと思ったら辛味が邪魔になることもある。そこは排除するんですか？　それとも辛味の少ない唐辛子を使う？

O　基本的には辛味の少ない唐辛子を使います。唐辛子ってパプリカと同じ考え方をすると、果肉にうま味と甘味があるんです。種に辛味があって皮にえぐみがある。フレッシュで使う場合は3回ゆでこぼして皮を取って、果肉だけをミキサーで回して使ったりする。

——ペルーで使われているアヒ・アマリージョみたいな。

O　あの黄色いペーストはいろいろと加熱の仕方があります。いちばん最初にペルーで習ったのは、お酢と水で3回ゆでこぼすんです。きれいに中の種も取って白いところも取って、パプリカの掃除に近い。ミキサーで回してできるのがナチュラルなアヒ・アマリージョのベース。それをペルーでものすごくわかりやすい料理に落とし込むと、マッシュポテトに混ぜ込んでポテトサラダにしたり、セビーチェの中に溶いて入れてったりとか、煮込み料理に応用したりとかします。

——**唐辛子の加熱加工パターン**は無数にあって興味ありますね。

O　アヒ・アマリージョの場合は、それ自体を焼くことも

あるんですよ。唐辛子の炭火焼き。そこからにんにくや玉ねぎ、オリーブオイルと一緒にミキサーで回す。それを魚のソースにしてたり、お肉のつけ合わせにしたりという仕立てもします。アヒ・アマリージョによく似たアヒ・ミラソールっていう唐辛子の場合は、基本的に生で食べるよりも、天日干しにしてドライトマトみたいな感じで使う。ひと晩水に浸してふやけたのを戻し汁と一緒にミキサーにかけてペーストにして、裏ごしするんですよね。それをじっくり炒めてうま味を出させる。

——パプリカみたいに、真っ黒くして皮をむくみたいな手法も？

O　ありますけど、どちらかというとあんまりその手法は取られない感じです。その手法を取る場合は、先ほど言ったみたいにミキサーで回すっていうやり方があるんですけど、バタンという石臼でガタガタ挽く、アンデスの人たちが取る手法があります。あと**ワカタイっていう香草を使う**。にんにくや玉ねぎと一緒にペーストにすることが多い。

図.標高と発酵、香りの関係

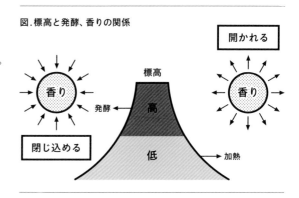

——ワカタイはペルーを代表するハーブですね。ちょっと話が戻るんですけど、スペイン人、スペイン料理におけるパプリカはどういう位置なんですか？

O　スペイン料理は、メキシコのチリみたいなものがあるんですよ。スペインの特に**バスク地方**※4ですね。**バスク地方は唐辛子をかなり多用します**。煮込み料理にすごい唐辛子は入れてきます。

——フランス・バスクのエスプレットは特に有名ですね。スモークドパプリカもありますよね。

O　スモークドパプリカも同じで、じゃがいもの煮込みのところに入れてったりとか、葉ものの切れっ端とかと一緒に入れたりとかっていうので、彼らが多分中南米から学んできたことを自分たちの文化に取り入れている。

——中南米でスモークしたパプリカはあんまりない。

O　メキシコですね。

──メキシコはそれをやるんだ。どの状態でスモークかけるんですか?

O　乾燥するときにスモークかける。彼らはそれとカカオを合わせます。あとはモーレ[※5]に少し入れてみたりとか。メキシコのチョコレートの作り手たちはみんなスモークドパプリカを入れますね。

──ペルーの話に戻ります。「クリオージャ」っていうのは何を指すんですか?

O　クリオージャっていうのは、文化をミックスさせた人たちのことをクリオージャ人っていいます。スペイン人の血が入っている。クリオージャ料理っていうのは、ペルー料理って、スペイン、フランス、イタリア、中国、日本、アフリカが入ってできた料理なんです。文化と文化が入り交じって、新しい文化ができあがっている。クリオージャ料理は、スペイン系の人たちがペルー人と入り混じって生んだ料理です。

──ニッケイ料理と呼ばれるものはペルーと日本の食文化が融合していますよね。

O　そうです。私がペルーで働いたとこは、クリオージャ料理とアンデスのインカ的な料理のほかに、モレーナっていう肌がブラウン色の人たち、ニッケイ系などなどでしたけど、中国系もあるんですよね。ペルーに行くと食文化融合によるフュージョン料理をたくさん見られると思うんですけど、あれらのすべてがペルー料理です。伝統的な料理レパートリーだけでもすごく幅広い上に、多様性では中南米の中でもダントツ。

──伝統的なものが幅広くて、しかもいろんな食材の原種が揃ってて、さらにミックスカルチャーしている。

カカオニブがすべての出発地点じゃない

──多様性をさらに深掘りするべく、アマゾンのほうに行くわけですね。

O　アマゾンの魅力のひとつは狩ること。人間って行きつくところ、動物なんですよ。だから、食物連鎖の中で自分がどこに位置しているかをしっかりと理解して、その中で生き抜く術を身につけるっていうのがアマゾンの生活。おいしいものを食べたいんじゃなくて、狩れたものを食べる。土が軽井沢に似て酸性なんで、食材を育てるのには適してない。

──アマゾンで出会ったカカオは何かが違った?

O　カカオって原生林で採れるってことを知ってほしいなと思った。天然のカカオってほとんど採れないんです。もともとフルーツなんですけど、私たちが食べてるチョコレートって発酵食材。乳酸発酵[※6]、酢酸発酵[※7]させている。そう捉えると、お漬物の中に入れてもいい。

──フルーツの乳酸発酵だからね。

O　そうです。そう考えると酢豚にカカオが入っていてもいいんです。チョコレートにせずにカレーにしてもいいじゃんとか。私は料理にも活用しています。ビビン麺[※8]にカカオを合わせたりとか。

──へえ! おいしそう。

O　ビリヤニ[※9]も作りました。和菓子にもかき氷にもしています。

──発想の出発点はどこから来るんですか?

O　**風味の構築の仕方としては足し算、引き算と同じで**すよね。テンパリングってバターやギーでやるじゃないですか。カカオバターでもいい。市販されているカカオバターって、脱臭されてるんです。カカオの香りをつけたまんまの、未脱臭カカオバターっていうのが作れる。それを使えば真っ白な野菜の料理にカカオの香りをさせることもできる。

──カカオの香りって、加工によって種類は変わるんですよね。

O　火を入れなくても、舌の温度で溶かして香らせていくやり方、チョコレートの味わい方と一緒ですよね。チョコレートって、甘味が添加されてるけれど、カカオって基本的にうま味ってそんなにないんですよ。果肉にうま味はあるんですけど、種自体にはうま味がない。これ、うちのカカオです。これがもう、精製してない、ただのカカオ豆をすりつぶしたチョコレート。

──すごい香りする。これはカカオニブですか?

O　そう。カカオの豆をすりつぶしただけなんです。カカオって油分が50%ぐらい含まれてるんですよ。なので、**すりつぶして置いておくとごまのペーストみたいに冷やし固まる**んですよね。

──ナッツ類とか、ピーナッツバターみたいな。

O　そうです。ピーナッツバターは油分をもっと含んでるから、ドロドロした状態だけど、カカオの場合は固形物になるんです。

──カカオって改めて鼻から入ってくる香りのイメージですね。口の中入れた後は、知ってるカカオとは別の香りが抜けていく。たとえば、ビビン麺とかビリヤニにしたときは、お客さんの目の前に出したときに、カカオをほんのり香らせるんですか?

O　これをチーズおろしみたいに山のように削る。仕立てはいろいろあって、もうそのもののペースト、唐辛子のペーストで和えるのがビビン麺じゃないですか。その中にたっぷり入れておくとか。あと寝かせ方ですね。チョコレートってできたてがおいしくないんですよ。2、3日ぐらい、寝かせないと味が飛び跳ねている。寝かせると一体感が出る。ビビン麺って基本的に、ゆでチャーシューとかを合わせるじゃないですか。うちは鳩です。その鉄分に対してカカオを合わせると、ナッティーさとか酸味とか香りでバランスが取れる。

──ビリヤニは炊き込むんですか？

O　ビリヤニはですね、炊き込んでもいいと思います。グレービーの方に炊き込んであげて、入れてあげて、なおかつ、仕上げにかけてもいいでしょうし。

──モレソースのようなものにしてからビリヤニとして炊くみたいな。

O　それもおいしいと思いますね。カカオって、**カカオニブがすべての出発地点じゃない**ので、豆のゴロゴロっとした感じでもいいし、パウダーでもいいし、薄皮を水に浸すと、カカオティーがとれるんですよ。それにお米を浸してあげると、もうすでにお米にカカオフレーバーがついている。チョコレートって舌の上でゆっくり溶かしていくとフレーバーが口の中に広がる。体温から50度ぐらいまでがチョコレートのベストなんです。なので、料理にも適している。

──カカオは人間が料理として何かを食べようと思ったときに**食べやすい温度帯でいちばん香りを発揮する**。他には香りの手法で太田流の何かありますか？

O　壁に練り込んじゃうとか。ここは**壁にカカオを練り込んでいる**んです。まずここに来たら壁を触ってみて、嗅いでみてください、みたいな。お皿も釉薬にカカオを練り込んでいます。

──器を温めたり、熱々の料理をのせたりすると香りが出ることもある。土鍋みたいな効果で。カカオが香る状態のところで太田さんの料理を食べるっていうことになるから、イベントなどレストランから外に出て料理をするときと作り方が変わるってことですもんね。

O　標高が違うんですよ。軽井沢って標高が高いんで、みなさん東京から来たときって「空気が薄いな」って感じるし、体内では必死に山モードにして順応させようとしているんです。ふわふわっとした感じになる。空気が薄くて湿度が高い。だからここで料理をする場合は、香りを外に出すっていうよりは、どちらかというと香りを閉じ込めるような感じ。標高が高いところって、火が燃えにくいから香ばしい肉を焼くとかっていうのは適してないんです。どちらかというと閉じ込めてあげる料理。だから、ここで発酵系のものが多いのはそれが理由ですね。

──**発酵が香りを閉じ込める**手法にもなっている。

O　長野県って炭焼き職人がいないんですよ。薪だけなので、私はビリヤニも薪で作るんですけど、炊き上がった後に薪をビリヤニの上にガンガンのせます。それで燻したほうが日本人が好きなおこげの香ばしさを感じるんじゃないかなと思ったりします。栗のイガを燻して、そして炭を作って、それで燻したビリヤニで、栗と香辛料と米だけでもビリヤニっていうのは成立するんじゃないかな、とか。栗の鬼皮、外皮と薄皮だけであくを徹底的にとって、そのあくで米を炊くとか。

──春にも秋にも山に入るわけですもんね。五感を働かせて香りが出るものはまだまだ見つかりそう。

O　どんぐりも食材だし、栗も食材だし、さまざまなものが食材になる。シナモンがなかったら、クロモジでもいいですし。そういうふうに考えると、日本らしいオリジナルのカレーとか、ここだからこそ出せるカレーが提案できるんじゃないかなと思います。

──ありがとうございました。

※1. カカオニブ……カカオ豆を粗く砕き、種皮や胚芽部分を取り除いた胚乳部のこと。
※2. グルタミン酸……体内で合成可能なアミノ酸の一種で、うま味の素とされている。
※3. アンデス……コロンビアからペルー、チリ北部にかけたアンデス山脈が縦走する地域。
※4. バスク地方……スペインとフランスとの国境周辺地域。
※5. モーレ……メキシコ料理におけるソース、またはそれを使った料理の総称。
※6. 乳酸発酵……無酸素状態で糖質を分解して乳酸を生成すること。
※7. 酢酸発酵……酢酸菌の働きでアルコールを酢酸に変えること。
※8. ビビン麺……韓国発祥と言われる冷麺で、汁がなく調味料と麺を絡めて食べる料理。
※9. ビリヤニ……インドやパキスタンのイスラム教徒を中心に親しまれる炊き込みごはん。

太田哲雄（おおた・てつお）／1980年長野県白馬村生まれ。19歳で渡伊。イタリアでの修業を経て、スペインでは「エル・ブジ」、ペルーでは「アストリッド・イ・ガストン」などに勤務。現在は、軽井沢「LA CASA DI Tetsuo Ota」（本店）、「MADRE」（支店）を拠点に料理をする傍ら、アマゾンカカオ普及のため幅広く活動している。

10. 井桁良樹
ピャオシャン
瓢香

唐辛子を発酵させたものは絶対に必要

水野（以下──） 『瓢香（ピャオシャン）』代々木上原店の壁に、料理に関する書が飾られていましたね。

井桁（以下I） 56種類の技法ですね。

──四川料理自体の幅が広すぎますが、特徴として香りの強いものを使うケースは、他のエリアに比べるとはるかに多い。

I そうですね。私も、中国をいろいろと旅はしましたけど、断然違いますね。西安（シーアン）[※1]なんかよりも辛さやスパイスはワンランク上回ってると思います。四川料理の歴史としては、山椒は2000年前から使われているといわれていて、唐辛子は実は400年ぐらいの歴史しかない。昔の四川料理には辛いものがなかったんですよ。野菜がよく採れるところなので、優しい味つけの料理が実は多いんです。

──成都[※2]で市場に行ったときは、相当いろいろな唐辛子がありました。塩漬けの唐辛子も。

I 発酵させた唐辛子ですね。私もずっと日本で中国料理をやっていましたが、使ったとしても4、5種類だったんですよ。スパイスでも八角とかニッキとか、その程度だと思っていて。実際、中国に渡ってみると、最初は上海だったんですけど、上海はそこまでスパイスを多用しないんです。しかし四川省に行って市場へ行った瞬間に、驚かされました。もう30種類以上、山積みになってるわけですよ。隣同士にずらっとスパイス屋さんが並んでる。

──一般の人がイメージする中華、もしくは四川だと、やっぱり山椒と陳皮、八角、桂皮あたり。

I 排草（パイツァオ）とか灵草（リンツァオ）っていうものがあるんですけど、お香の原料を調べると、そういうのが入ってたりするんですよね。

──お香とか漢方薬みたいなのが結構ありますね。名前も知らないし見たこともない。400年前に、おそらく南米から唐辛子が来たときに、四川の人たちは突然目覚めちゃった。

I 麻（マー）という山椒はありましたから、そこに唐辛子が加わった瞬間に、多分おいしかったんだと思いますよ。

──野菜と言われているものと、スパイス、香辛料と呼ばれているものとの垣根は、あんまりないですか？

I 乾燥しているから別物ですね。薬膳とも市場が離れていますしね。スパイスはスパイスです。山椒だけでも種類が何種類もあって。青山椒など、あの辺、雲南省も産地として有名ですしね。把握するならまずは市場に通うことですよね。

──特によく使われるスパイスは何ですか？

I 意外と、山椒と唐辛子の次に、四川料理で大事なのが、白蔻（パイコウ）というものですね。白いカルダモンです。

──白いカルダモン、東南アジアでも使いますね。

I その次には、砂仁（サージン）。

──これは何だろう。両方ともショウガ科ですね。匂いの想像がつかない。これはよく使うんですね。発酵させるものがとにかく多いですね。

I 多いですね。

──野菜を乳酸発酵させた調味料もありますか？

I 種類としてはそんなにはないですけど、四川料理として唐辛子を発酵させたものは絶対に必要になってきますね。代表としては豆板醤もそのひとつ。泡菜（パオツァイ）という漬け物も重要です。昔は家庭でも作られていたから「10年ものの泡菜がうちにある」とか聞いたこともあります。大きいつぼがあって中に漬けている。レストランでも泡菜師という人がいて、泡菜専用の部屋があったりするんです。毎日、ホースで水を上からかけて、まわりに水が溜まるような仕組みになっているんですよ。空気を遮断して水が腐らないようにしながら、いろんな野菜を漬けてある。

図.24の味つけ

マーラー 麻辣	ジャオマ 椒麻	フゥラー 煳辣	ホンユー 紅油
ユイシャン 魚香	レイシ 荔枝	タンツゥ 糖醋	インシャン 煙香
ウーシャン 五香	シェンティエン 鹹甜	チンピ 陳皮	シャンザァオ 香糟
ジェモォ 芥末	グァイウェイ 怪味	チェジィ 茄汁	ジャージャン 家常
テンシャン 甜香	ジャオイェン 椒塩	スァンラー 酸辣	ジャンシャン 醤香
スゥアンニィー 蒜泥	マージャン 麻醤	ジャンジィ 姜汁	シィエンシェン 鹹鮮

――中国料理で使う各種醤の中でも、日本では豆板醤がダントツに知られていますね。

Ⅰ　そうですね。**豆板醤って正式には空豆のみそ**なんですよね。上海あたりに行くとたまに売っていて、本来は辛くなかったんです。今では辛い**豆板醤が四川料理の調味料の中では「魂」**と言われるぐらいになりました。ほかには醤としては、甜麺醤※3ぐらいですね。実は甜麺醤は北京の調味料なので、四川では醤というものは意外と少ないのです。香港とか、そういうところで新しく生まれたものも多いです。

――唐辛子の発酵は四川ならでは？

Ⅰ　いろいろです。たとえば貴州省とかでは、みじん切りにして発酵させたりするようなものはありますね。**魚香（ユイシャン）という調味料**があって、生きたフナを唐辛子の塩漬けの中に入れて、そのまま発酵させるというものです。

――生きた川魚を唐辛子の漬け物の中で溺れさせる。

Ⅰ　そうです。本当にそういうふうにして売ってるんですよ。魚が一匹、つぼの中に見えていて。

いかに香りをつけて、香味をつけるか

――かの有名な麻婆豆腐にはさまざまなアイテムが勢ぞろいしている感じがしますね。どういう位置づけですか？

Ⅰ　四川省では激辛の**"水煮牛肉"は男の料理で、"麻婆豆腐"は意外にも女性の料理だっていう認識**です。多分、味の強弱で、そういうこと言っているんだと思います。

――じゃあ四川からすると、麻婆豆腐はまだちょっとこう丸くて優しいみたいな。

Ⅰ　もう完全に優しい。

――そうですか。麻辣（マーラー）※4が効いてパンチがあるイメージですが。

Ⅰ　そこまで麻辣じゃないんです、四川省の本来の麻婆豆腐って。昔の麻婆豆腐は、大鍋で作った麻婆豆腐を持って、上に山椒をパラパラかけて持っていくっていうスタイル。

――麻婆豆腐を作るときは、スタートはどこからですか？

Ⅰ　うちの作り方で言うと、大豆油と牛脂入れて、豆板醤と唐辛子の粉を炒めます。

――粉をいきなり炒めるんですか。それって、フレーク状じゃなくて、完全なパウダーになってるんですか？

Ⅰ　**粗く挽いた粉と豆板醤を一緒に炒めます。**これが

ポイントなんですよね。この炒め方が、焦がす手前。

――スタータースパイスをどこまで炒めたらいいんですか？　って質問をよく受けますが、説明しようがない。

Ⅰ　そうですね。やっぱり、中華鍋を使うっていうのもあるんですね。普通のフライパンとは違う。家庭で作るなら最低でも豆板醤の3倍の量の油を入れてくれって言うんですけど、そのぐらいじゃないと、やっぱり香りが出てこないですね。

――底が平らだと、油が広がっちゃうから溜まらない。

Ⅰ　家庭で大さじ1杯ぐらいの油入れてもすぐ焦げついちゃう。多分途中でやめちゃうと思うんです。そうすると香りが弱い麻婆豆腐に仕上がっちゃう。

――じゃあ、もうスタートの時点で、豆板醤と唐辛子の香りを立てるってところはかなり大事。

Ⅰ　大事です。いちばんのポイントと言ったらそこになりますね。甜麺醤とか豆豉も入れるんですけど、そこは焦げやすいので、**最初の段階で出せる香ばしさだけを出す。**肉は牛肉のみじん切りを最初に甜麺醤と一緒にカリカリになるまで炒めておいて、豆板醤を炒めた後に入れますね。豆豉とにんにくのみじん切りも少し入れます。本来は葉にんにくが入るので、にんにくのみじん切りは入らないんですけど。どうしても日本に入ってくる葉にんにくの香りが弱いので入れています。あとはスープ。一度ボイルした豆腐。味つけはほぼ豆板醤と塩。しょう油は香り程度。あとは軽く煮込んで、葉にんにくを入れてとろみをつけて提供。うちではもう一個香りをプラスするために、**あらかじめ唐辛子と山椒を赤黒くなるまで煎ったものを使う。**

――空煎りですか？

Ⅰ　空煎り。煳辣（フゥラー）ってあるんですけど、唐辛子を焦がした辛さという意味です。空煎りしたのをみじん切りにしておいて香りをよくしています。本来の四川の麻婆豆腐ではこれやらないんですけど。

――鍋の中で、最後仕上げにその香り。

Ⅰ　その香りと山椒の粉を入れて仕上げます。

――調理プロセス上、香りを生むっていうところはもう完全に最初のところで決まる。

Ⅰ　ですね。先ほどラー油を作っていたんですけど、何種類かのスパイスをもう、弱火でじっくり煮出すんですよ。ある程度まで行ったら、**280度ぐらいの高温にして、水で湿らせておいた唐辛子と合わせる。**

――湿らせてないと焦げちゃう。

Ⅰ　いかに香りをつけて、香味をつけるかっていうのは、

ラー油作りにものすごく重要。四川の辛さっていうのは直接唐辛子を入れることで生み出されるので。

──焦げる直前の香味はつけるけど、焦げ臭にならないように。ラー油を作るときに、水で湿らせた唐辛子に、高温の油をかけると、「ジュワーッ」のあと「ブクブク」のときに、蒸気で水分が飛ぶ。

｜　そうですね。入れすぎちゃうと、どうしても水が沈殿しちゃって、悪くなっちゃうので、気をつけないといけない。

──インドでも、エリアによって一部、「ウエットマサラ」って呼ばれてるものを作ることがあって、複数種類のパウダースパイスを水で溶くんです。加熱の調整がしやすい。驚いたのは、麺料理でホールスパイスを丸のまま水に浸しておく手法がありますよね。

｜　そうですね。**四川料理では乾燥した唐辛子を必ず水で戻してから使う手法がある**んです。固まった繊維質を少し戻してから使ったほうが、香りも出やすく、さらにすぐ焦げないので、長時間他のものに入っていくんじゃないのかなというのが自分なりの解釈ですね。だから、現地の調理場に入っても必ず、香辛料を水に浸けるんですよね。

──以前、似たようなことを考えたことがあって、スパイスを乾物と捉えてすべて水で戻してからカレーにしたことがあったんですが、そのときは、はっきりとした効果は得られなかった。理論上はそっちの方がよさそうだと今でも思うんですが。

｜　本当、しいたけをそのまま入れるか、戻してから使うかの違いだから。

──戻した後の水は要らないわけですね。

｜　要らないですね。

──それは香気成分※5が水溶性じゃないからでしょうかね。

｜　そうですね。**スパイスで水溶性と脂溶性とありますよね**。たとえば、色ですごくわかりやすいのは、ズーサオ（紫草）。色がすごく出るんです。水で戻しても一切変化ないのですが、油に入れたら、真っ赤になってきます。

──インドの "**ローガンジョシュ**※6" っていう料理に使われる、ラタンジョーと呼ばれる植物も同じかも。温めて溶かしたギー（精製バター）と合わせておくと濃厚な赤い色味が抽出されるんです。麻婆豆腐はスタートとゴールで重要な香りを生み出していることがわかりました。

｜　水煮牛肉って料理は最初に唐辛子と山椒を炒めて、取り出しておくんですよ。そこに野菜を炒めて、牛肉を

煮て、お皿に盛って、豆板醤を入れてお皿に盛って、そのあいだに取り出した唐辛子と山椒をみじん切りにしてちりばめる。さらに熱した油を唐辛子の上にかけて、お皿でさらにまた香りを立たせる。最後に香りを立たせてお客さんに持っていく。やっぱりそう考えると、男の料理と女の料理って感覚は出てくるかもしれませんね。

うまく連鎖していないと香りが完成しない

──四川料理で語られる風味について伺いたいんですが。

｜　代表っていうのはもちろん麻辣。先ほど言った**煳辣（フゥラー）**っていうのは宮保鶏丁（ゴンバオジーディン）って言って、鶏肉と日本ではカシューナッツ（現地ではピーナッツ）の炒めもの。これも焦がした唐辛子のイメージがある。

──煳辣（フゥラー）のフーはどういう意味なんですか。

｜　焦がすという意味です。たとえば**紅油（ホンユー）**ってあります。紅油っていうのはラー油の意味なんですけど、向こうで初めて調理場に入って、紅油兎子（ホンユートゥーティーン）ってウサギの料理があるんですけど、日本ではしょう油と砂糖を決めて、たれで味を調整して、最後にラー油をかける。現地ではそのオーダーが来ると、いきなりラー油をボウルにたくさん入れて、そこに塩と砂糖入れて味見しているから、文化の違いを感じました。**ラー油に味を入れるって発想はそれまでなかった**。

──油の捉え方が違うんですかね。食材であると同時に加熱の道具として使う。

｜　そういうところはあると思います。沸騰魚っていう料理があって、鍋に野菜を炒めたり、ゆでたりしたのを置いて、下味をつけた生の白身魚を置いて、唐辛子と山椒と香料油、油をジャーッと注いで、その油で火を通す。

──油が調理道具兼ソースみたいなイメージですね。

｜　もう本当にそうです。**香りで楽しむ魚**。

──高温の香り油は香りを立たせるばかりか火入れの道具としても活躍する。でも油はたっぷり残して食べ終わるわけですよね。成都で回鍋肉を頼んだときに、オレンジ色の油がジャバジャバしてるのが皿に盛られてきた。食べるときは部分的に不要だけれど、調理過程で香りを生むためには必要な油。

｜　必要ですね。

──提供するときも、油の香りが漂う。

｜　そうです。油をたくさん多用していてもしつこくない。回鍋肉も、ほとんど主役が豆板醤なんですよ。日本は甜

麺醤が主役ですけど。そうなると、それだけの油を入れないとおいしくならない。

──すごく油が活躍する。香りを立てるのに相当大事なアイテムだっていうことですね。香り油はどうですか？

｜　たとえば山椒油。四川省の山の奥へ行くと野生の山椒がある。でも鮮度が保てないから山椒の実としては出回ってないんですよ。それをオイル漬けにする。藤椒（タンジャオ）って言われているんですけど、今すごく流行っています。

──乾燥させると香りが減っちゃう。

｜　もうひとつあるのは、木姜油（ムージャンヨー）※7。これも最近聞くようになりました。

──あれもいい香りしますね。

｜　入れすぎると、ちょっと強くなっちゃう。台湾の馬告（マーガオ）って呼ばれてるものと品種は一緒なんですよね。

──馬告もこの1年ぐらいでちょっと話題になり始めましたね。やっぱりああいう、山椒とかこしょうあたりは、世界中の人々を魅了したんでしょうね。

｜　椒麻（ジャオマ）は山椒だけですけどね。ねぎと、水で戻した山椒をひたすらみじん切りにして作るソース。

──火を入れない。中国料理はとにかく火入れのイメージが強いんで、火を入れない香りのアイテムもあるんですね。

｜　椒塩（ジャオイェン）は、山椒塩。

──よく見る、怪味。これはどういうやつですか？

｜　怪味（グァイウェイ）。複雑というような味ですね。日本料理が五味だとしたら、そこに麻辣が加わるので、その7種類が、すべていろんな要素がバランスよく混ざってるようなもの。たとえば、棒棒鶏（バンバンジー）のソースを一般に考えると、日本だとちょっとごまが多いって感じですけど、向こうだと本当にシャバシャバな感じなんですよ。麻辣が効いてる。日本の棒棒鶏をさらに複雑にしたようなのを怪味ソースと言ったりします。

──四川料理は香りと味っていうのは、分けて考えるのですか？

｜　一体化されているものですね。煙香（インシャン）。これは燻製ですね。

──五香（ウーシャン）は五香粉※8の五香ですね。

｜　香りがするっていう料理ですね。滷水（ルースイ）っていうものがあるんですけど、店によって香料を入れた煮汁のことを言います。しょう油で炒めただけのものは醤香（ジャンシャン）って書きます。

──中国語における「香り」っていう字はどういう意味なんですか？

｜　そのままですね。おいしいっていうときに「香（シャン）」って言う人もいるんで、「香り＝おいしい」っていうような表現でもあります。

──ふつうの「おいしい」は？

｜　好吃（ハオチー）。香醪（シャンザァオ）って、これは酒粕の意味ですね。

──そうか、酒粕の香り。香りのするありとあらゆるものを世界でいちばん使いこなしているのが、中国料理かもしれない。香りの立て方にもかなり特殊なものがありますよね。たとえば、「意図的に炎を入れて加熱する」という手法があると聞きました。

｜　中国料理には、爆（バオ）っていう技法があるんですよ。爆発の爆。それはもう火の中で炒めるっていうか。それよりさらに強いのを燎（リャオ）っていう。爆よりも強火で炒める、火を入れながら炒めるという技法。四川

図2.56の調理法

炒める	チャオ 炒	ションチャオ 生炒	シュウチャオ 熟炒	シャオチャオ 小炒	ルワンチャオ 軟炒	バオ 爆	リウ 熘	シェンリウ 鮮熘	ジャアリウ 炸熘	ガンビェン 干煸
	ジェン 煎	ゴオティエ 鍋貼	チャア 炸	チンチャア 清炸	ルアンチャア 軟炸	スウチャア 酥炸	ジンチャア 浸炸	ヨウリン 油淋	チャン 熗	ホン 烘
スープ	トン 氽	タァン 燙	チョン 冲	ドゥン 燉	チュウ 煮					
煮る	シャオ 燒	ホンシャオ 紅燒	バイシャオ 白燒	ツォンシャオ 葱燒	ジャンシャオ 醤燒	ションシャオ 生燒	シュウシャオ 熟燒	ガンシャオ 乾燒	ジァチャンシャオ 家常燒	ドゥ 熠
	ルアンドゥ 軟熠	ホエイ 燴	メン 燜	ウェイ 煨	カオ 燤					
蒸す	チョン 蒸	チンチョン 清蒸	ザオチョン 早蒸	フェンチョン 粉蒸	カオ 烤	グワルウカオ 掛爐烤	メンルウカオ 明爐烤	カオシャンカオ 烤箱烤		
その他	タンジャン 糖粘	ジャアショウ 炸收	ルウ 鹵	バン 拌	バオ 泡	ズー 漬	ザオズェイ 糟醉	ドン 凍		

にも火の爆、フォーバオ何々とか、ラム肉とかは葱爆（ツォンバオ）、ねぎを炒めて、ねぎを爆発させて炒めるというのがあります。

──炒め方だけでかなりの種類があるから、香りの立ち方も様々ですね。

Ｉ　青椒肉絲（チンジャオロースー）とか、そういう炒めものって本当に短時間で炒めるんですよね。強火の中で一気に。それが少しでもうまく連鎖してないと香りが完成しない。事前に肉を油通ししたり食材を下準備して、たれはもう完全に合わせておく。

──モタモタしてられない。

Ｉ　全部が一瞬にして仕上がる。

──食材ごとにかなり細かく適正な火入れをして準備をしておくから、その瞬間じゃないと出ない味と香りがある。

Ｉ　そうです。**全部、ギリギリのラインを狙っている**ってことですよね。酒とか入れるときも、必ずちょっと鍋肌から入れたり、意識はしますね。ジャッジャッと音がするだけでも香りの立ち方が違います。

──ギリギリを積み重ねていった結果、風味が完成する。

Ｉ　だから中国料理って人によって味の違いが出やすい。

──今、井桁さんが目指しているものはなんですか？

Ｉ　四川伝統料理を尊重しつつ、さらにステップアップするために、新しい飄香の名菜が作れないかなっていうテーマに取り組んでいます。すべてのテクニックを入れたコース料理の開発というか。四川料理には**24の味つけ、56の技法**っていうのがあって、それを組み合わせていくと無限になっていく。

──そこに食材が組み合わされるから、さらに無限。

Ｉ　そうですね。やっぱりまだまだ四川といえば麻辣としか思ってない方もたくさんいるので、そうではない、ということを伝えていきたい。

──56の技法の中で、特に好きとか、特に得意なものは？

Ｉ　シンプルに炒めものっていうのは、差が出やすい。たとえば10種類の野菜炒めを同時に作ったときに、それぞれの野菜の適した食感ってあると思う。青椒肉絲がわかりやすいから挙げるんですけど、昔は同じ油通しをするときに、日本では多くのコックさんが肉を最初に油通ししてタケノコを入れるんですよ。最後にピーマンも、そこで一緒に返す。ちょっと薬味を炒めて調味料を入れて絡める。タケノコの食感が最適にはならないし、タケノコが入ってるので油の温度が低くなってるところにピーマンを入れたら、さらにぬるくなって、油っぽくなっちゃう。そうしているあいだに肉に適正な温度が伝わら

ない。私が青椒肉絲を作るとしたら、タケノコは、うちでは入れないですけど、入れるとしたら、全部油通しはそれぞれ違います。それぞれ最適の食感にして、最後に合わせる。

──気分にもよると思うんですが、自分で食べるならどの料理が好きですか？

Ｉ　まかないとして食べるなら、回鍋肉がいちばん好きです。

──井桁流の回鍋肉は僕が普段、『飄香』で食べているのと同じですか？

Ｉ　回鍋肉に関しては四川省で食べるほうが断然にうまいですね。豚肉も違いますし。本来皮付きのもも肉で作るんですよね。本来のお肉のうまさで考えたら、絶対に生のお肉をゆでて、切って炒めたほうがおいしいんです。一度ゆでた肉を切って鍋に戻して炒めるので回鍋肉って言うんですけど、軽さがまた微妙にいいのかもしれないですね。ゼラチン質も柔らかくなっていて、四川の人はみなさん回鍋肉が好きですね。

──ありがとうございました。

※1. 西安（シーアン）……中国陝西省の省都。古くは中国古代の諸王朝の都となった長安。
※2. 成都……中国四川省の省都。
※3. 甜麺醤……テンメンジャン。みそのような調味料。小麦粉と塩を混ぜ、特殊な麹を加えて醸造される。
※4. 麻辣（マーラー）……花椒によるしびれるような「麻味」と唐辛子による辛い「辣味」で調味されたもの。
※5. 香り成分……スパイスなど食材に含まれる揮発性物質で、香りを生む元となるもの。
※6. ローガンジョシュ……カシミール地方で生まれたと言われるスパイシーな肉の煮込み料理。
※7. 木姜油（ムージャンヨー）……日本で山蒼子（やまそうし）と呼ばれる植物から抽出された油。
※8. 五香粉……ウーシャンフェン。中国で使われる5つ以上のスパイスのミックス。

井桁良樹（いげた・よしき）／1971年千葉県生まれ。「飄香」シェフ。調理師専門学校卒業後、「四川料理　岷江」に8年間勤務。名店「知味斎」を経て、上海、成都にて2年間修業、500以上のレシピを習得する。帰国後、2005年代々木上原に「飄香」をオープン。麻布十番を経て、2022年に現在の広尾に移転。

Column

唐辛子をめぐる冒険

その
3

タイの "プリック"

撮影：ジンケ・ブレッソン

見慣れた景色も角度を変えてみると、新しい姿を見せてくれることがある。

今年の初めにタイ南部を訪れようと思ったのは、これまで唐辛子を念頭に旅したことがなかったなぁ、と思い直したからである。バンコクへは過去に10回以上訪れているが、他はチェンマイへ一度行ったきり。南部はずっと行ってみたいと思っていた場所だった。タイ料理の中でも特に辛いものが多いと言われている場所。唐辛子が活躍している可能性も高そうだ。

そもそもタイにおける唐辛子（プリック）といえば、僕は、"プリックキーヌー"と呼ばれるものしか意識してこなかった。日本の鷹の爪よりも少し小さくだいぶ辛い唐辛子で、おそらくタイではもっともメジャーである。プリックキーヌーの仲間にバーズアイと呼ばれる唐辛子もあって、これはさらに小さくやたらと辛い。だから、タイの唐辛子は辛いものだと思い込んでいた。「辛いはうまい」とタイ料理では辛味がうま味の評価軸のひとつとして機能しているようなところもあると聞いていたし、世界で2番目に辛い料理（1位はブータンらしいが定かではない）という解釈も耳にしたことがあった。

とにかくタイの唐辛子は辛い。気をつけたほうがいい。と、まあ辛味だけを意識してきた。しかし、フランス・バスクであんな風味豊かな唐辛子を見てしまった以上、タイにも同種を求める気持ちが湧いてしまう。

南部へ行く前に、バンコクで南部料理を習う
チャンスがあった。いくつかの料理をデモンス
トレーションしてもらう中に、かの有名な"ゲーン・
マッサマン"があった。アメリカの某メディアが
何年か前に「世界一おいしい料理」に選んだと
のことで一躍有名になったものである。教えて
くれたのは、タイ南部の市場で長らく料理を売り
続けていたというお母さん。いきなり驚きの調
理プロセスが見られた。

ゲーンの要ともなるペーストづくりである。
なんとペーストにするすべての材料を素揚げし
ていたのだ。ホムデン、コリアンダーシード、ク
ローブ、ガーリック、カランガルなどなどに加え、
もちろん唐辛子も揚げている。ゲーン・マッサ
マンは、17世紀にペルシャ（現イラン）との貿易
の影響で調理法が伝わったようだから、フライ
ドオニオンを基調とするあのエリアとの親和性
は高そうだ。

鍋を準備してペーストと2番搾りココナッツ
ミルクを少し混ぜ合わせ、煮立てる。鶏肉を加
えて混ぜ合わせ、煮る。グツグツ煮詰めてじゃ
がいもを加えて煮る。タマリンドジュースを加
えて煮る。2番搾りココナッツミルクをさらに加
えて煮る。具に火が入ったあたりで、1番搾りの
ココナッツミルク（濃厚）を混ぜ合わせる。そして、
こぶみかんを丸ごとドボン。え……。まったく
見たことのない手法だった。これは香りづけだ
という。皮を削って入れるなどはしない。ちょっ
とグツグツしたら火を止める。直後にピーナッ
ツをバラバラバラと加えて煮込む。おもしろい。

調理の傍らにはサンプルとして、生の唐辛子、
それを乾燥したもの、揚げたものが並んでいた。
ただ辛いだけだと思っていたタイの唐辛子だが、
それならわざわざ乾燥させ、わざわざ油で揚げ
る必要はないだろう。タイでは唐辛子から辛味
だけでなく、うま味に近いものを引き出そうとし
ていることがうかがえた。

市場へ行き、改めて野菜売り場を見回してみ
ると、想像以上にたくさんの唐辛子が目についた。
サイズも色もさまざま。辛味の少ないししとう
のような唐辛子も見つけることができた。万願
寺唐辛子のような大きなサイズもある。やはり、
唐辛子からピーマン（パプリカ）までのグラデー
ションの中にさまざまな形や香り、辛味のもの
があって、それは僕がトルコで目にした光景と
同じだった。

聞けば、基本的にタイの唐辛子はサイズが小
さければ小さいほど辛味が強いという。辛味の
少ない唐辛子は、斜め切りして料理にトッピン
グしたり仕上げに混ぜ合わせたりもする。生の
ままクロック（石臼）でつぶすものもあれば、乾
燥させてからつぶすものもある。タイでも料理
に応じて使われているようだった。今回訪れなかっ
た北部には、"ナムプリック"と呼ばれる唐辛子
の調味料もある。まだまだタイには足を運ばな
くてはならない。

唐辛子が香りや辛味だけでなく味つけにも機
能することは間違いなさそうだ。

Chapter
4

Customize

スパイスを操る

スパイスを自分のものにしたければ、カレーに挑戦するのがいい。世界で最も豊富に
スパイスを扱う料理だから、レシピを手に完走を目指せば、想像以上の実力を手にできます。

香りを駆使して
カレーを作る

香りを生み出すテクニックは、多岐に渡る。その種類やタイミングによって整理すると、おおまかに6パターンに分けられる。

1. 素　材 → どんな材料をどのくらい準備するか？ どの段階で加えるのか？
2. 相　性 → 材料同士の組み合わせや配合バランスによってどんな香りが生まれるか？
3. 加　工 → 変質、変形による香り。加熱前にどう切るか？ どう加工するか？
4. 加　熱 → 炒める、煮る、焼く、焙煎する。火入れの具合をどうするか？
5. 時間軸 → 香りの濃度や余韻はその香りが生まれるタイミングによって変わる。
6. 条　件 → できあがったカレーをどんな環境、条件、演出でいただくのか？
7. 相　性 → 材料同士の組み合わせや配合バランスによってどんな香りが生まれるか？

以上を踏まえ、香りを設計してレシピを組み立てる。考えるべきことは、これらの香りテクニックを【材料】と【作り方】にどう反映させればよいか、である。6パターンの関係図とシェフたちとの対談で生まれたヒントを整理した表を参考に新たな香りのカレーを生み出してほしい。

【 香りを生むテクニックの関係 】

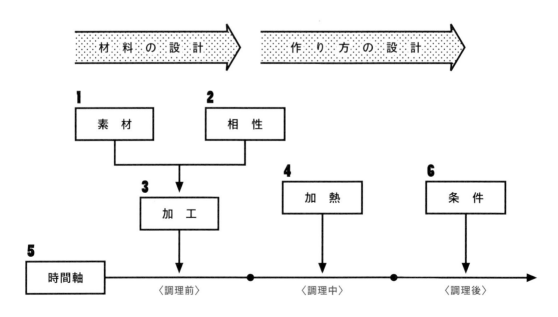

●香りを操るテクニック例一覧

1 素材

1-1. 素材そのものの香り
素材そのものの香り
1-2. フレーバーアイテム
アルコール類の持つ香りを活かす
発酵調味料の香り
乾物の（乾燥して生まれる）香り
フレーバー油の香り
1-3. 生み出す工夫
ココナッツの使い分け
唐辛子のトリプル使い
1-4. 独自の解釈・手法
エレガントな香りアイテム
木や薪で外から香りをつける

4 加熱

4-1. 炒める
ホールスパイスを炒める
パウダースパイスを炒める
最初の火入れで香りの中核を生む
4-2. 焙煎する
焙煎によるメイラード反応
深煎り、中煎り、浅煎り
香りを捨て、香味を生む
4-3. 煮る
乳化（均質）と分離（不均質）
4-4. その他
炎を入れて燃やす
ギリギリのラインを狙う

2 相性

2-1. 役割分担
味と香りの役割分担
化粧より下地としての香り
ステージにスポットライトをあてる
2-2. 設計
足し算と引き算による設計
スパイスの強弱と素材の引き立て
2-3. 組み合わせ
素材の組み合わせと相性
コリアンダー＆パプリカ同量
パンダンリーフ＆カレーリーフ

5 時間軸

5-1. 作るタイミング
投入順序を決める
トップ、ミドル、ベースノート
5-2. 食べるタイミング
作り手と食べ手の感じる香りの違い
出来たてか、寝かせるか
5-3. 時間差の手法
香りをよみがえらせる
鍋の中に香りを残す
マリネして香りを落ち着かせる
カウンターパンチ的な香らせ方

3 加工

3-1. 変形させる
たたく
こねる
石臼ですりつぶす
粗く挽く
3-2. 変質させる
混ぜ合わせる
スパイスを水に浸す
発酵、熟成させる
3-3. 特殊技術
真空にする

6 条件

6-1. 環境
その空間自体に香る香り
鍋の外で生んで加える香り
料理の温度によって感じる香り
6-2. 演出
ライブ感の演出による香り
器の温度による香り
作り手の個性や美学による香り
口の中で噛んで生まれる香り
6-3. その他
記憶と結びつく香り

【材料】の設計は、
"香りの存在感" が鍵。

料理の香りは、何をどうやっても【材料】以外のものからは生まれません。すなわち、楽しみたい香りが出てくる素を決めるのが材料選び。たとえば舞台でいえば、キャストを決める作業です。どんな人に何を演じてもらいたいのか。何人くらいが登場する舞台にするのか。設計手順は、こんな感じで。

・メインの具に何のスパイスを合わせるのか、ひとつ選ぶ。

・選ばれたスパイスを目立たせたいかどうかを検討する。

・目立たせたいなら他のスパイスは控えめ、なじませたいなら多めに選ぶ。

・スパイス以外に香りを生み出す素材について検討する。

・全体のバランスを考えながら各材料の使用量を決める。

●香りの設計書

| 種類 | 多い……香りの存在感は多岐にわたり、相殺されてまとまります。 |
| | 少ない…香りの存在感はシンプルになり、個性が引き立ちます。 |

| 絶対量 | 多い……香りの存在感は強まり、素材（具）と比較して際立ちます。 |
| | 少ない…香りの存在感は弱まり、素材（具）より控えめに出ます。 |

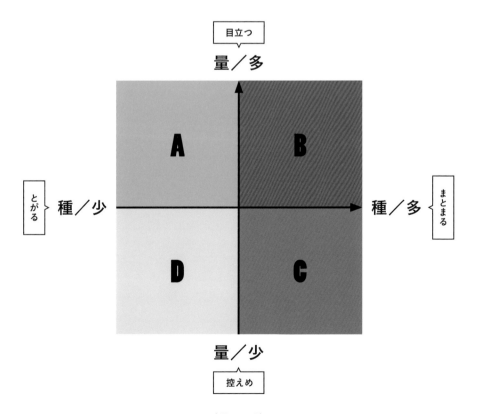

目立つ

量／多

とがる　種／少　　　　種／多　まとまる

A　B

D　C

量／少

控えめ

【作り方】の設計は、
"香りの均質感"が鍵。

料理の香りは、準備された【材料】を使ってどんな【作り方】をするかによってさまざまに変化します。主には切り方（加工）と火入れ（加熱）。たとえば舞台で言えば、演出方法を考える作業です。決まったキャストがどこでどの程度登場し、どんな具合に演じるのか。設計手順は、こんな感じで。

・料理の全体的な香り（それに伴う風味や味）の方向性を検討する。

・どのスパイスを丸のまま使うか、どれをつぶして使うかを決める。

・スパイス以外の素材の切り方を大きくするか小さくするかを検討する。

・火入れによって鍋の中で素材をどのくらい残すかつぶすかを決める。

・全体の調理時間をどの長さにするかによって香りの均質感を決める。

●香りの設計書

加熱 {
　強い（長い）……加熱を強く長めにすれば、香りの均質感は進みます。
　弱い（短い）……加熱を弱く短めにすれば、香りは不均質に残ります。
}

加工 {
　大きい（丸のまま）…加熱を強く長めにすれば、香りの均質感は進みます。
　小さい（つぶす）…加熱を弱く短めにすれば、香りは不均質に残ります。
}

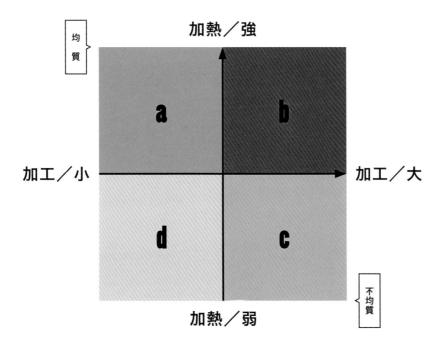

キーマカレー

【 目指したいゴールイメージ 】

ホールスパイスの香りを油にしっかりと抽出させ、鶏肉から抽出させる脂分と融合させ、ふくよかな香りを肉の中に戻していく。汁気の少ないカレーながら、予想以上に肉がふっくら、しっとりした状態に仕上がり、噛みしめるごとにごはんが止まらない。

素材
- 塩こうじをほのかな隠し香りに。
- 玉ねぎは具にもベースにもするイメージで活躍させる。
- ココナッツ油の香りを仕上げに。
- ハーブジュースでフレッシュな香りをなじませる。

相性
- 鶏肉から抽出させる脂分とパウダースパイスを融合させる。
- ココナッツファインの香りをココナッツ油で増幅。

加工
- ブラックペッパーはたたきつぶして香りを立てる。

加熱
- ホールスパイスごとに加熱温度帯を変更し、香りを油にしっかりと抽出させる。
- にんにくとしょうがのフレッシュな香りは香味に変える。
- 蒸し煮してふくよかな香りを肉の中に戻していく。

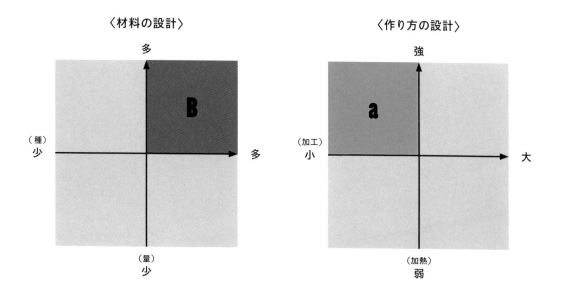

〈材料の設計〉

多

B

（種）
少　　　　　　　　　多

（量）
少

〈作り方の設計〉

強

a

（加工）
小　　　　　　　　　大

（加熱）
弱

材料（3〜4人分）：

植物油…大さじ3

ホールスパイス

  | レッドチリ…4本
  | カシア…2片
  | クローブ…6粒

玉ねぎ（粗みじん切り）…大1個

にんにく（すりおろし）…1片

しょうが（すりおろし）…1片

鶏もも肉…600g

パウダースパイス

  | コリアンダー…大さじ1
  | グリーンカルダモン…小さじ1
  | ターメリック…小さじ1/2
  | レッドチリ…小さじ1/2

ココナッツファイン…大さじ2

グリーンピース（水煮）…100g

塩こうじ…大さじ2

ハーブジュース

  | 香菜…30g
  | 水…150㎖

ブラックペッパー…小さじ2

ココナッツ油…大さじ1

1.

鶏もも肉は皮を取り除き、包丁で細かく切っておく。ブラックペッパーは、スパイスクラッシャーでたたきつぶしておく。ハーブジュースの材料をミキサーにかけておく。

2.

鍋に油を中火で熱し、ホールのレッドチリを加えて黒く焦げる直前まで炒める。

3.

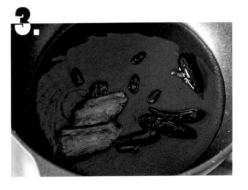

火を止めて残りのホールスパイスを加えてさっと余熱で火を通す。

4.

玉ねぎを加えて全体を混ぜ合わせ、強火にして玉ねぎのふちがこんがりキツネ色になるまで炒める。

5.

にんにくとしょうが、100㎖程度の水（分量外）を加えて青臭い香りが飛ぶまで炒める。

6.

鶏肉を加えて強火にし、よく混ぜ合わせる。肉の表面のピンク色が完全になくなり、脂がしっかりとにじみ出てくるまで。

7.

パウダースパイスを加えて、油脂分となじませるように炒める。

8.

ココナッツファインを加え、火を弱めてココナッツの香りが立つまで炒める。グリーンピースと塩こうじを加えて火を弱めてふたをして5分ほど煮る。ときどきふたを開けて鍋底をこするようにかき混ぜながら蒸し煮にしていく。鶏肉から水分がにじみ出てくるまで。

9.

ふたを開けてハーブジュースを加えて煮立たせ、ブラックペッパーとココナッツ油を加えて中火で10分ほど煮る。好みの煮詰め具合になったら、塩（分量外）で味を調整する。

アサリのカレー

【 目指したいゴールイメージ 】

圧倒的なだしのうま味を下支えにワインの風味がほのかに残る。具を食べるというより、ソースを味わうカレー。ココナッツミルクとバターのコクが濃厚だが、厳選されたスパイスの香りやテンパリングの香味で全体のバランスは取れている。

素材
- アサリの風味。
- 白ワインの風味。
- ムングダルの優しい香味。

相性
- カレーリーフの特殊テンパリング。半分に高温の油をかけ、残りの半分を生のまま残す手法で引き出す香りのバランスを取る。

加工
- カレーリーフを手でもむ。

加熱
- ホールスパイスごとに加熱温度帯を変更し、香りを油にしっかりと抽出させる。
- マスタードシードをきっちり油で炒めて生む香味。
- 仕上げに加える焦がしバターの香り。

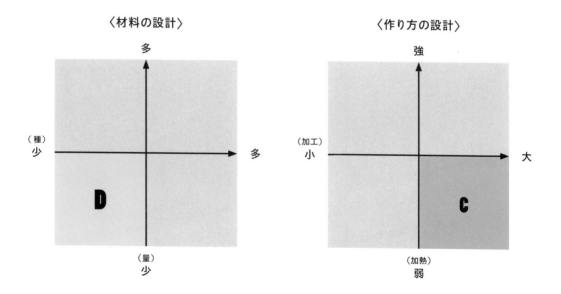

〈材料の設計〉

多

（種）少　　　　　　　　　　多

D

（量）少

〈作り方の設計〉

強

（加工）小　　　　　　　　　大

C

（加熱）弱

材料（3〜4人分）：

植物油…大さじ2

ホールスパイスA

　｜ マスタードシード…小さじ1/2
　｜ フェヌグリークシード…ふたつまみ

ホールスパイスB

　｜ ムングダル…大さじ1
　｜ クミンシード…小さじ1/2

にんにく（みじん切り）…1片

しょうが（みじん切り）…1片

玉ねぎ（スライス）…1/2個

パウダースパイス

　｜ コリアンダー…小さじ2
　｜ マンゴーパウダー…小さじ1と1/2
　｜ ターメリック…小さじ1
　｜ フェヌグリーク…小さじ1/2

塩…小さじ1強

白ワイン…200㎖

ココナッツミルク…150㎖

アサリ（砂抜きする）…450g

バター…30g

カレーリーフ…20枚

下準備：

アサリの砂抜きをする。アサリの殻をこするように
して水洗いする。ボウルに水800㎖を入れ、大さ
じ1強の塩を溶かし混ぜ、アサリを加えてざっと混
ぜ合わせ、冬場なら室温、夏は冷蔵庫で2時間ほ
ど置く。新聞紙や鍋のふたなどで覆っておくと砂
が抜けやすい。

鍋に油を熱し、強めの中火にしてホールスパイスA
を加えて炒める。マスタードシードがパチパチと
はじけてくるまで。

ホールスパイスBを加えてさっと炒める。

にんにく、しょうがを加えてこんがりするまで炒め、
玉ねぎを加えて強火にし、表面がほんのりキツネ
色になるまで炒める。

4.

火を弱めてパウダースパイスと塩を加えて炒め合わせる。

5.

中火にしてアサリを加えて混ぜ合わせ、白ワインを注いで煮立てる。

6.

ふたをして弱めの中火でアサリのふたが開くまでしばらく蒸し煮にする。

7.

ふたを開けてココナッツミルクを加えて煮立て、弱火にして3分ほど煮る。

8.

カレーリーフを手でもんで加えておく。

9.

小さなフライパンにバターを加えて熱し、焦がし、鍋の表面にあるカレーリーフにめがけてざっと加えて混ぜ合わせ（テンパリング）、弱火で2〜3分ほど煮て、塩（分量外）で味を調整する。

ペッパーチキンカレー

【 目指したいゴールイメージ 】

食べる前から強い香りを発し、口の中で香りが爆発し、食後、余韻を長く残すスパイシーなカレー。パウダースパイスはマリネして一度奥へ押し込め、鍋中で加熱しながら開かせる。ブラックペッパーの刺激を中心に仕上げのドライハーブをアクセントに。

素材
- クセの強いスパイスの選択。

相性
- シンプルな材料に対して香りのアイテムが豊富。
- 深い香りを生むスパイスの配合。
- ドライハーブのさわやかな香りを仕上げに。
- レモンの柑橘特有の風味で全体のバランスを取る。

加工
- ホールスパイスを焙煎して挽く。
- マリネによって香りを穏やかになじませる。

加熱
- 玉ねぎをあえて焦がしてメイラード反応を強め、水を加えて均質化して形状をつぶす。
- 長めの時間煮込むことによって香りをなじませる。

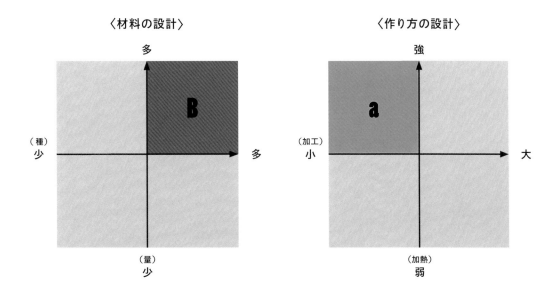

〈材料の設計〉 多／（種）少／多／（量）少 — B

〈作り方の設計〉 強／（加工）小／大／（加熱）弱 — a

材料（3〜4人分）：

植物油…大さじ3

ホールスパイスA

| スターアニス…1個

| ビッグカルダモン…1個

| シナモン…1/2本

玉ねぎ（スライス）…大1個（300g）

骨付き鶏もも肉（ぶつ切り）…600g

マリネ用

| ヨーグルト…100g

| にんにく（すりおろし）…1片

| しょうが（すりおろし）…2片

| レモン汁…1/2個分

ホールスパイスB

| クミンシード…大さじ1

| コリアンダーシード…大さじ1

| ブラックペッパー…小さじ2

| フェンネルシード…小さじ2

塩…小さじ1強

トマトピューレ…大さじ1

水…200㎖

ドライハーブ

| オレガノ…小さじ1

| タイム…小さじ1/2

レモン汁…1/2個分

1.

ホールスパイスBのコリアンダーシード、ブラックペッパー、クミンシードの順でフライパンに加えて乾煎りする。

2.

火を止めてフェンネルシードを加えて粗熱を取り、ミルで挽いておく。

3.

ボウルにマリネ用の材料と挽いたスパイスを加えてよく混ぜ合わせる。鶏肉を加えてよくもみ込み、30分ほど（できれば2時間ほど）マリネしておく。

4.

鍋に油を中火で熱し、ホールスパイスAを加えて炒める。玉ねぎを加え、強めの中火で玉ねぎの表面がこんがりキツネ色に色づくまで炒める。あえて表面を焦がす感覚。

5.

100mℓほどの水（分量外）を注ぎ、加えた水分が完全に飛ぶまで煮詰める。玉ねぎがつぶれて色づき、油が表面ににじみ出てきたら、さらに数分ほど炒める。

6.

全体的に濃いタヌキ色（ヒグマ色）になるまで。

7.

トマトピューレを加えてねっとりしたペーストになるよう炒め合わせる。マリネした鶏肉をマリネ液ごと加えて表面全体がほんのり色づくまで炒める。

8.

水を注いで煮立て、塩を加えて弱火にしてふたをして20分ほど煮込み、ふたを開けて10分ほど煮込む。

9.

ドライハーブを手でよくもんで加え、レモン汁を加えてざっと混ぜ合わせ、水分を飛ばすようにグツグツと煮る。

マスタードチキンカレー

【 目指したいゴールイメージ 】

テクニックに頼らずとも乳製品のコクが強い濃厚なカレーになることは約束されている。その分、火を入れるべきところはしっかりと火入れしたい。こってりしがちなこのカレーのアクセントはスパイスの香り。あえて焦がしたパプリカの香りでバランスを取る。

素材 } ・マスタード油の香り。

相性 } ・ココナッツファインを配合して、ユニークな香りを重視。

加工 } ・ココナッツファインとカシューナッツを乾煎りにする。
・レモングラスをたたきつぶす。
・にんにくとしょうがをたたきつぶす。

加熱 } ・パプリカをあえて黒く焦がし、焦げた香りを取り入れる。
・にんにくとしょうが、レモングラスを弱い火力（余熱）でじっくり炒める。
・鶏肉を焼いたときのメイラード反応による香味。

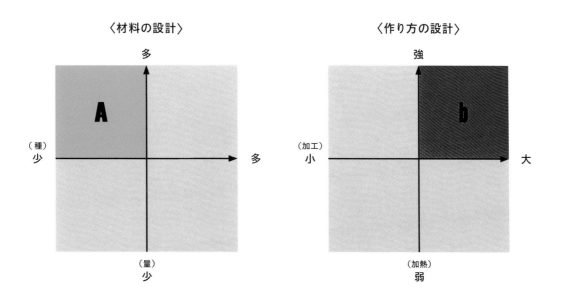

〈材料の設計〉

多

A

（種）少 ─────── 多

（量）少

〈作り方の設計〉

強

b

（加工）小 ─────── 大

（加熱）弱

材料（3〜4人分）：

鶏もも肉…450g

マスタード油…大さじ4

ホールスパイス

    │ カロンジ…小さじ1/2

    │ レモングラス…2本

にんにく（つぶす）…1片

しょうが（つぶす）…2片

トマトピューレ…大さじ5（75g）

パウダースパイス

    │ パプリカ…小さじ2

    │ コリアンダー…小さじ2

    │ チャットマサラ…小さじ2弱

    │ グリーンカルダモン…小さじ1/2

塩…小さじ1強

カシューナッツ…20g

ココナッツファイン…大さじ1

プレーンヨーグルト…200g

マーマレード…小さじ2

生クリーム…200mℓ

赤パプリカ…1個

1.

レモングラスは半分に切り、たたきつぶしておく。

2

カシューナッツをクラッシャーでたたき、ココナッツファインと一緒に乾煎りしてナッツパウダーにしておく。

3.

パプリカを魚焼きで表面が黒く焦げるまで焼き、ボウルに入れて粗熱を取り、キッチンバサミなどで細かく切っておく。

4.

鍋に鶏肉を皮面から入れて焼く。強めの中火で両面がこんがり色づくまで。焼けたら脂ごとボウルに取り出し、粗熱が取れたらひと口大に切っておく。

5.

空いた鍋にマスタード油を入れて強火にし、煙が上がるまで熱して火を止める。ホールスパイス、にんにく、しょうがを加えて余熱でじっくり火を通す。

6.

トマトピューレを加えてさっと混ぜ合わせ、ふたをして弱火で煮詰める。パウダースパイスと塩を加えて弱火で1〜2分ほど炒める。

7.

ヨーグルトとナッツパウダーを加え、鶏肉を戻してざっと混ぜ合わせる。

8.

マーマレードを加えてふたをして弱火のまま5分ほど煮る。

9.

生クリームとパプリカを加えて5分ほど煮る。

セサミチキンカレー

【 目指したいゴールイメージ 】

なめらかな舌ざわりと穏やかな香り、どこまでも優しい味わいのカレー。おとなしい仕上がりになりそうだが、なぜかクセになる香味と風味が生まれる。煮る、すりつぶす、焙煎するなどの個別のプロセスを丁寧に。あとはスパイスの配合が個性を際立たせてくれる。

素材
- キャラウェイシードの爽快な香りも。
- 煎りごまで焙煎と香味を重視。
- 食べる直前にフレーバーオイル（ごま油）を添加。

加工
- すったごまの風味と焙煎したカレーパウダーの香味、適度な苦味のバランス。
- ピューレ状のソースで舌ざわりのなめらかさを生み、風味を穏やかに。

相性
- クセになる豊かな香味と風味が狙い。
- ごま油の強い香りはスターターで使い、奥のほうで香らせる。

加熱
- 鶏肉を煮込まずに炒めて火を通し、メイラード反応による香味を立てる。

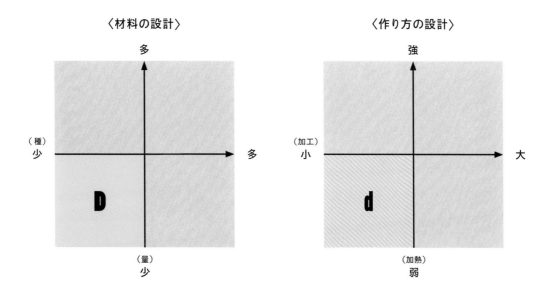

〈材料の設計〉

多

（種）少 ——— 多

（量）少

D

〈作り方の設計〉

強

（加工）小 ——— 大

（加熱）弱

d

材料（3〜4人分）：

ごま油… 大さじ3

ホールスパイス
- コリアンダー（クラッシュ）… 小さじ1強
- クミンシード… 小さじ1
- ポピーシード… 小さじ1/2
- キャラウェイシード… 小さじ1/2

にんにく（つぶす）… 1/2片

しょうが（つぶす）… 2片

玉ねぎ（くし形切り）… 大1個

鶏もも肉（小さめのひと口大に切る）… 400g

パウダースパイス
- すりごま… 大さじ1強
- コリアンダー… 小さじ1
- チャットマサラ… 小さじ1
- フェヌグリーク… 小さじ1/2

塩… 小さじ1強

カリフラワー… 1/6個（150g）

カリフラワーのゆで汁… 300㎖

煎りごま… 小さじ2

カリフラワーをくたくたになるまでゆでる。ゆで汁は取っておく。

鍋に大さじ2のごま油を熱し、ホールスパイスを加えて炒める。

にんにくとしょうが、玉ねぎを加えて表面がほんのり色づくまで炒める。

4.

パウダースパイスと塩を加えて混ぜ合わせ、炒める。

5.

カリフラワーとゆで汁を加えて混ぜ合わせる。

6.

ミキサーでピューレにしておく。

7.

空いた鍋に鶏肉を加えて表面全体がほんのり色づくまで炒める。

8.

煎りごまを加えて鶏肉に火が通るまできっちり炒める。

9.

ピューレを戻し、混ぜ合わせ、ふたをして弱火で10分ほど煮る。器に盛って残りのごま油を回しかける。

ベジタブルカレー

｛ 目指したいゴールイメージ ｝

野菜の味を主役にするために香りを強め過ぎずにバランスを取ったカレー。うま味の援護は、煮干しとカシューナッツ、三温糖から。シナモンとホワイトペッパーが異色の香りを生む。香菜の処理と投入タイミング、加熱方法に気を遣って作りたい。

素材 ｝
- 隠し味・香りとして機能する煮干し。
- アサフェティダのクセのある香りを加える。

加工 ｝
- カシューナッツミルクのまろやかな風味。

相性 ｝
- シナモンとペッパーの香りと野菜のアンバランスが生む異色の香り。
- 香菜を部位ごとにタイミングを3回に分けて使い、香りを重層的にする。
- スパイスの使用量を全体的におさえて優しい風味に。
- ホールスパイスを使わず、全体を穏やかな香りに。

加熱 ｝
- 長めの時間煮込むことで全体の香りを均質化し、柔らかくする。
- 玉ねぎを蒸し焼きにすることによる部分的に生まれる優しい風味。

〈材料の設計〉

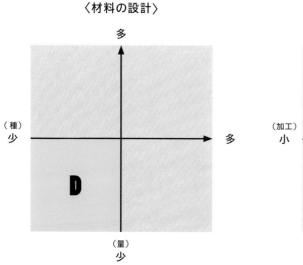

〈作り方の設計〉

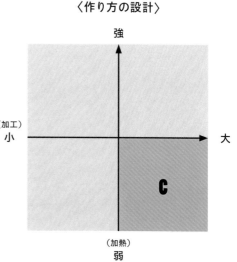

材料（3〜4人分）：

植物油 … 大さじ3

香菜の根 … 3〜4株分

玉ねぎ（くし形切り）… 1/2個

アサフェティダ … 少々

香菜の茎 … 3〜4株分

パウダースパイス

| コリアンダー … 小さじ2
| ターメリック … 小さじ1
| シナモン … 小さじ1/4強
| ホワイトペッパー … 小さじ1/4

塩 … 小さじ1強

三温糖 … 小さじ1

水 … 200㎖

にんじん（小さめの乱切り）… 小1本（120g）

じゃがいも（乱切り）… 大1個（150g）

煮干し（頭と腹を取る）… 5g

ブロッコリー … 小1個（150g）

カシューナッツ … 30g

牛乳 … 300㎖

香菜の葉 … 3〜4株分

下準備：

ブロッコリーを小房に分け、硬めにゆでて、ざるに
あげておく。

香菜を部位ごとに切り分け、それぞれみじん切りに
しておく。

カシューナッツを乾煎りにし、牛乳を加えてひと煮
立ちさせ、弱火で3分ほど煮て常温で粗熱を取っ
ておく。ミキサーでピューレ状のカシューナッツミ
ルクにしておく。

鍋に油を中火で熱し、香菜の根を加えてさっと混
ぜ合わせる。

4.

玉ねぎを加えて混ぜ合わせ、大さじ2～3くらいの水（分量外）を加えて強めの中火にしてふたをし、3～5分ほど蒸し焼きにする。

7.

水を注いで煮立て、にんじんとじゃがいも、煮干しを加えてふたをして弱火で20分ほど煮込む。

5.

ふたを開けて香菜の茎とアサフェティダを加えて2分ほど炒める。

8.

ふたを開けて香菜の葉を加えて混ぜ合わせる。

6.

パウダースパイスと塩、三温糖を加えて、スパイスの香ばしい香りが立つまでしっかり炒める。

9.

カシューナッツミルクとブロッコリーを加えてふたを開けたまま1～2分ほど煮る。

〈 Chapter 4 〉

グリーンポテトカレー

【 目指したいゴールイメージ 】

ほうれん草が主役のカレーではなく、青菜の香りを引き出し楽しむカレー。各種ハーブが野菜の甘味を増幅させる。香りの素材をつぶすプロセス（ハーブのピューレ、スパイスの粉砕）が全体の香りをけん引するため、手間を省かずキッチリ準備したい。

素材
- ほうれん草の甘味と舌ざわりが風味に影響。
- 多めのにんにくで食欲をそそる香り。

相性
- 各種ハーブのブレンドが野菜の甘味を増幅。
- ハーブをドライとフレッシュの両方を使うことでバランスを取る。

加工
- マサラは配合、焙煎し、挽く。
- ほうれん草とハーブ類を合わせたピューレは、フードプロセッサーで粗く刻むようにし、舌ざわりを生んで鼻から抜ける香りにアクセントをつける。

加熱
- 玉ねぎとにんにくの丁寧な焙煎による香味。
- グリーンチリを素揚げにすることで香ばしい香りを立てる。

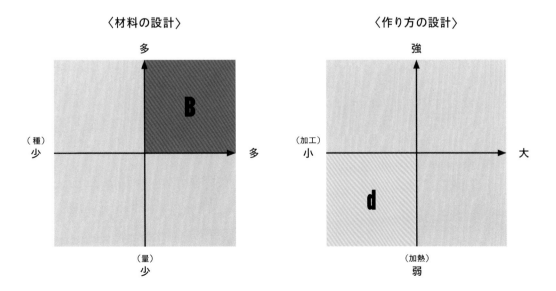

〈材料の設計〉

多
（種）少 ——— 多
（量）少

B

〈作り方の設計〉

強
（加工）小 ——— 大
（加熱）弱

d

材料（3〜4人分）：

植物油…100㎖

グリーンチリ（種を取り除く）…4本

玉ねぎ（みじん切り）…1個（250g）

にんにく（みじん切り）…2片（20g）

オリジナルマサラ

　　グリーンカルダモン…3粒

　　シナモン…1/2本

　　クローブ…3粒

　　メース…ふたつまみ

　　コリアンダーシード…小さじ2

　　クミンシード…小さじ2

　　フェンネルシード…小さじ1/2

塩…小さじ1強

じゃがいも…小3個（300g）

ゆで用

　　水…適量

　　塩…少々

　　ターメリックパウダー…少々

ほうれん草…1袋（200g）

ドライハーブ

　　フェヌグリークリーフ…1/2カップ

　　オレガノ…小さじ1/2

フレッシュハーブ

　　ディル…1パック

水…150㎖

生クリーム…100㎖

トマト（ざく切り）…小1個（150g）

下準備：

ほうれん草を下ゆでしてざるにあげておく。

オリジナルマサラのスパイスを上から順にフライパンに入れて乾煎りにする。

粗熱を取ってミルで挽いておく。

じゃがいもは、皮をむいて大きめのひと口大に切り、塩とターメリックと一緒にゆでて、火が通ったらざるにあげておく。

4.

鍋に油を熱し、グリーンチリを素揚げにする。

5.

ボウルにグリーンチリとドライハーブとフレッシュハーブ、ほうれん草を一緒に合わせる。

6.

フードプロセッサーでピューレにしておく。

7.

空いた鍋に玉ねぎとにんにくを加えてキツネ色になるまで炒める。

8.

火を弱めてマサラ、塩を加えてざっと混ぜ合わせ、水を注いで煮立てる。

9.

じゃがいもとほうれん草ピューレ、生クリームを加えて煮立て、ふたを開けたまま中火で3分ほど煮る。トマトを加えてざっと混ぜ、ふたをして弱火で1〜2分ほど煮る。

ラムカレー

ラム肉の風味を活かしつつ、バランスを取るために強めの香りを際立たせるカレー。調理プロセスのほとんどが「炒める」レシピで、とにかく新しい素材を加えるごとに徹底的に炒めて香りと香味を強めたい。最後に優しく煮込んで全体を均質化させる。

素材 }
・香りアイテム満載。
・珍しいスパイス（ホワイトカルダモン、ドライパンダンリーフなど）を使ってアクセントにする。

相性 }
・カレー粉のロースト2種配合。

加工 }
・トマトを焼いて"畑で採れたてのような風味"を立てる。

加熱 }
・ハーブを3段階に分けて加えて加熱する。
・玉ねぎや香味野菜をつぶして香りを立てる。
・多めの油で揚げるように玉ねぎを炒めてメイラード香を立てる。
・ラム肉の表面を色づけてメイラード反応の香味を立てる。

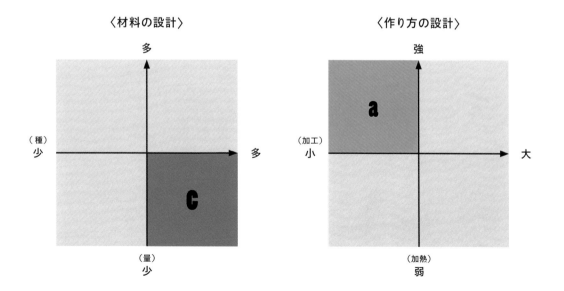

〈材料の設計〉

多

（種）
少　　　　　　　　　　多

c

（量）
少

〈作り方の設計〉

強

a

（加工）
小　　　　　　　　　　大

（加熱）
弱

材料（3〜4人分）：

植物油… 大さじ5（60g）

ホールスパイス

┃ レッドチリ…4本
┃ ドライパンダンリーフ（5センチの長さに切る）
┃ 　…1本分
┃ ホワイトカルダモン…6粒

ラム肩ロース肉（ひと口大に切る）…400g

玉ねぎ（スライス）… 小3/4個

ペースト

┃ 玉ねぎ… 小1/4個
┃ にんにく…1片
┃ しょうが…2片
┃ グリーンチリ…2本

カレーリーフ…20枚

カレー粉… 小さじ2

ローステッドカレー粉… 小さじ2

塩… 小さじ1強

ミニトマト…12個（200g）

水…200㎖

こぶみかんの葉（すじを取ってちぎる）… 大6枚

ペーストの材料をクロックですりつぶしておく。

ミニトマトはオーブン（または魚焼きグリル）で表面がこんがりするまで焼いておく。

鍋に油を熱し、ホールスパイスを加えて炒める。スライスした玉ねぎを加えてキツネ色になるまで炒める。

4.

ラム肉を加えて表面全体が色づくまで炒める。

5.

ペーストを加えて炒める。

6.

カレーリーフを加えて混ぜ合わせる。

7.

カレー粉2種と塩を加えて炒め合わせる。トマトを加えて炒め合わせる。

8.

水を注いで煮立て、こぶみかんの葉を加える。

9.

ふたをして弱めの中火で30分ほど煮込む。

ビーフカレー

長い時間煮込むことによりすべての香りを調和させ、なじませるカレー。スパイスを水と合わせたり、フライドオニオンと合わせたりしてから加熱することで、事前に引き出せる香りを最大化する。仕上がったときには、個性豊かな香りが渾然一体となる。

素材
- 赤ワインの風味を活かし、牛肉と調和させる。
- 仕上げにフレッシュでシャープな香りをどっさり加えてアクセントにする。

相性
- レモンの風味を活かすため、皮ごと入れるが苦味を省くため、煮込まない。

加工
- スパイスウォーターで香りをじっくり引き出す。
- フライドオニオンでメイラード反応の風味を作る。
- スパイシーフライドオニオンで香りを油になじませる。

加熱
- 長時間煮込むことにより、香りをまろやかに仕上げる。
- 牛肉の表面を色づけてメイラード反応の香味を立てる。

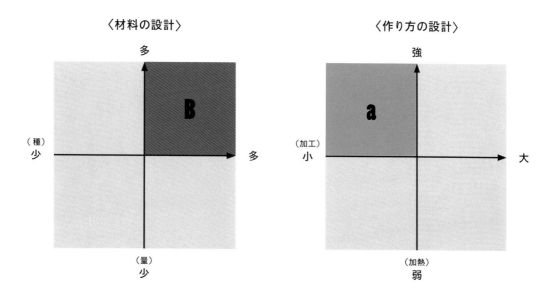

〈材料の設計〉

多

（種）
少　　　　　　　　　　　　　多

B

（量）
少

〈作り方の設計〉

強

（加工）
小　　　　　　　　　　　　　大

a

（加熱）
弱

材料（3〜4人分）：

植物油…100㎖

玉ねぎ（スライス）…小1個（200g）

　→フライドオニオン…50g

牛バラ肉（大きめひと口大に切る）…600g

パウダースパイスA

　クミン…小さじ1と1/2

　ブラックペッパー…小さじ1と1/2

　レッドチリ…小さじ1強

　キャラウェイ…小さじ1

　クローブ…小さじ1/2

パウダースパイスB

　ガラムマサラ…小さじ1強

　アムチュールパウダー…小さじ1強

　グリーンカルダモン…小さじ1

　アニス…小さじ1弱

　ターメリック…小さじ1/2

塩…小さじ1と1/2

赤ワイン…300㎖

水…350㎖

仕上げの香り

　しょうが（千切り）…2片

　グリーンチリ（輪切り）…2本

　香菜（みじん切り）…2束

レモン（適当なサイズにカット）…1個

下準備：パウダースパイスAは100㎖の水（分量外）
と混ぜ合わせて、スパイスウォーターにしておく。

鍋に油を熱し、玉ねぎを加えて揚げる。

ざるにあげて蒸気を逃がし、パラッとさせる。

4.

袋に入れてパウダースパイスBを加えてよくもんで、
スパイシーフライドオニオンにしておく。

5.

揚げ油を残した鍋に牛肉を加えて表面全体がこん
がり色づくまで炒める。半量の油脂分を取り除い
ておく。

6.

塩とスパイスウォーターを加えて水分が飛ぶまで
炒める。赤ワインを注いで煮立て、水を注いで煮
立てる。

7.

スパイシーフライドオニオンを加えて混ぜ合わせ、
ふたをして極弱火で60分ほど煮込む。

8.

必要なら塩で味を調整し、仕上げの香りを加えて
混ぜ合わせてさっと煮る。

9.

火を止めてレモンを絞り、皮ごと加えて混ぜ合わ
せる。

Column

唐辛子をめぐる冒険

その

4

ペルーの "アヒ"

撮影：ジンケ・ブレッソン

ルーツをさかのぼって学ぶことは、本質を探るための最善策かもしれない。

まさか自分にペルーを旅する未来が訪れるとは思ってもみなかった。タイ南部を訪れた翌月、リマの空港へ向かうラタム航空の機内で少し感慨にふける。それもこれも唐辛子のおかげなんだよな。いまだかつて見たことのなかった唐辛子の横顔をトルコで目にしてしまって以来、「原産地を訪れたい！」という衝動を抑えることはできなかった。

未知の世界へ渡航を決めて以来、都内のペルー料理店をくまなく食べ歩き、偏差値を上げた。すると旅する前からペルー料理における唐辛子は別の顔をのぞかせるようになった。

素顔の唐辛子を求めて南米を旅する。ペルーといえば、マチュピチュやナスカの地上絵、ウユニ湖など観光名所が満載だが、そのどれに対しても目もくれなかった。唐辛子のことしか見えていないからである。

僕が特に目をつけたのは、アヒ・アマリージョという唐辛子。オレンジ色から黄色をした辛味の少ない唐辛子で、これがどうやらペルー料理の骨格を形成しているようなのだ。だから宿泊したホテルの2軒隣りにあるスーパーで初めてこの唐辛子を目にしたとき、このスーパーを世界遺産に認定してあげたいくらい興奮した。

まもなく市場を訪れると、当たり前のことだが、

スーパーよりもはるかに多くの唐辛子に出会え、この市場も世界遺産に登録した。アヒ・アマリージョは、ピーマンとパプリカの間くらいのサイズで、ヘタの部分が針金のようにとんがって不規則に曲がり、非常にフォトジェニック。色気のある顔つきで僕を魅了した。

この唐辛子は、天日干しにして乾燥させると「アヒ・ミラソル」と名前が変わるそうだ。素敵なミュージカルのタイトルのような響き。僕はこの唐辛子に恋をしてしまったのかもしれない。状態によって呼び名が違うだなんて、この国にはなんとこの豊かで奥深い唐辛子文化が根付いているのだろう。

料理教室でもアマリージョちゃんは大活躍だった。何かと利便性の高いアマリージョソース作りにヒントが満載。まず、これでもかと丁寧にきれいに掃除をする。軸と種を取り、内側の筋をきれいに除去。水から3回ゆでこぼす。元々辛味の少ない唐辛子だが、グツグツ、ジャーっとやるたびに辛味が逃げていく。そして、風味とうま味だけが残った。

オイルやミルク、チーズなどと一緒にミキサーでペーストにする。そこにクッキーを加えたのには驚いた。舌ざわりを重くしつつ隠し味にもなるとのこと。できあがったペーストを味見し、さっき取り除いた種をいくらか加えると辛味が増す。実はうま味、種は辛味。役割分担がされ、合理的に設計されていた。

薄々気づいていたことだが、どうやら唐辛子というスパイスはただのスパイスではないようだ。スパイスには香りづけという作用はあっても味つけという作用がない。スパイスだけでは調味料にはなりえないのだが、唐辛子は世界のいたるところで料理にうま味を加える材料として活躍している。それどころか、ここペルーでは、唐辛子が料理の根幹を握る存在として機能しているようにも思えてくる。

アヒ・リモという辛味の強い唐辛子はセビーチェに使われるし、アヒ・パンカと呼ばれる辛味が少なく大ぶりの唐辛子は、煮込みに加えられたり、ロースト調理されたりする。世界中に渡り、無数の品種が生まれた唐辛子だが、原産国でステージの中央に堂々と立っている姿を見られたのは得難い体験だ。

ちなみに"アヒ"はペルーで唐辛子のことを指すが、これとは別に"ロコト"と呼ばれるものもある。こちらは、どちらかというとパプリカのような、巨大ピーマンのようなものを指す。丸々と太った姿はトマトのようでもある。ロコトの肉詰め料理をいただきながら、「これは、唐辛子? それとも……」と思いを巡らす。どの国へ行っても同じである。

リマで最大級の書店を数店訪ね歩き、唐辛子の専門書を5冊も買った。来るときに軽かったスーツケースがずっしりと重くなる。これだけ唐辛子について語ることがあるのなら、僕はもっともっとこのスパイスを勉強しなければならない、と気を引き締めた。

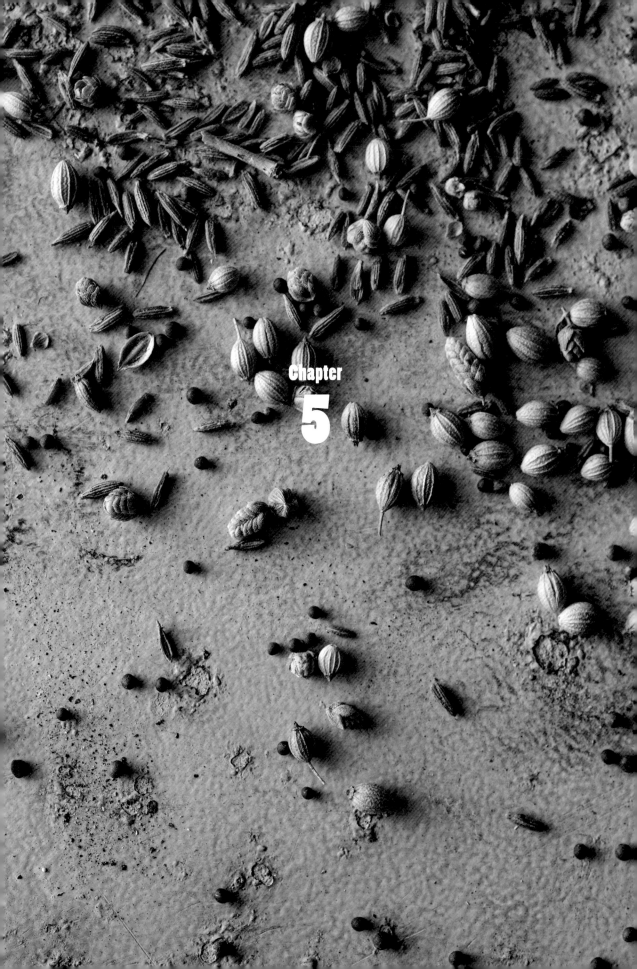

Chapter
5

Explore

スパイスを探求する

スパイスの探求に終わりはありません。実験や考察の連続。あちこちへとコースを逸脱し、
いつまでも奔走するのです。その先に新しい香りの未来が見えてくるかもしれません。

スパイスを使ってカレーを作るときには、基本的な手順があります。ゴールデンルール（GR）と呼んでいるものです。「香りを加える（生む）」プロセスと「味を加える（生む）」プロセスを交互に繰り返していく。「香」→「味」→「香」→「味」→「香」と重ねていくことでおいしいカレーができます。

このルールで作る基本的なチキンカレーのレシピを紹介し、各プロセスに関係して生まれるさまざまな「香りについての疑問」に対し、実験や考察、自問自答をした内容を紹介します。香りテクニックの応用編です。

ゴールデンルールで作る基本のチキンカレー

【材料】（3〜4人分）

GR1: 香／はじめの香り

紅花油（または植物油）… 大さじ3
ホールスパイス
　クミンシード … 小さじ1弱
　ブラウンマスタードシード … 小さじ1/2強
　アニスシード … 小さじ1/2
　メース … ふたつまみ

GR2: 味／ベースの風味

玉ねぎ（スライス）… 中1個（250g）
にんにく（すりおろし）… 1片（10g）
しょうが（すりおろし）… 2片（20g）

GR3: 味／うま味

ホールトマト（つぶす）… 150g

GR4: 香／中心の香り

パウダースパイス
　コリアンダー … 大さじ1強
　グリーンカルダモン … 小さじ1強
　パプリカ … 小さじ1弱
　ガラムマサラ … 小さじ1弱
　ターメリック … 小さじ1/2
　フェヌグリーク … 小さじ1/2
塩 … 小さじ1強

GR5: 味／水分

水 … 250ml

GR6: 味／具

鶏もも肉（ひと口大）… 500g

GR7: 香／仕上げの香り

香菜（お好みで・みじん切り）… 1/2カップ

【作り方】

1. 鍋に油を中火で熱し、ホールスパイスを加えて炒める。
2. 玉ねぎを加えてキツネ色になるまで炒める。トータルで12〜13分ほど炒めるとよい。にんにく、しょうがと100mlほどの水（分量外）を加えて中火のまま、水分と青臭い香りが飛ぶまで炒める。
3. トマトピューレを加えてさっと混ぜ合わせる。
4. 火を弱めてパウダースパイスと塩を加えて炒める。
5. 水を2回に分けて加えて、その都度ポコポコとするまで煮立てる。
6. 鶏肉を加えて、ふたをせず弱火で20分ほど煮込む。
7. 香菜を加えて混ぜ合わせ、中火で3〜5分ほど煮る。

GR1: はじめの香り

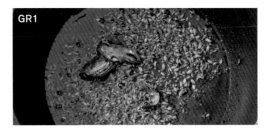

1. クミンシードだけでカレーは作れるのか？
2. クミンシードはどこまで焦がしていいのか？
3. フェヌグリークシードはどこまで焦がしたらいいのか？
4. 「焦がす」とカレーはおいしくなるのか？
5. スパイスは浅煎りがいいか、深煎りがいいか？
6. ホールカルダモンはいつ取り出せばいいのか？
7. ホールスパイス最強の組み合わせはどれか？
8. ホールスパイスを水で戻すと香りは強まるのか？

GR2: ベースの風味

1. にんにく5倍のカレーはどんな味になるのか？

GR3: うま味

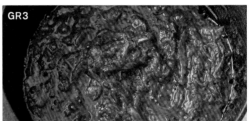

1. トマトとスパイスはどちらを先に入れるべきか？

GR4: 中心の香り

1. カレーを作るのにターメリックは必要なのか？
2. ターメリック3倍でもカレーはおいしいのか？
3. カレーにレッドチリはどれだけ入れられるか？
4. チリの辛味は焙煎で強まるのか弱まるのか？
5. 「すりつぶす」とカレーはおいしくなるのか？
6. スモークの香りはカレーをおいしくするのか？

GR5: 水分

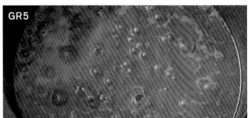

1. ココナッツ風味のカレーに新手法はあるのか？

GR6: 具

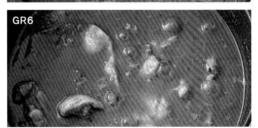

1. スパイスの香りは肉の中まで浸透するのか？

GR7: 仕上げの香り

1. パクチーは煮るべきか、トッピングするべきか？
2. カスリメティはどうやって使うのが効果的か？
3. ハーブをスモークしたカレーはおいしいのか？
4. スパイスの香りをMAXにする方法はどれか？
5. マスタードシードのテンパリングは効果的か？

GR1:

はじめの香り

 Q1-1 クミンシードだけで
カレーは作れるのか?

実 験

ベイガンバルタ(なすのカレー)を作り、材料やスパイスを加えていきながら頻繁に味見をし、どのタイミングからカレーと感じるのかを調べる。

【材料】(3〜4人分)
ギー … 100g	カシミールチリパウダー … 5g
なす … 1000g	塩 … 適量
クミンシード … 3g	トマト … 500g
玉ねぎ … 120g	香菜 … 適量
しょうが … 10g	

【作り方】
1. 鍋にギーを熱し、クミンシードと玉ねぎ、しょうがを加えて玉ねぎが濃いキツネ色になるまで炒める。
   →味見…玉ねぎのクミン炒め状態。
2. カシミールチリを加え、塩を加えて混ぜ合わせる。
   →味見…カレーというにはちょっと香りが足りない。
3. トマトを加えてしっかり水分を飛ばし、焼いてたたいたなすを加えてさらに水分を飛ばす。
   →味見…ベイガンバルタの味わいになった。が、カレーとは感じにくい。
4. 仕上げに香菜を加える。
   →味見…カレーにはならなかった。

結 果

クミンシードだけではカレーにはならないし、レッドチリや香菜を加えてもカレーとは感じない。ここにターメリックパウダーが少しでも入ったら「カレーだ」と思っただろう。

考 察

ある料理にカレーを感じさせるのに大事な香りは、いくつかあると思う。

↓

・ターメリックとレッドチリのコンビ
・コリアンダーかクミンの香り
・にんにくを加熱したときに生まれる香り
・加熱時のメイラード反応によって生まれる香り
・ごはんと一緒に食べたときに生まれる風味

 Q1-2 クミンシードは
どこまで焦がしていいのか?

現 状

クミンの状態を表す言い回しにはいくつかある。

↓

状態 …… 「クミンシードの周辺がシュワシュワと泡立つまで」
色味 …… 「クミンシードがこんがり色づくまで」
NG …… 「真っ黒く焦げる」

実 験

各段階に応じて香りをチェック。加熱前(常温)、ほんのり茶色、茶色、濃い茶色、黒色。

結 果

経験上、クミンシードは真っ黒くなると焦げ臭が出てしまうが、その手前であれば、いい香りが立つ。ぎりぎりまで火入れすればクミン自体の香りの他に芳ばしい香りも生まれる。加熱しすぎることによって抽出されたクミン本来の香りが損なわれがちだが、香ばしさがほしければあえて焦がすこともある。
玉ねぎを炒めてからホールスパイスを加える方法もある。この場合、シュワシュワしたり、こんがり色づいたりすることはないが、香気成分の揮発温度がそれほど高くないため、この順番のほうが香りが引き立ち、持続する可能性は高い。

 Q1-3 フェヌグリークシードは
どこまで焦がしたらいいのか?

実 験

油でフェヌグリークシードを3通りの加熱で炒め、比較。

↓

1種目 非加熱(キツネ色)……意外と青臭い。
2種目 150℃・2・3秒(ヒグマ色)……強烈に苦い。

3種目 230℃・2〜3秒（ゴリラ色）……苦味が和らいでいる。

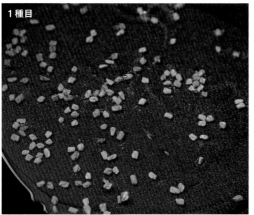

1種目

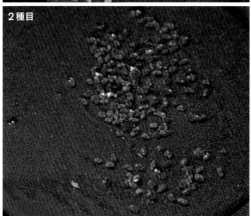

2種目

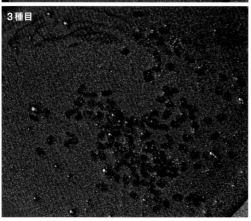

3種目

意外なことに抽出液は、ゴリラ色よりもヒグマ色のほうがおいしく感じた。フェヌグリークシードを焦がすか焦がさないかについての疑問に対しては何度も実験を繰り返してきたが、結論が出ない。僕の経験上、ネパールでは焦がすし、インドでは焦がさない。現時点での結果は以下のようにまとめられる。作るカレーのコンセプトによって選択するしかない。

↓

焦がさない（ヒグマ色）……苦味が残るが、焦げ臭は出ない。

焦がす（ゴリラ色）……苦味は消えるが、わずかに焦げ臭が出る。

Q1-4 「焦がす」とカレーは おいしくなるのか?

考　察

「焦がす」はそれを意図してカレーに取り入れるのならば、とてもいい手法だということになる。焦がす目的を2通り持てれば、さらに作るカレーはグレードアップする。

1. **香ばしい香りを生むため**……主にスパイス(その他の食材も可)を焦がす。
2. **メイラード反応によるうま味を狙うため**……主にその他の食材を焦がす。

これらはセットのようなものでもあるが、スパイス以外の食材を焦がす場合は、1も2ももれなくついてくる。でも、スパイスだけを焦がす場合は、2を排除して1だけを手にすることができる。典型的な例は、たとえば、スリランカでローステッドカレーパウダーを使う場合など。香味は立つがそこでうま味が強まるわけではない。

2種の火入れで比較
↓

【材料】

油	パウダースパイス
ホールスパイス	A.カレーパウダー
フェヌグリークシード	B.ローステッド
マスタードシード	カレーパウダー
レッドチリ	ココナッツミルク

【作り方】

A. 油でホールスパイスをさっと炒め、すぐにカレーパウダーとココナッツミルクを加えて煮る。……さわやかな風味。

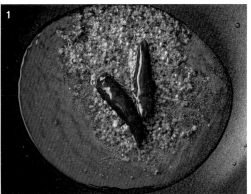

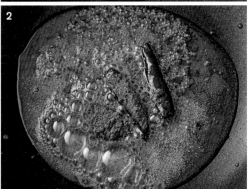

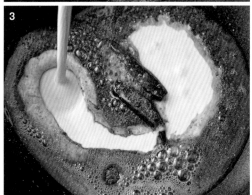

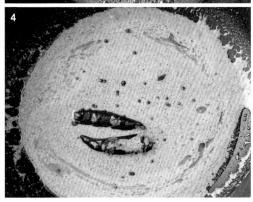

B. 油でホールスパイスをこんがり焦げるまで炒め、
　すぐにローステッドカレーパウダーとココナッツ
　ミルクを加えて煮る。……深みのある風味。

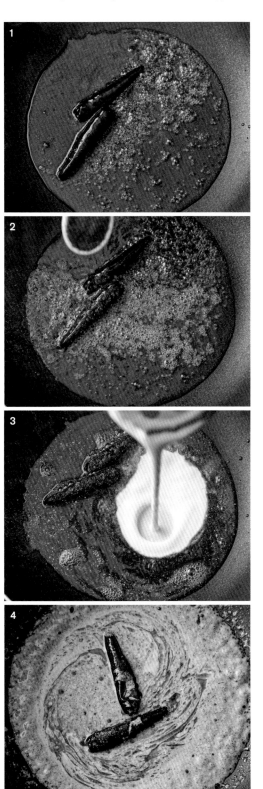

スパイスは浅煎りがいいか、深煎りがいいか？

実　験

2種類のスパイスティーを作って比較。
浅煎りスパイスティー（Ａ）
深煎りスパイスティー（Ｂ）

【材料】
熱湯…200ml（Ａ）
水…200ml（Ｂ）
油…少々（Ｂ）
スパイス（半量ずつＡ、Ｂ兼用）
| ブラウンマスタードシード…2.5g
| クミンシード…2.0g
| フェンネルシード…1.2g
| カロンジ…1.0g

【作り方】
Ａ．ガラスびんにスパイスを入れて熱湯を注ぎ、10分ほど置く。
Ｂ．小鍋に油を熱し、スパイスを加えて炒め、水を注いで煮立て、ふたをして5分ほど煮る。

結　果

Ａ……澄んだ透明な色。シードスパイスが豊かに香る。
Ｂ……茶色く濁っている。焙煎香が強く、個別のスパイスの香りよりも全体的にバランスがとれてなじんで香る。

考　察

浅煎りでは物足りないのかもしれない。とはいえ、深煎りではスパイス感が足りなくなる。焙煎香は大事。

 ## ホールカルダモンはいつ取り出せばいいのか？

考　察

なぜ、ホールスパイスを油で炒めるのか？

・香りを油に移す……短時間では抽出しきらない。
・細胞を適度に破壊する……香りが抽出しやすくなる。

手　法

香りを最大限に活かすためにいくつかの手法が有効。

・油で弱火からじっくり炒める。
・油で強火で短時間炒めて破壊する。
・あらかじめつぶしておく。
・油で炒めてから取り出し、茶袋に入れて煮込み時に戻す。
・油で炒めてから取り出し、別鍋に水と一緒に煎じておき、煮込み時に戻す。
・最後まで取り出さない。

 ## ホールスパイス最強の組み合わせはどれか？

実　験

3通りのチキンキーマを作って比較。

◎**ホールスパイスＡトリオ**……油を加熱前に加えて弱火でじっくり炒める。
| グリーンカルダモン…4粒
| クローブ…6粒
| シナモン…1/2本

◎**ホールスパイスＢトリオ**……油を加熱前に加えて強火で弾けるまで炒める。
| マスタードシード…小さじ1
| フェヌグリークシード…小さじ1/4
| レッドチリ…4本

ホールスパイスＣトリオ……油を加熱してから加えて強火でさっと炒める。
| クミンシード…小さじ1
| コリアンダーシード…小さじ1
| フェンネルシード…小さじ1/2

結　果

Ａトリオ……シナモンやクローブの甘い香りが印象的。肉だらけのカレーと調和し、バランスがいい。
Ｂトリオ……少しマニアック。スパイス個別の香りは弱いがその分、香ばしい香り、ほんのりビターな風味が生まれている。わかりにくいがクセになりそうな香り。
Ｃトリオ……最もわかりやすい香り。基本的には、

クミンとコリアンダーが支配的でフェンネルは気を付けていないと感じない。たまにコリアンダーシードを噛むとパチッとさわやかな香りが生まれ、心地よい。

考　察

油で加熱する時間によって油分に定着する香りには差が出るものの、それ以上にその香りがどのくらい持続するか、どのタイミングで加えるかのほうがはるかに影響が大きい。ホールスパイスのサイズが小さければ小さいほど投入タイミングは後回しにしたほうが香りは残りやすい。

Q1-8　ホールスパイスを水で戻すと香りは強まるのか？

実　験

2グループのカレーを作り、香りの影響をチェック。

チキン用

| グリーンカルダモン … 50g |
| クローブ … 30g |
| シナモン … 20g | →合計100g |

キーマ用

| ブラウンマスタードシード … 50g |
| クミンシード … 30g |
| フェヌグリークシード … 20g | →合計100g |

それぞれ、400mlの水にひと晩浸す。どちらもぴったり倍の200gになっていた。カルダモンやクローブは明らかにぷくっと膨らんでいるが、シード系スパイスたちはそれほど見た目には変わらない。ただ、多くの香気成分は油に定着する性質を持つので、スパイスたちが投入されたときに鍋中に油が存在している必要がある。

結　果

チキンカレーのほうは、スパイスの香りが十分すぎるほど出て「ちょっとカルダモンが強くなりすぎたな」と途中で取り除くことも考えたほどだったが、

キーマカレーは、「まあこんなものか」という程度になった。

考　察

今回、水で戻したカルダモンは、ふにゃふにゃに柔らかくなっているから香りの出やすい状況は整っている。あとは、加熱したときに油と融合するタイミングで鍋に加えれば、必ずしも油で炒める必要がないのだと感じた。

シード系スパイスにも同じ考え方が当てはまるはずだが、油で炒めることでスパイス本来の香りとは別の香味を強める狙いもある。

GR2:

ベースの風味

 Q2-1 にんにく5倍のカレーは
どんな味になるのか?

実　験

1000gの豚ひき肉を使って8人分のキーマカレーを作るために、大ぶりのにんにくを2株(12片程度)使ってみる。

作り方

丸のままのにんにくをたっぷりの油に加えて弱火で長時間、柔らかくなるまで煮た。木べらでつぶれるくらいまで柔らかくなったところでホールスパイスを投入。その後、にんにくがつぶれるまで加熱。メイラード反応がほしいなと思い、そこから火力を上げてこんがりさせていく。別鍋で蒸し煮にしてつぶしたとろとろの玉ねぎを加えて混ぜ合わせていく。ほんのり色づいたところで別鍋で煮つぶしたトマトを加えてさらに炒めて脱水。それからパウダースパイス(ロースト強め)を加え、キーマカレーを仕上げた。

結　果

食べてみると、うま味が圧倒的に強まっている。想像しているよりはるかに、にんにく臭が穏やかになっている。

考　察

ローステッドクミンとローステッドチリを多用したが、ロースト香の影響によって、独特のにんにく臭から食欲をそそるにんにく香へと変化させることに成功した(風味のバランスが取れた)と言えそうだ。

GR3:

うま味

 Q3-1 トマトとスパイスは
どちらを先に入れるべきか?

前　提

トマトベースのカレーを作るとき、トマトを炒めて脱水してからパウダースパイスを加えて炒め合わせる。

設　計

※**目的**……"何のためにトマトを炒めるのか""トマトの何を引き出したいのか"
→トマトのうま味を引き出してカレーの味わいに貢献させたい。
※**ゴール**……"トマトをどういう状態にしたいのか"
→トマトはペーストにし、濃縮させたい。
※**プロセス**……"どう切るのか""いつ投入するのか""どう加熱するのか"
→トマトをざく切りにして玉ねぎを炒めた後に加え、加熱しながらつぶし、脱水する。

考　察

「トマト→パウダースパイス」の順を逆にし、「パウダースパイス→トマト」にするのは、トマトの水分が鍋中に入る前、にんにく、しょうが、玉ねぎが脱水して油がにじみ出ている段階で、パウダースパイスを加えたいからである。
スパイスは、油と絡まり、強い熱を受けながら焙煎するような形で香味と風味を出すことになる。このプロセスを取るとカレーの香りがメリハリのきいた仕上がりになる。もっと穏やかに香りを立て、トマトのうま味を重視したい場合は、トマトが先に入る。

結　論

トマトのうま味を重視したければトマトが先。
スパイスの香味を重視したければスパイスを先。

GR4:

中心の香り

**Q4-1 カレーを作るのに
ターメリックは必要なのか?**

実 験

ターメリックなしでカレーを作ってみる。

【材料】
使用スパイス … ブラックペッパー、フェンネル、クミン、
　　　コリアンダーの4種のパウダースパイスを各同量。

【作り方】
1. パウダースパイスを混ぜ、ヨーグルトと一緒に鶏
　肉にもみ込んでマリネする。
2. 鍋に油を熱し、にんにく、しょうが、玉ねぎを炒め
　る。
3. マリネした鶏肉を加えて炒め、ふたをして煮込む。

結 果

おいしいチキンカレーができあがった。ターメリッ
クは必ずしも必要なわけではない。スパイス4種
の配合は、南インド・チェティナードチキンの応用版。
カレーと感じるのに十分な香りは生むことができた。

**Q4-2 ターメリック3倍でも
カレーはおいしいのか?**

実 験

スリランカのカレー、ネパールのカレーをそれぞれ
既定の3倍量のターメリックで作ってみた。

経 過

1. スリランカカレー
・ターメリック…大さじ1/2→大さじ1と1/2
→ 食べてみると、まったく悪くない。ほんのりター
　メリックらしい土っぽい苦みが強いような気が
　するが、何も知らずに食べたらとってもおいしい
　チキンカレーである。4人分のカレーにターメリッ

クを大さじ1と1/2加えても大丈夫な場合がある
ことが分かった。おそらくローストカレーパウダー
と合わせていることや仕上げにレッドチリのパ
ウダーを煎って加えることなど、焙煎香が強い
カレーだから、ターメリックがマスキングされて
いる部分もあると思う。

2. ネパールカレー
・ターメリック…小さじ2→大さじ2（小さじ6）
→ 煮込んでいる途中に漂う香りは、もちろんしっか
　りターメリックが強めの香りなのだが、どことな
　く懐かしい香り。それはかつてカトマンズで食べ
　た香りではなく、ニッポンのカレーの香りのよう
　な感じだった。できあがったカレーを白い器に盛
　りつけると見たことがないほど黄色が映える。食
　べてみると、うまい。すりおろしたにんにくのフレッ
　シュな香りとターメリックの相性が非常にいい。
　何人かに食べてもらったが、ターメリックの土臭
　さが気になるという人は一人もいなかった。

結 論

4人分のカレーを作るのにターメリックを大さじ2
入れてもおいしく仕上がる。

**Q4-3 カレーにレッドチリは
どれだけ入れられるか?**

実 験

あえてレッドチリを最大分量使うレシピでカレー（ポー
クビンダルー）を作ってみる。

・ターメリックパウダー … 小さじ1
・コリアンダーパウダー … 小さじ2
・レッドチリパウダー … 小さじ3

【作り方】
1. さっとゆでて余計な脂を取り除き、大ぶりに切っ
　た豚バラ肉の塊をヨーグルトとパウダースパイス
　などでマリネする。
2. 肉をマリネ液と水とともに1時間ほど煮込む。
3. 別の鍋で玉ねぎを炒めてベースを作る。後半に
　煮込みスープを少しずつベースに混ぜ合わせて
　のばしながら、最終的にすべてを合わせ、しばら
　く煮込む。

結果

辛いだけでなく、辛くておいしい。予想以上に辛さは和らいで感じる。煮込み時間によるものかもしれないし、酸味が割と強いカレーだから、酸味(酢、ヨーグルト、赤ワイン使用)の影響があるかもしれない。ともかく、4人分で大さじ1のレッドチリパウダーを加えても成立するカレーがあることはわかった。

 ### チリの辛味は焙煎で強まるのか弱まるのか?

実 験

焙煎チリとそのままのチリの2種類で同じポークビンダルーを作ってみることにした。片方はモクモクと煙が出るほど焙煎してから他のホールスパイスと混ぜ合わせてミルで挽く。キッチンに白い煙が漂うと、その場にいる全員が派手にせき込み、目が痛くなる。真っ黒に近いチリと赤いチリ。それぞれが使われたミックススパイスを玉ねぎやにんにく、しょうが、酢などと一緒にミキサーでペーストにし、豚肉にもみ込む。「赤と黒」の2種類のカレーができあがった。

結 果

7人で試食。

↓

●焙煎チリのカレー(黒)
「焙煎したほうが辛く感じる」……3/7人
→ 深み、苦味、うま味などが余韻的に後を引く味わい。焙煎香でマスキングされているせいか、辛味はジワジワとやってきて持続する印象。

●焙煎しないチリのカレー(赤)
「焙煎しないほうが辛く感じる」……4/7人
→ 全体の味わいはさっぱりとして酸味も感じやすくフレッシュ感がある。辛味はさわやかながら直線的で強い。が、割とすっと早めに消える印象。

どちらが辛いのか? という問いに対しては、真っ二つに意見が分かれたが、辛味の感じ方が変わり、それが味わい全体に及ぼす影響があったことが興味深かった。

参 考

農林水産省のサイトを見るとカプサイシンについての説明があった。

↓

カプサイシンはカプサイシノイドと呼ばれる炭素(C)、水素(H)、酸素(O)、窒素(N)からなる天然の有機化合物の一つで、トウガラシなどに含まれる辛みをもたらす成分です。気体になりにくいため、トウガラシを砕いて粉にしても辛さが減ることはありません。また、カプサイシンは加熱しても壊れにくいので、調理した後も辛みをもたらします。水にはほとんど溶けませんが、油やアルコール、酢には溶けやすく、トウガラシを油や酒に漬け込むとカプサイシンなどの辛み成分が溶け出します。

考 察

「気体になりにくい」、「加熱しても壊れにくい」という2点がポイントになるのだろうか。とはいえ、ホールチリを単体で焙煎したときの、あのモクモクとした煙は明らかに何かが気体化したものだし、その結果、せき込んで目が痛くなるのだから、カプサイシンが揮発して漂っているはず。その割には仕上がりのカレーの辛味の強さはキープされているようだったから、不思議だ。

 ### 「すりつぶす」とカレーはおいしくなるのか?

取 材

タイ現地のスタイルでクロック(石臼)を使って各種ハーブやフレッシュスパイスをすりつぶし、ときどきドライスパイスを加えながらペーストを作った。レモングラスの根茎などの硬い部分は、極薄にスライスして加えてすりつぶす。

・根気よくペーストになるまですりつぶすのがいい味を生む。
・ペーストを油で根気よく炒める。油が分離してくるまで。

僕がタイで何度も見たいわゆるタイカレー(ゲーンキョワーンとかゲーンペッとか)の作り方は、ココナッツミルクとペーストを同時に鍋に入れて煮立て、グ

ツグツ煮詰めていくパターンだった。いずれにしてもハーブの香りを活かすにはすりつぶすのはいい方法だ。香りが立ち、特別なテクスチャーが生まれるのだから、すりつぶすとカレーはおいしくなると言っていいんじゃないかと思う。

 **Q4-6 スモークの香りは
カレーをおいしくするのか？**

実　験

2種類のスパイスミックスを使ってカレーを作り、比較。スパイス以外の材料とプロセスはすべて同じにした。

↓

1. スモークドチキンカレーのスパイス

| スモークドパプリカパウダー … 小さじ2
| コリアンダーパウダー … 大さじ1
| クミンパウダー … 小さじ2
| ターメリックパウダー … 小さじ1

2. ローステッドチキンカレーのスパイス

| ローステッドカレーパウダー … 大さじ2
| パプリカパウダー … 小さじ1
| ターメリックパウダー … 小さじ1

結　果

1. 全体のまとまりがよく、味でいえばシチューのような感じ。風味的にはそば屋のカレー丼のような感じが増した。かつお節を隠し味に入れたカレーのよう。おそらくかつお節自体が「乾燥→燻製」というプロセスを経ているから、スモーク感にその味わいを感じ取っているのかもしれない。トマトの風味や酸味を強く感じ、ソースは乳化している。全体的に優しく他の食材とも相性がよさそうな仕上がり。

2. スモークチームに比べればきりりと引き締まった感じがする。ココナッツミルクの風味が強く、油の分離が進んでいる。コーヒーやチョコのようなビターテイストがあり、特徴のある仕上がり。スリランカのカレーを彷彿とさせる味わいになった。

考　察

スモークがカレーをおいしくするかどうかについては、"ある種のおいしさ"を作ることはわかった。スモークドパプリカは「添加したスモーク香」。ローステッドカレーパウダーは、「加熱した焙煎香」。後者はなじみがいいが、前者については「他のスパイスのバランスを壊してしまう」という点は否めない印象だった。

GR5:

水分

 Q5-1 ココナッツ風味のカレーに
新手法はあるのか？

カレーにココナッツを使うとき、生のココナッツが手に入りにくい日本では、主に4種のココナッツアイテムを使うことになる。

↓

A. ココナッツミルク
B. ココナッツミルクパウダー
C. ココナッツファイン（またはロング）
D. ココナッツ油

実　験

ココナッツファインをさらにミルで挽いてきめ細やかにし、浸水させてひと晩置き、ぎゅっと絞って濾した液体をカレーに使ってみる。

経　過

想像した通りのココナッツミルクウォーターができあがった。フレッシュさは足りないものの、ココナッツミルクを薄めたりココナッツミルクパウダーを少なめにして作ったミルクとは別の風味がある。これを使ってポテトのハーブカレーを作る。

結　果

軽やかで味わい深い仕上がりになった。有効な手段のひとつだと思う。

考　察

残ったココナッツファインのカスは、少しカレーにも加えて食感や味わいのアクセントにしたが、別調理すれば、つけ合わせの惣菜になる。スイーツにしてもいいと思う。

GR6:

具

 Q6-1 スパイスの香りは
肉の中まで浸透するのか？

実　験

1. 肉の重さに対して、1%の塩と3%のミックススパイスをまぶす。
2. 袋に入れて真空にし、冷蔵庫で100時間マリネする。
3. 塊肉の表面をこんがり焼き付け、ホイルに包み、適度に加熱した鉄鍋の中に入れて30分ほど置く。
4. 肉の中心温度が60℃に達しているのを確認したらスライスする。
5. スライス肉を外側と内側に切り分け、食べ比べる。

結　果

外側は、スパイスの強い香りがする。
内側には、スパイスの香りがしない。塩味と肉の風味はしっかりとある。

結　論

スパイスの香りを肉の中に浸透させることはできなかった。

考　察

何か別のものを媒介にすれば、スパイスの香りは肉の中まで浸透することがあるかもしれない。油？ 水？ アルコール？ 乳製品？ 他の何か？

GR7:

仕上げの香り

Q7-1 パクチーは煮るべきか、
トッピングするべきか？

考察

香りは後半に加えたものほど際立ち、前半に加えた
ものほどなじむ。

手法

A. 仕上げにパクチーを加えて混ぜ合わせ、さっと煮る。
B. パクチーを煮込みの早い段階で加えて長めに煮込む。
C. パクチーの根だけみじん切りにして前半に投入して炒める。

結果

A. カレー全体になじませて脇役として香らせるなら
煮込み時に加える。
B. 主役に立てて存分に香らせたいなら器に盛って
からトッピング。
C. そこはかとなくパクチーを香らせたいなら炒める。

パクチーをどの役割でカレーに使いたいかによって、
加熱するかしないか、加熱時間が短いか長いかを決
めるとよい。

Q7-2 カスリメティは
どうやって使うのが効果的か？

実験

同じ材料と分量で作り方を変え、カスリメティの使
い方を3パターン試作した。

↓

A. 鶏肉とカスリメティをよく混ぜ合わせてしばらく
置き、油で炒める。
B. 油で玉ねぎ、にんにく、しょうがを炒めた後、パウ
ダースパイスと一緒に加えて炒める。

C. ほうれん草のピューレと混ぜ合わせ、油でにんにく、
しょうがを炒めた後に加えて炒める。

結果

A. マリネ自体にそれほど意味があるとは思えなかっ
た。最終的にカレーは鍋で他のものと一緒に煮
込まれるのだから、鶏肉にカスリメティの香りが
しみこむわけではない。それよりも、油で炒める
ときに鶏肉の表面全体が色づくまで炒めると必
然的にその周りに付着しているカスリメティは
鶏肉以上に火が入ることになる。それがよかった。
鶏肉の脂分ともうまく融合している感覚があった。
B. カスリメティをパウダースパイスと同じ感覚でと
らえれば、正攻法と言えそうだ。鍋中の水分が飛
び、油分が浮いた状態で加えることになるのだ
から、頼もしく油脂分と絡み、いい香りが生まれる。
C. ほうれん草を湯がいて水で洗い、ミキサーでピュー
レにしたところに加えているから、カスリメティ
自体はしっとりとした状態になっている。これを
炒めるのだが、ほうれん草が邪魔していること
もあるからか、なかなかイメージ通りに火入れ
が進まず、かなり長い時間、炒めることになった。

考察

結果的には、AもBもCもそれぞれにカスリメティ
のいい香りは出たし、ネガティブなイメージはなかっ
た。温かい油脂分と絡めるプロセスさえ経ればカ
スリメティは実力を発揮してくれる。

Q7-3 ハーブをスモークしたカレーは
おいしいのか？

実験

1. カスリメティを2時間30分ほどしっかりと燻す。
2. サグマトンを作る。
3. 燻したカスリメティを軽く乾煎りし、手でもんで
粉状にして加え、混ぜ合わせる。

結果

スモークが終わったカスリメティは想像通りのい
い香り。仕上がったカレーにスモークの香りはそれ
ほど強く感じない。いつもと少し趣の違う風味を楽
しむにはあり得る手法だが、手間をかけたほどの効

果は感じられない。

結 論

ハーブをスモークするというプロセスに料理をおいしくする効果はあると思う。

 Q7-4 スパイスの香りをMAXにする方法はどれか?

仮 説

メイラード反応を促進させると、後半に加えたスパイスの香りを際立たせる効果がありそうだ。それを検証するために調理ポイントは以下の2つ。

↓

・油を多めにしてメイラード反応を促進。
・パウダースパイスは最後に全量を加える。

【材料】
材料A
　植物油…大さじ3
　玉ねぎ(くし形に切る)…1個
　ホールスパイス…適量
　塩…小さじ1強
材料B
　骨付き鶏肉(各部位)…500g
　にんにく(みじん切り)…1片
　しょうが(みじん切り)…1片
　香菜(みじん切り)…適量
材料C
　水…300ml
　トマトピューレ…大さじ3
　しょう油…小さじ1
　三温糖…小さじ1/2
材料D
　パウダースパイス…適量
　香菜(茎と葉)…適量

【作り方】
1. 鍋に材料Aを加えてふたをして強火で10分ほど蒸し焼きにする。5分経過したら一度だけふたをしたまま鍋をふる。
2. ふたを開けて材料Bを加えて強めの中火で10分ほど炒める。前半5分ほど放置し、肉をざっと裏返し、後半5分ほども放置する。鍋中はかき混ぜず、ときどき鍋をふる。
3. 材料Cを加えて煮立て、ふたをして弱火で30分

ほど煮込む。煮込み終わったらふたを開けて表面に浮いた油をできるだけすくい取る。
4. 小さなフライパンにパウダースパイスを入れてさっと煎り、すくい取った油の半量を混ぜ合わせて火を止める。
5. フライパンのスパイス油をすべて鍋に加え、香菜を加えて混ぜ合わせ、ふたをして弱火で3分ほど煮る。

結 果

非常に香り高いカレーに仕上がった。

考 察

スパイスをすべて仕上げに回してしまってもカレーの香りは成立する。インドで仕上げに油で炒めたスパイスを加えるテンパリングといわれる手法があるが、「そのカレーに加えるべきスパイスをすべて最後に投入する」ような作り方は、合理的であり効果的。

 Q7-5 マスタードシードのテンパリングは効果的か?

実 験

2通りの方法でマスタードシードを加工し、水に加えて試飲してみる。

↓

A. 油ではじかせてテンパリングする。
B. 水と一緒にすりつぶして加える。

結 果

A. 香ばしいナッツ香が際立つ仕上がりになる。が、マスタード本来の香りはしない。
B. ツンとしたマスタード香を感じる仕上がりになる。が、香味は強まらない。

考 察

マスタードには大きく2種類の香りがある。どちらの香りを活かしたいかによって選択するのがいい。両方を採用して加えれば、「マスタードチキンカレー」ができそう。

進化版チキンカレーの更なる進化 version 2.0

疑問

カレーリーフを油で炒める意味はあるのか？

仮説

高温の油で炒めるよりも、手でもんで煮込み時に加えるほうがカレーリーフ本来の香りは残りやすいのではないか。

題材

カレーリーフの香りが重要な役割を果たす料理のひとつ、ケララチキンを作って比較検証をしてみたい。ケララチキンの香りについて、重要なポイントは以下の4つ。

↓

O. ココナッツ油	P. パウダースパイス
W. ホールスパイス	C. カレーリーフ

各要素を加える手順は以下の3パターン。

↓

パターン1：O・W→C→P

ココナッツ油でホールスパイスを炒め、玉ねぎと一緒にカレーリーフを炒め、パウダースパイスを加えて仕上げる。カレーリーフの香りを全面的に出すのではなく、そこはかとなく香らせたいときには有効な方法。

パターン2：O・W→P→C

ココナッツ油でホールスパイスを炒め、玉ねぎを炒め、パウダースパイスを加えて煮込み時にカレーリーフを手でもんで加えて仕上げる。ほどよい香りを生み出すために有効な方法。

パターン3：P→O・W・C

玉ねぎを炒め、パウダースパイスを加えて、煮込み終わりにココナッツ油でホールスパイスとカレーリーフを炒めて混ぜ合わせる。油でバチバチとするまで炒めてしまっては、カレーリーフの持つエッセンシャルオイルが揮発してしまう。

前提

・スパイスの香りは調理プロセスの後半に加えたほうが食べるときに強い印象を残す。
・スパイスは、形状をつぶせばつぶすほど香りが強まる。
・温度は高すぎないほうがスパイス本来の香りが立つ。

前 半	A　　B　　C →	後 半
丸のまま	B　　A　　C →	つぶす
高 温	C　　A　　B →	低 温

A. 玉ねぎを炒める／**B.** 手でもんで煮込む
C. 仕上げにテンパリング

実験

・**Aのカレー**（はじめに香りづけ）

……玉ねぎとともにカレーリーフを炒める。

・**Bのカレー**（途中で香りづけ）

……途中でカレーリーフをもんで加えて煮る。

・Cのカレー（仕上げに香りづけ）
　……ココナッツ油とカレーリーフを炒めて仕上げに加える。

・**Aの味わい**……食べる前の香りは比較的弱め。全体的な風味のなじみがよい。カレーリーフの香りは感じにくい。味わいはなめらかに持続する感じ。
・**Bの味わい**……カレーリーフの甘い柑橘系の香りが印象的。口の中にあるときの全体の風味や鼻から抜ける香りが奥深い印象。
・**Cの味わい**……食べる前、カレーリーフの香ばしい香りとココナッツ油の甘い香りは強めに感じる。味わいはきりっとしてすっと消える感じ。

比較結果として、Bがおいしく感じた。加えたい香りが狙い通り機能したからだと思う。Aはカレーリーフそのものの香りは薄まるが、その分、鍋中の素材と融合するチャンスは増え、新しい風味を生むのに貢献する。Cは現地らしい味わい。香味が際立っているが、カレーリーフそのものの香りは少し弱い。

進化版チキンカレーの更なる進化 version 3.0

疑　問

フレーバーオイルは香りの救世主になるのか？

仮　説

カレーリーフを高温の油で炒めるのは、香りが存分に味わえないことがわかった。それならば、適正温度で油と融合させたフレーバーオイルを作って仕上げに混ぜ合わせる方法をとれば、安定していい香りを堪能できるのではないか。

実　験

カレーリーフ油を3つの温度帯と2つの加熱時間、2通りの熟成期間で作り分けてみた。そのうち、4種のカレーリーフオイルでそれぞれカレーを作って試食。

【材料】
米油…150g
ブラックペッパーホール…10g
レッドチリホール…3g
クミンシード…7g
カレーリーフ…3g

【作り方】
A.68度120分湯煎……常温の油にすべてのスパイスを加え、密閉して低温調理器を使い、湯煎した。30分間湯煎と120分間湯煎とで分け、120分のほうを使う。
B.98度120分湯煎……常温の油にすべてのスパイスを加え、密閉して沸騰した状態の湯で湯煎した。30分間湯煎と120分間湯煎とで分け、120

分のほうを使う。

C. 焙煎98度120分湯煎……カレーリーフ以外の2
種スパイスを乾煎りしたのちに常温の油とカレー
リーフに加えて沸騰した湯で湯煎。30分間湯煎
と120分間湯煎とで分け、120分のほうを使う。

D. タルカ強160度……油を160度に上がるまで熱
してペッパーとクミンを加え、火を止めた直後に
カレーリーフを加えてふたをし、バチバチとはじ
かせてから粗熱を取り、密閉容器に入れた。

E. タルカ弱160度……油にペッパーとクミンを常温
の状態で加えて160度に上がるまで熱し、その後、
油ごと容器に移して100度以下になるまで冷まし、
常温のカレーリーフを加えた密閉容器に注いで密閉。

A〜Dのカレーリーフ油を採用し、ひと晩寝かせた
時点で使用。まずは、そのものの香りを試食するため、
水に溶いた状態で比較。

【水割りの感想】

A …… 香りがいいが少し弱い。カレーリーフを感じる。

B …… 香りがよく、バランスがいい。

C …… 全体的に印象が弱い。

D …… カレーリーフ感が弱い。

【カレー混ぜ合わせの感想】

A …… 柔らかい香り。女性的。パウダースパイス
などの香りに負けている印象。他よりオイル感を
感じる。カレーリーフのよさは出ている。

B …… 柑橘系のさわやかな香りが強め。後味にブ
ラックペッパーの辛味と風味が残っている。そ
の存在感の影響か、カレーリーフの香りが弱く感
じる。

C …… 香味とのバランスがよく、体験したことのあ
る（安心感のある）香り。ライスの甘味がある分、
焙煎香がマッチしてバランスがいい。香り単体と
いうより、味と合わさって風味全体が強まった。
最も高評価だった。

D …… 香りの印象が最も弱い。最もインド料理っ
ぽい味わい。現地で体験した感じに近い。全体
の味を香味が押し上げている。苦味も少し感じる。
（スパイス本来の）香りの印象が弱い。

進化版チキンカレーの更なる進化 version 4.0

疑　問

アロマカレーは香りの救世主になるのか？

考　察

僕たちが何かを食べてカレーだと感じるかどうかは、
そう感じられるのに必要な香りがその料理に加わっ
ているかどうかだと思う。食べた人がカレーだと感じ
るのに必要なバランスと量のスパイス（ハーブを含む）
が、カレーには必要なのだ。そして、スパイスの香りは、
後半に加えたほうが食べるときに強く香る。この2点
を突き詰めてみると、とある実験を試みたくなる。

仮　説

カレーリーフを油でバチバチやってしまったら、作り
手が調理場で感じる香りはマックスだけれど、食べ
手に届けられた時には香りが弱まってしまうんじゃ
ないか。であれば、カレーリーフに限らず、あるカレー
に使うスパイスの香りを最大限に引き出したフレーバー
オイルを作り、仕上げに回しかけたほうがいいはずだ。

カレーと感じるのに必要なスパイスを調理プロセスの最後の最後に混ぜ合わせたら、その瞬間にカレーじゃなかった料理がカレーに変身する可能性はあるのだろうか？
ただのチキンシチューが突然チキンカレーになったら心が躍る。

1. スパイスを使わないチキンシチュー。

2. 仕上げにスパイスオイルを添加する。

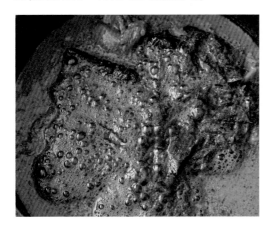

3. 混ぜ合わせながら、少しだけ煮込む。

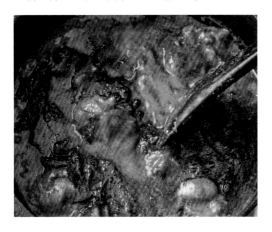

4. あっという間にチキンカレーが完成。

実　験

スパイスと油でフレーバーオイルを作り、仕上げに加えることでカレーを作る。

↓

・ドライホールスパイス …… クミンシード、ブラックペッパー
・ドライパウダースパイス …… ターメリック、パプリカ、コリアンダー
・フレッシュホールスパイス …… カレーリーフ

このカレーの調理プロセスからスパイスを抜いてチキンシチュー的なものを作り、仕上げにアロマ油を混ぜ合わせることで、さらに進化したチキンカレー（＝アロマカレー）ができるはず。

段階的に油に香りを移していった。手法としては、密閉できるガラスびんにスパイスと油を入れて湯煎にかける方式だ。

第1段階 …… カレーリーフ油を使う。
第2段階 …… カレーリーフ＋ホールスパイス油を使う。
第3段階 …… カレーリーフ＋ホールスパイス＋パウダースパイス油を使う。

スパイスの香りがまったくないシチューを作る。パウダースパイスも混ぜ合わせたアロマ油をトッピングとして回しかけた。
マサラオイルは3種準備し、香りの加え方は4種試してみることにした。

A. パウダースパイスは途中で炒めて、仕上げにパウダースパイスの入らないスパイスオイルを混ぜて煮る。

B. パウダースパイスをスパイスオイルに混ぜ合わせる（加熱はしない）。

C. パウダースパイスとスパイスオイルを混ぜ合わせ、96度で5分間湯煎し、仕上げに混ぜて煮る。

D. パウダースパイスとスパイスオイルを混ぜ合わせ、96度で5分間湯煎し、器に盛りつけたシチューにトッピングする。

試食してみると、そこには香り高いケララチキンカレーがあったのである。口内調味の新しい形とでもいえるかもしれない。この方式だと作り手と食べ手が共創する形でひと皿のカレーを作り上げることができる。しかも、香りがはるかにいい。

【Aの感想】
知っている風味で、まとまりがいい。とろみとココナッツ感、チリの辛味を強めに感じる。バランスがいいが、他に比べると全体的な香りは弱め。

【Bの感想】
少し水っぽく、印象が薄い。風味が軽く、バラツキがある。

【Cの感想】
チリの辛味を最も強く感じる。脂溶性のカプサイシンが油脂と融合している時間が長いからなのか。全体的に最もおいしい。

【Dの感想】
混ぜ方の具合によって不均一な味わいがあり、それがおいしさを生んでいる。ざらついた舌ざわりが少し気になるが、食べているうちに気にならなくなる。

今回の4種類のカレーのうち、Cが最もおいしいと実感したことの意義は大きい。はじめの香り（ホールスパイス）も中心の香り（パウダースパイス）も仕上げの香り（ハーブ）もそれぞれのタイミングで加えるよりも、すべての香りを仕上がり直前に加えたほうがおいしいと感じることもある。
だとすると、スパイスを鍋に投入すべきタイミングを抜本的に考え直すことにも価値があるということになる。

アロマカレー、可能性はおおいにありそうだ。これが成立するのだから、次の段階は、カレーのメニューごとにアロマカプセルを開発することである。その先の未来は素晴らしい。チキンシチューだけを大量に仕込んでおけば、食べ手の希望するカレーのアロマカプセルを仕上げに投入してさっと煮込むことによって、一度の仕込みで5種類や10種類のカレーを瞬間的に生み出せるようになるのだから。アロマカレーは近未来の味、だと思っている。

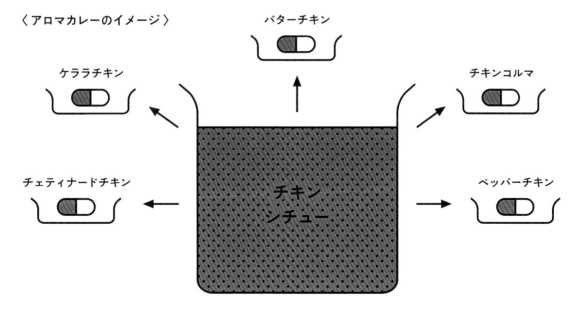

〈 アロマカレーのイメージ 〉

バターチキン

ケララチキン

チキンコルマ

チェティナードチキン

チキンシチュー

ペッパーチキン

疑 問

ケララチキンカレーの香りは分解できるのか?

考 察

代表的なスパイスの香りの素となる香気成分について考察する。

1. コリアンダーについては、リナロールの成分比率が高い。紅茶の香りでも有名で、化学物質の分子構造の形はリモネンとよく似ている。リモネンを加えることでリナロールが引き立つ関係にあるのかもしれない。ブラックペッパーにはリモネンが20%含まれるから、ブラックペッパーとコリアンダーを同時に使うことでリナロールが引き立つというよい関係にありそうだ。

2. リナロールは、肉類から出る独特のコラーゲン臭をマスキングする効果もあるそうだ。それならぶつ切りにした骨付き鶏もも肉を使うケララチキンでは、骨の断面や周辺から生まれるコラーゲン臭を抑える役割を果たしているのかも。同様の効果を狙ってオレンジやレモンの果汁を加えたりするのもよさそうだ。

3. コリアンダーに含まれるα-ピネンは微量だが、熟れたマンゴーの香りに似ている。マンゴーに含まれるエッセンシャルオイルは、リモネンやオシメンもあって相性がよさそう。それならマンゴーを何かしらの形で隠し味としてこのカレーに加えてみたい。

4. クミンの典型的な香りは、クミンアルデヒドによるもの。シソの香り(ペリルアルデヒド)に近い要素も強いが、ケララチキンにおいてそれほど大きな貢献はしていない気がする。だからパウダーにするのではなくホールで使って柔らかく香らせるのがポイントとなりそう。

5. ターメリックの香りへの貢献度は、ボルネオールにある気がした。なんと表現していいのか難しいが、書道で使う墨汁のようなカンファーの香り。

6. カレーリーフのβ-カリオフィレンを活かしたいから、できる限り高温での加熱を避けて仕上がり直前(調理の後半)で加えるのがよさそうだ。

推 察

・スパイスの生み出す香りの全体イメージは、フローラルかつウッディ。

・スパイス以外で活躍するココナッツミルクには、メロウな香り。

・調理上、強めに火入れをするプロセスがいくつかあるため、ロースト感が強まる。

・全体的にはシャープが控えめで、ディープやアーシーが弱いが、ガラムマサラを取り入れたら、レストランで食べるような少しリッチなケララチキンにはなりそう。

以上のことを盛り込んで、投入タイミングや火入れの加減を調整していけば、自分好みのケララチキンカレーにたどり着けそうな気がしている。
いずれにしても、香気成分を知ることが香りを極めることにつながるのではないか?

香気成分表

スパイスに含まれる香気成分は、温度上昇によって揮発し、油に定着する（油溶性の場合が多いが水溶性のものもある）。主なスパイスに含まれる香気成分を表にしてみた。

《リモネン》

香気	スパイス
香草	※コリアンダー
柑橘	※キャラウェイ
さわやか	※ホワジャオ
甘酸っぱい	グリーンカルダモン
沸点	ビッグカルダモン
176℃	フェンネル
	メース
	ガーリック
	ブラックペッパー

《シネオール》

香気	スパイス
刺激的	※グリーンカルダモン
爽快	※ビッグカルダモン
薬っぽい	※ローリエ
ユーカリ	オールスパイス
沸点	シナモン
176℃	ターメリック

《リナロール》

香気	スパイス
フローラル	コリアンダー
ウッディ	グリーンカルダモン
刺激的	シナモン
甘い	オールスパイス
沸点	ホワジャオ
197℃	レモングラス
	ジンジャー
	カレーリーフ

《αピネン》

香気	スパイス
ウッディ	※ナツメグ
刺激的	※カレーリーフ
松	コリアンダー
カンファー	ブラックペッパー
沸点	フェンネル
156℃	メース
	ビッグカルダモン
	ニゲラ

《βピネン》

香気	スパイス
刺激的	※クミン
針葉樹	※ナツメグ
爽快	※ホワジャオ
トロピカル	※カレーリーフ
沸点	マスタード
156℃	ブラックペッパー
	メース
	ビッグカルダモン

《オイゲノール》

香気	スパイス
薬っぽい	※クローブ
ウッディ	※オールスパイス
温かい	シナモン
深い	ナツメグ
沸点	ビッグカルダモン
254℃	ローリエ

《フェランドレン》

香気	スパイス
爽快	※ホワジャオ
柑橘	カレーリーフ
ミント	フェンネル
古く焼けた	アサフェティダ
沸点	
171℃	

《カリオフィレン》

香気	スパイス
ウッディ	※カレーリーフ
ドライ	※ブラックペッパー
刺激的	オールスパイス
苦い	フェヌグリーク
沸点	クローブ
129℃	シナモン

《サビネン》

香気	スパイス
ウッディ	グリーンカルダモン
柑橘	ブラックペッパー
オレンジ	ホワジャオ
カンファー	ガーリック
沸点	
163℃	

《シメン》

香気	スパイス
爽快	※クミン
ウッディ	※ニゲラ
柑橘	コリアンダー
苦い	
沸点	
177℃	

《ピラジン類》

香気	スパイス
甘い	※パプリカ
香ばしい	※チリ
ナッツ香	※ガーリック
フローラル	マスタード
沸点	
115℃	

香気成分×ヘキサゴン

スパイスに含まれる香気成分のうち、代表的なものについて個別に香りをチェックし、スパイスヘキサゴンに落とし込む作業をする。あくまでも概念図的な意味合いが強いが、全体を通して、「刺激的」「柑橘系」「爽快」「ウッディ」「薬っぽい」などの要素で共通点が見つかった。
相互作用も含めて捉えようとすると難解過ぎて、手に負えないこともわかる。

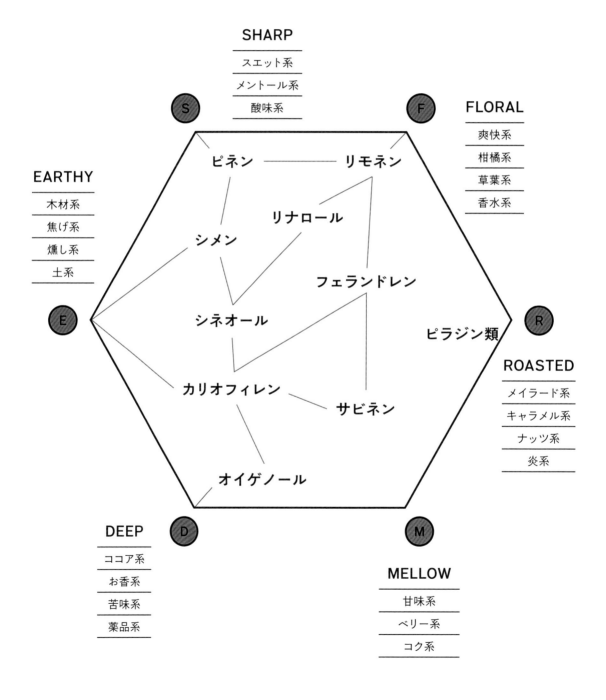

自　問

香気成分っていったい何？

↓

自　答

香りを持つ分子（原子の集合体）。分子が集まって固体や液体になっているが、気化することで揮発して香りを外に発する。

自　問

香気成分はどのように揮発する？

↓

自　答

温度上昇によって揮発。ただし、常温でも揮発はすでに始まっているため、スパイスそのものが香りを発している。

自　問

揮発が最大化する温度は決まっている？

↓

自　答

香気成分には沸点があり、その温度帯で激しく気化する。水が100℃で沸騰して強烈に蒸気が生まれるのと同じで、成分ごとに沸点は違う。ひとつのスパイスは複数の香気成分を含むため、どの温度帯で香りが最大化するかは計算しにくい。

自　問

スパイス（に含まれる香気成分）の沸点は何℃くらい？

↓

自　答

香気成分によって違う（P203参照）が、総じて100℃以上と比較的沸点は高い。すなわち100℃以上の温度になる"スパイスを油で炒める"行為は、香気成分の揮発に効果的だと考えられる。ただし、スパイスのどの部分に香気成分が存在するかによっても適切な加工や加熱方法は違う。

自　問

沸点を越えたら香りはなくなるの？

↓

自　答

沸点に至るまで香気成分は揮発し続けるが、沸点を越えた後も香りのすべてが消えてしまうわけではない。スパイスに含まれる複数の香気成分同士の干渉によっても生まれる香りの量は変化する。

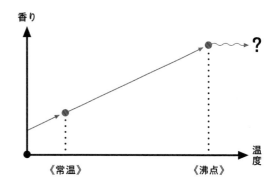

自　問

スパイスに含まれる香気成分は含有率が高ければ高いほど強い香りを発する？

↓

自　答

基本的には含有比率の高い香気成分が香りの印象を強めるが、例外もある。量が多少の他に香気貢献度が関係する。少ない量でも強い香りを発する成分もある。人間が感じやすい香りかどうかによっても変わる。

スパイス香気成分一覧

		1 コリアンダー	2 クミン	3 ターメリック	4 パプリカ	5 チリ	6 グリーンカルダモン	7 ビッグカルダモン	8 クローブ	9 シナモン	10 カシア	11 ブラックペッパー	12 ナツメグ	13 メース	14 ローリエ	登場頻度
1	リモネン	3				△	2	△				17		6		11
2	αピネン	4						△				5	○	15		10
3	βピネン		13					△				9	○	7		10
4	シネオール			4			35	○		2					39	6
5	β-カリオフィレン								17	3		25				6
6	オイゲノール							△	74	2			△		12	6
7	ピラジン類				△	△										5
8	リナロール	55					2			2					10	5
9	サビネン						4					9				4
10	シメン	9	13													3
11	β-フェランドレン															3
12	α-フェランドレン															2
13	テルビネン															0
14	カンファー															0
15	クミンアルデヒド															0
16	pメンス-1		9													1
17	ターメロン			85												1
18	ジンギベレン			3												1
19	βエレメン				11											1
20	メタキシレン				12											1
21	ゲラニルアセトン				8											1
22	β-イオノン				8											1
23	β-6-メチル-3.5				8											1
24	エステル類					△										1
25	カプサイシン					△										1
26	テルピニルアセテート						32							18		2
27	リナリルアセテート						4									1
28	シンナムアルデヒド									75	87					2
29	シンナミルアセテート									5						1
30	ベンザルデヒド										5					1
31	ピペリン											2				1
32	ミリスチシン												△			1
33	ゲラニオール												△			1
34	テルピノレン												△	7		2
35	テレピネオール													16		1

		15 スターアニス	16 フェンネル	17 キャラウェイ	18 レモングラス	19 マスタード	20 ガーリック	21 アサフェティダ	22 カレーリーフ	23 ホワジャオ	24 フェヌグリーク	25 ジンジャー	26 サフラン	27 オールスパイス	28 ニゲラ	登場頻度
1	リモネン		7	41			△			☆					△	11
2	αピネン		3			△		2	22						△	10
3	βピネン					△		5	21	☆					△	10
4	シネオール													2		6
5	β-カリオフィレン								22		△			6		6
6	オイゲノール													67		6
7	ピラジン類					△	△				△					5
8	リナロール									△						5
9	サビネン						△			△						4
10	シメン														☆	3
11	β-フェランドレン							3	10	☆						3
12	α-フェランドレン		5					2								2
13	テルピネン															2
14	カンファー															1
15	クミンアルデヒド															1
36	ゲラニアール					53				○		10				3
37	アネトール	72	31													2
38	メチルチャビコール	5	20													2
39	ネラール					33						5				2
40	オシメン							21	2							2
41	フェニクリン	15														1
42	フェンコン		27													1
43	S-カルボン			56												1
44	イソチオシアネート					○										1
45	アリシン						△									1
46	硫黄化合物							65								1
47	サンショオール									△						1
48	ソトロン										☆					1
49	β-セスキフェランドレン											5				1
50	β-ビサボレン											19				1
51	α-ジンギベレン											10				1
52	サフラナール												60			1
53	ケトイソホロン												4			1
54	イソホロン												9			1

スパイス図鑑

《ターメリック》

カレーにおける"香りの土台"を
作る、黄色くてアーシーなスパイス。

《チリ》

辛味ばかりでなく、ローステッド
な香りとうま味をも併せ持つ。

《塩漬けチリ》

熟成感のある風味を持ち、トル
コで調味料として使われている。

《パプリカ》

スペイン産が有名で、ローステ
ッドな香りとうま味を生む。

《クミン》

インド～中近東を中心に幅広いエ
リアで汎用性高く使われている。

《ピモンデスプレット》

フランス・バスク地方のエスプレッ
ト村だけで収穫される唐辛子。

《グリーンカルダモン》

フローラルで高貴な香りを持つ
スパイスの女王。最近は高価格。

《コリアンダー》

香菜の種。調和のスパイスとも
言えるほど全体のバランスを取る。

《クローブ》

薬のようなディープな香りを持ち、
クセのある食材とよく合う。

《ブラックペッパー》

世界で最も有名で最も愛されて
いる。辛味だけでなく香りもいい。

《ホワイトカルダモン》

インドネシアやタイをはじめ、
東南アジアでよく使われている。

《フェンネル》

フローラルでフレッシュな香
りが特徴。お口直しに活躍する。

《ホワイトペッパー》

独特の香りを持つ。不思議な常
習性を持つが使いすぎには注意。

《フェヌグリーク》

加熱により、香ばしさと苦味、
甘い香りが同時に生まれる。

スパイス／サブ

《ナツメグ》

ハンバーグの原材料でおなじ
み、肉と相性のいいスパイス。

《シナモン》

甘い香りの代表格。各種スイー
ツやチャイなどで活躍する。

《ヒング》

植物の樹液を固めて乾燥させ、
挽いた粉。料理にうま味を生む。

《マスタード》

非加熱ですりつぶすとツンとし
た辛味、加熱すれば香味を持つ。

《アニスシード／グリーン》

フェンネルにも似たフローラル
でシャープな香りを持つ種。

《アジョワン》

口の中で噛みつぶすとディー
プでシャープな香りが弾ける。

《キャラウェイ》

香りの方向はクミンに似ているが、よりシャープな香りを持つ。

《スターアニス》

中国料理や東南アジア、インドにかけて使われるディープな香り。

《ビッグカルダモン》

グリーンカルダモン同様
フローラルな香りだが、
クセが強い。

《メース》

ナツメグの表皮で実（種）
と極めて似た香りを持つ。
大量摂取は避けたい。

《四川山椒（赤・青）》

かんだら口の中に風が吹くよう
なビリビリとしたしびれを生む。

《ティムル》

ネパール山椒とも言うべきス
パイス。さわやかで奥深い香り。

《オールスパイス》

主にカリブ海地域で自生する
ディープな香りを持つスパイス。

《ロングペッパー》

好き嫌いが分かれそうな独特
の香りを持つこしょうの一種。

《ポピーシード》

ケシの実。料理に香ばしい
香りや独特のとろみをつける。

《カロンジ》

ゴムの焼けたような特殊な香
りを持ち、慣れるとクセになる。

《セサミシード》

日本ではおなじみのごま。香
りだけでなく味わい深さもある。

《マラティムク》

南インド・チェティナード地
方を中心に特殊な料理に活躍。

《マーガオ》

台湾産で近年注目されている、
こしょうと山椒を併せ持つ香り。

《クベバ（cubeb）》

コショウ属植物の一種で、
シャープかつディープな香り。

《セロリシードパウダー》

塩との相性がいいさわやか
な香りのスパイス。スープにも。

《サフラン》

高貴で甘い香りを紡ぎ出す。
世界一高級なスパイス。

スパイス／その他

《カルパシ》

南インド・チェティナード地方を
中心に使われる地衣類の苔。

《ジュニパーベリー》

針葉樹「セイヨウネズ」の果実で
蒸留酒「ジン」の原料として有名。

《スマック》

中近東で多用されるスパイスで、
日本の"ゆかり"に似た酸味が特徴。

《グンドゥルック》

塩漬け発酵させた高菜を乾
燥させたもので独特の風味。

《ガラムマサラ》

インドで伝統的に作られる
ミックススパイス。

《チャットマサラ》

インドのミックススパイス。
焼きものや揚げものに合う。

《アムチュール》

ドライマンゴーのパウダー。
甘酸っぱくまろやかな風味。

《ローステッドカレーパウダー》

スリランカで多用されるカレー粉。
焙煎によるスモーキーな香り。

《ガーリックパウダー》

乾燥させたにんにくの粉。うま味
と食欲をそそる香りを生む。

《ジンジャーパウダー》

乾燥させたしょうがの粉。さわ
やかな香りと辛味を併せ持つ。

《オニオンパウダー》

乾燥させた玉ねぎの粉。うま味
や甘味、とろみを料理に加える。

《ペコロス》

小玉ねぎ。うま味や甘味と同時
に加熱により香ばしい風味も生む。

《ブラックソルト》

ヒマラヤ地方などでとれる岩塩。
独特の硫黄臭があって魅力的。

スパイス／ハーブ

《ローズマリー》

加熱しても強く香りが残る。栽培時も生命力が非常に強い。

《イタリアンパセリ》

スッキリとさわやかな香りを持つが加熱するとはかなく消える。

《セージ》

シソ科の植物でさわやかな香りがありながら、ほんのり苦味も。

《タイム》

汎用性が高く中近東〜ヨーロッパ、中南米などで幅広く活躍。

《ペパーミント》

鋭くさわやかな香りに特徴があり、世界中で重宝されている。

《レモングラス》

料理にハーブティーに活躍するさわやかで深みのある香りを持つ。

《(スイート)バジル》

イタリア料理のジェノベーゼで知られる甘くふくよかな香り。

《こぶみかんの葉》

煮込むことで柑橘系特
有のさわやかさがこれ
でもかと味わえる。

《シナモンリーフ》

その名の通り、シナモ
ンの葉。香りは強くな
いが甘い香りが特徴。

《パンダンリーフ》

スリランカやタイで栽
培される。香ばしい香
りを持つハーブ。

《ディル》

加熱に弱く、はかない
香りだが、フレッシュ
な状態は超さわやか。

《香菜》

好き嫌いがはっきり分かれるが
世界中で活躍するシャープな香り。

《タイバジル》

タイの各種料理で多用される
バジル。シャープな香りが特徴。

《カレーリーフ》
南インドやスリランカでは欠かせない。甘くて香ばしい香り。

《ローリエ》
ヨーロッパを中心に世界中で煮込み料理に甘い香りを添える。

《オレガノ》
さわやかな香りでヨーロッパ諸国で人気がある。乾燥しても香りが強い。

《フェヌグリークリーフ（カスリメティ）》
主に北インドで人気があるハーブ。焙煎により甘い香りが引き立つ。

《ケキッキ》
トルコでよく使われ、オレガノとタイムの香りを併せ持つ。

《ジンブー（ドライリーフガーリック）》
ネパール料理で使われるネギ科の植物。香味と独特な風味がある。

スパイスの歴史と産地

世界中そこかしこにスパイスは、かつてから存在した。
やがて誰かが利用価値を見出し、求めるようになった。
たくさんの人に知られ始めると、争いが起こり始めた。
原産地とは別の場所に種を運び、栽培を試す者も出た。
次第に発達した貿易網によって、入手が可能となった。

長い歴史を経て僕たちはスパイスを使うことができている。ここまでの道のりの一部を見てみよう。

かつてスパイスは、**"陸のシルクロード"** と呼ばれる陸路の貿易ルートで運搬されていた。東南アジアから中国を通過して中央アジアへ。
その後、新たに開拓されたルートが、**"海のシルクロード"** である。東南アジアのスパイスを海路で運ぶ。
中国南部から東シナ海、南シナ海、インド洋を経て、インドの南端を回り、北上してアラビア半島へと至る。
アラビア半島の南に位置する湾を進み、アフリカ大陸の付け根（ユーラシア大陸につながる地域）の港からヨーロッパ諸国へたどり着く。この画期的なルートは、別名 **"スパイスロード"** とも呼ばれた。

1298
マルコ・ポーロが『東方見聞録』を出版。東南アジア諸国に潤沢にあるペッパー、ナツメグ、クローブなどのスパイスについて記している。
とはいえ、どちらのルートも簡単ではなかった。陸のシルクロードではオスマン帝国が領土内に高額の税金をかけた。海のシルクロードでは、中国人やマレー人、イスラム勢力、エジプト人が交易を邪魔した。
安全にスパイスを運ぶ航路を探すべく、冒険家たちによる船旅が頻繁に繰り返される。大航海時代である。ヨーロッパ諸国による国を挙げての挑戦だった。

1488
アフリカ大陸最南端を通ってインドへたどり着く航路を発見したのは、ディアスという男である。インド航路発見の第一歩となった。

1492
コロンブスはパロス港を出港。順調に西へ西へと進み、カリブ海に浮かぶ島々を発見しながら、進む。コロンブスにとってはインド大陸への旅路のつもりだったが、実際にたどり着いたのは、アメリカ大陸だった。

1498
コロンブスが果たせなかったインド到着を実現し、スパイスロードを発見した冒険家は、ポルトガル出身のヴァスコ・ダ・ガマである。

1519
マゼランは、南アメリカを回って太平洋を横断し、約2年後にモルッカ諸島にたどり着いた。その後、船隊に残った部下たちが1522年にポルトガルへ帰港し、世界一周を達成する。

大航海時代の前半戦、スペインとポルトガルによる対立の末、当時重宝されたスパイスたちを手に入れたのはポルトガルだった。しかし原産地のアジア諸国側では反乱がたびたび起こり、ポルトガルの勢力は徐々に弱まっていく。一方で、勢力をのばし始めたのがオランダである。

1595
インドとモルッカ諸島を中心に支配していたポルトガルに対し、オランダは、ジャワ、スマトラ両島を狙う。ジャワ島の港町に上陸し、スパイス交易の拠点を構えた。1602年、オランダ東インド会社を設立した。

1601
オランダはスペイン海軍に戦いを挑み、ジブラルタル湾で勝利をおさめると、それを皮切りに香料諸島やバンダ諸島への圧力を強める。17〜18世紀、オランダはスパイス貿易を独占する。

1760
インドの覇権を争うイギリスとフランスの攻防に決着がついた。その後のイギリスによるインド支配は長く、インドが独立するまで続くことになる。

1770
植物学者でもあったフランス人ピエール・ポワーブルが、モルッカ諸島に繰り出し、オランダの目をかすめてクローブの苗木を密輸。フランス支配下の島に移植し、生育させた。

1795
イギリス艦隊がオランダの支配するマラッカを襲撃し、支配下におさめることに成功。香料諸島を手中に入れ、ナツメグの苗木を持ち出し、ペナン島に移植した。

《中東エリア》

スパイス	原産地	栽培地
クミン	エジプト	インド、中国、シリア、トルコ、イラン
スマック	中東	シチリア、トルコ、イラン
ニゲラ	南欧・中東	インド、エジプト、北アフリカ、南アジア諸国

《地中海エリア》

スパイス	原産地	栽培地
コリアンダー	地中海沿岸	インド、ロシア、モロッコ、イラン、中国
フェンネル	地中海	インド、トルコ、日本、アルゼンチン、北アフリカ
ローリエ	地中海東岸	トルコ、ヨーロッパ、東アフリカ、メキシコ、中央アメリカ
マスタード	地中海地域	ヨーロッパ全域、北米、インド
サフラン	地中海沿岸	ギリシャ、イラン、スペイン、モロッコ
フェヌグリーク	地中海東岸	インド、トルコ、レバノン、スペイン、モロッコ
キャラウェイ	中央ヨーロッパ	フィンランド、ポーランド、オランダ、ドイツ、エジプト

《アフリカエリア》

スパイス	原産地	栽培地
セサミ	サハラ砂漠以南	中国、インド、北アフリカ、北米、中南米

《南アジアエリア》

スパイス	原産地	栽培地
ターメリック	インド	中国、タイ、カンボジア、マレーシア、インドネシア
グリーンカルダモン	南インド	グアテマラ、インド、パプアニューギニア、スリランカ
シナモン	スリランカ	ミャンマー、ベトナム、インドネシア、セーシェル諸島
オールスパイス	西インド諸島	ジャマイカ、メキシコ、グアテマラ、ハワイ、トンガ
ジンジャー	インド	中国、ネパール、タイ、インドネシア、中南米
ブラックペッパー	インド南西部	ベトナム、インド、インドネシア、マレーシア、ブラジル

《東南アジアエリア》

スパイス	原産地	栽培地
クローブ	インドネシア	マダガスカル、インド、スリランカ、パキスタン
スターアニス	ベトナム	インド、ラオス、ベトナム、フィリピン
ナツメグ	インドネシア	インドネシア、スリランカ、グレナダ、南アフリカ
メース	インドネシア	インドネシア、スリランカ、グレナダ、南アフリカ

《中央・東アジアエリア》

スパイス	原産地	栽培地
カシア	中国南部	中国南部、ベトナム、インドネシア
ビッグカルダモン	ヒマラヤ山脈東部	インド・シッキム州、東ネパール、ブータン
レモングラス	アジア諸国	インド、スリランカ、タイ、カンボジア、インドネシア
ガーリック	中央アジア	中国、インド、韓国、ロシア、アメリカ
アサフェティダ	中央アジア	アフガニスタン、イラン、パキスタン、インド
カレーリーフ	ヒマラヤ山脈麓	南インド、東南アジア、スリランカ、オーストラリア北部
ホワジャオ	中国四川省	中国、韓国、モンゴル、ネパール、ブータン

《中南米エリア》

スパイス	原産地	栽培地
パプリカ	メキシコ・中南米	ハンガリー、スペイン、オランダ、トルコ
チリ	メキシコ・中南米	中国、南アジア、東南アジア、エジプト、トルコ

スパイスの品質

材料に「クミン　小さじ1」と書かれたレシピがあるとします。この場合、実際には「小さじ1という分量のクミン」を必要としているのではありません。「クミン　小さじ1に相当する量の香り」を必要としているのです。わかりますか？ もしあなたが手にしたクミンの香りが素晴らしければ、小さじ1/2で十分。でも、ひどい香りのクミンしか手に入らなかったら、小さじ2を使っても足りない場合もあります。そう、スパイスには品質の差がはっきりとあるのです。

では、スパイスの品質は何で決まるんでしょうか？

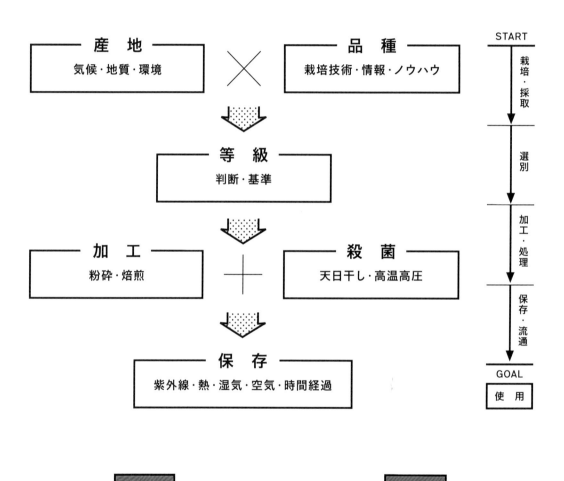

産　地

どの場所で生産されたものなのかで質が変わる。理由は、スパイスごとに適した気候条件、地質条件などが違うからです。地球の環境は目まぐるしく変わります。だから、原産地と栽培地が違うこともありえます。

品　種

同じ名前のスパイスでも多くの品種に分かれます。たとえば、チリは世界中に100以上の品種があって、香りも辛味も味もまるで違います。品種ごとに適した栽培技術を持っているかどうかも大切なポイントです。

等　級

同じ産地、同じ品種、同じ植物からとれるものでも個体差があります。たとえば自宅のベランダで野菜を育てたことのある人なら実感できるかもしれません。Aランク、Bランク、Cランクと選別できますよね。

加　工

多くのスパイスは乾燥した状態で商品となります。丸のままの場合もあれば、粉状に挽く場合もある。すると、乾燥方法や挽く方法、その精度が問われることになる。焙煎することも。加工の仕方は品質に影響します。

殺　菌

スパイスは何かしらの手法で殺菌されています。栽培地で天日干しすれば菌は減りますが、国内流通品の多くは高温高圧力をかけて殺菌され、香りが落ちます。安心安全を取るか香りを取るか、悩みどころです。

保　存

できあがったスパイスが売り場に運ばれてくるまで、手に入れたスパイスを実際に使うときまで、スパイスの品質は変化し続けます。それらに影響する要素は大きく5つ。スパイスの保存には気を遣いましょう。

スパイスの管理

1.	紫外線が当たらないところ	太陽光に当たると品質は激しく劣化します。遮光性の高い容器に入れるか、遮光できる部屋や戸棚などで保存しましょう。
2.	熱が上がりにくいところ	温度が高い場所、温度が上がる可能性のある場所は避けてください。1年、終日通して冷暗所で保存してください。
3.	湿気の少ないところ	一度乾燥させたスパイスが湿気を帯びると品質が低下するだけでなく、カビなどによって傷むリスクがあります。
4.	空気に触れにくいところ	スパイスは酸化します。密閉容器に入れても容器内の空気に触れますから、密閉袋で空気を抜いて保存がベストです。
5.	時間が経過しないうちに	スパイスは鮮度が肝です。採取・加工してから輸送、保管にかかる時間は短ければ短いほど香りが保たれます。

Column

唐辛子をめぐる冒険

その

5

メキシコの"チレ"

撮影：ジンケ・ブレッソン

　思いがけず寄り道をしてみると、きっとそこには豊かな出会いが待っている。

　メキシコ料理と僕との関係を例えるのなら、「猫に小判」とか「豚に真珠」とか「馬の耳に念仏」とかいうことになるのかな。「水野にタコス」とかさ。それくらいに興味のない料理だったんだ。

　ペルーというはるか彼方の国を目指すと決まったとき、せっかくなら別のどこかにも寄って帰うかという考えが頭をよぎった。片道24時間もかけていくのだから。"中南米"と"唐辛子"という2つのキーワードが重なった先に見えた国はメキシコである。ところがすぐにネガティブな空気が自分自身を支配した。メキシコ料理かぁ。気が進まないなぁ、と。とはいえ、「キミの目的はグルメツアーじゃない。唐辛子の探求なのだよ」と自分に言い聞かせ、帰りの航空券を手配したのである。

　ペルーで唐辛子に恋した僕が、メキシコにうつつを抜かすはずがない。まあ、期待せず、いくつかの唐辛子料理を習得しに行こう。気楽な調子で乗り込んだメキシコシティ。早朝のチェックイン後、すぐに街角のタコス屋へ立ち寄った。ごあいさつ代わりに2種類のタコスを頼み、立ち食いする。その瞬間、少しだけ時が止まった。

　おいしい！ あれ？ なんだ、これ。え!? あ、ああ。おいしい。何を隠そう、僕はこれまで49年間の人生でタコスをおいしいと思ったことが一度もなかったのだ。それなのに今僕が口にしたこれ

はいったい。「ウソだ、違う。これは恋ではない」。そう繰り返しながらポーッとして街中を歩き、市場へ向かった。

オープン直後の市場はまだ準備中の店もあり、目が覚め切っていない様子。食料品専門市場で、清潔感がある。その左片隅に唐辛子専門店を発見した。ざっと見た所、30種類近くの唐辛子が乾燥状態で売られている。なんだこれ。圧倒され、興奮した。ペルーよりもはるかに多くの唐辛子が目の前に並んでいるのだ。ぜんぶほしい！初日にして、あっという間に唐辛子の洗礼を受けた気分になった。

数日後に国内線でオアハカへ。ここではメキシコを代表する料理"モーレ"の料理レッスンを受けることになっていた。ミネルバさんというオアハカ原住民の流れをくむ女性。60歳くらいだろうか。恰幅がよく背は低い。いかにもおいしい料理を作りそうな女性だった。ゆっくり歩く彼女について地元の市場へ。そこに本当の洗礼が待っていた。

中に入って行って間もなく、ミネルバが「ここからはチレの場所」と言って進む。ついて行って、息が止まりそうになった。多種大量のチレが山と積まれている。本当に山と積まれていて、これまで見て来た世界のどの市場よりもチレが迫ってきた。圧巻とはこのことだ。メキシコ料理はチレがなければ成立しないのだよ、と市場のその空間が全身全霊で僕に意見をぶつけてきたようで、

僕は圧倒されて後ろにひっくり返りそうになった。

這々の体でミネルバの家へ向かう。到着すると素敵な庭に面した広いオープンキッチンが待ち構えていて、今度は目がチカチカしてしまった。すでに炭火がたかれ、鉄板が置かれ、上でトマトがジュージューと焼かれている。

さて、肝心のモーレのクッキングはどこからどう話していいかわからない。予想をはるかに超えて手間がかかり、唐辛子は予想をはるかに超えて焦がされ、燻されていた。納得のプロセスが連続。

チレ・パシージャ、チレ・チワークリ、チレ・ムラートの3種を焙煎してペーストにしたものを嗅いで、僕は昇天した。唐辛子からこんなにも豊かな香りが生まれるなんて、信じられなかった。何はなくともチレがすべて。チレからすべてが始まることは、この料理レッスンで痛感した。

メキシコ料理は、小判であり、真珠であり、念仏であったのだ。そのことに僕はようやく気づいた。印象に残っているメキシコ料理はサルサとモーレ。つまるところどちらもソースで脇役とも言うべき存在である。主役でも主材料でもないアイテムが支配的に機能するのがメキシコ料理のおもしろいところかもしれない。なんにせよチレがなきゃ始まらない。

唐辛子におんぶにだっこで成り立つ食文化は、まだまだ世界中にありそう。冒険に終わりはないのだ。

おわりに

「スパイスは、難しい。わからない。ハードルが高い」
多くの人がそう身構えています。そこで僕がみなさんの肩をたたきながら言うわけです。
「そんなことないよ。スパイスなんて簡単さ！」
そう言う僕は本書を手にしています。「ほら、これさえ読めばね」と。まあ！ なんと胡散臭いことでしょう！ そんなこと言う人のことを信用してはいけません。
どんな世界も最初は難しく見えます。入り込んでみると想像したほどではないことに気づく。おもしろくなって深みにはまり、改めて気がつくんです。やっぱりスパイスは難解だ、と。

「難しい」と思った人に「おもしろい」と思ってもらうためにこの本を書きました。
「おもしろい」の後に「やっぱり難しい」と思った人に「やっぱりおもしろい」と思ってもらうためにも本書は機能します。

難しいことはわかりやすく、わかりやすいことはおもしろく、
おもしろいことは深く探求する。

それを延々と繰り返していられるほど
スパイスは魅力的なものだと僕は思います。

元来、僕は疑い深く天邪鬼な性格のため、人から聞いたことや誰かが言っていることを鵜呑みにできません。「なぜ？」、「どうして？」、「本当に？」と小さい子どものような疑問や疑惑がつい頭に浮かんでしまう。だから、"誰かにもらった正解"よりも"自分で手にした不正解"を大事にしてしまう。要するに自分で納得するまでは次に進めないんです。スパイスについてもずっとそうでした。

そんな僕が頼っているのが、「サイエンス」です。僕は科学者じゃないけれど、スパイスのすべてを理屈や理論で固めたい。超常現象や気分や感覚で素敵な配合ができたとしても、次もまたそれがやってくるとは限らないじゃないですか。スパイスを理論化すれば、いいものは繰り返し手に入れられるんです。誰かに伝えたり、共有したりすることもできる。

そんなわけで「なぜなぜ光線」を存分に発しながら、これまでスパイスと向き合ってきました。そ

のことは、本書を手にしたみなさんならいやというほど感じてもらえたと思います。それでも僕はまだまったく満足できていません。

ニューヨーク・マンハッタンで活躍するスパイスブレンダーの店「La Boîte」に行ったとき、レジで僕の名刺を見せると、彼は驚いたように言いました。
「AIR SPICE！僕は君のサイトを見たことがあるよ」

フランスでは「Terre Exotique」というスパイスブランドを展開する会社の社長と盛り上がったことがあります。彼らは世界中のこしょうを仕入れ、フレーバーを図式化し、ツールを作って海外でワークショップを行ったりしていました。僕のスパイス理論を見せたとき、社長は、目を丸くして喜んでくれ、話し込みました。
帰りに駅まで車で送ってくれた研究員も興奮していました。
「長年この会社で働いているけれど、社長があんなに嬉しそうにしている顔は初めて見た」
仲間を見つけたと思ってくれたのかもしれません。

同じくフランスで、「スパイスの魔術師」と呼ばれている、オリヴィエ・ロランジェ氏を取材したのも刺激的な体験でした。僕は彼にずっと聞きたかったことを尋ねたんです。
「スパイスを配合するときにベースにしているメソッドやルールはありますか？」
彼は一瞬だけ沈黙して、それからおどけたように答えてくれました。
「もしそんなものが存在するのなら、僕が教えてほしいくらいだよ」
僕は半分がっかりして、半分嬉しくなりました。「まさにそれを僕は求めて探求を続けているんです」と言いたくなったけれど、我慢しました。未完ですからね。

この世界のあちこちでスパイスの魅力に気づき、スパイスと向き合い、独自の方法で何かを見出そうとしている人がいる。そのことが僕をさらに掻き立てます。まだまだ勉強を続けなくてはなりません。だから僕は改めて思うんです。

「スパイスは、やっぱり難しい。だから楽しい！」

2023年初夏　水野仁輔

水野仁輔（みずの・じんすけ）

AIR SPICE代表。1999年以来、カレー専門の出張料理人として全国各地で活動。『カレーの教科書』（NHK出版）、『スパイスカレーを作る』『いちばんやさしい スパイスの教科書』（ともにパイ インターナショナル）などカレーに関する著書は60冊以上。世界を旅するフィールドワークを通じて、「カレーとは何か?」を探求し続けている。本格カレーのレシピつきスパイスセットを定期頒布するサービス「AIR SPICE」を運営中。
http://www.airspice.jp

〈参考文献〉
『［食べ物］香り百科事典 新装版』日本香料協会 編集（朝倉書店）

スパイスを極める

プロの技術と知識を完全解説
香りを自在に操る究極のテクニック

2023年5月27日　初版第1刷発行

著者	水野仁輔
デザイン	漆原悠一　栗田茉奈（tento）
撮影	福尾美雪（P58-62, 102-104除く）
撮影	井田純代（P58-62, 102-104）
スタイリング	しのざきたかこ（P58-62, 102-104除く）
英文校正	パメラミキ
校正	株式会社 鷗来堂
制作協力	UTUWA、ヌマボーイ
編集	長谷川卓美
発行人	三芳寛要
発行元	株式会社パイ インターナショナル

〒170-0005 東京都豊島区南大塚2-32-4
TEL 03-3944-3981／FAX 03-5395-4830
sales@pie.co.jp

印刷・製本　図書印刷株式会社

©2023 Jinsuke Mizuno / PIE International
ISBN978-4-7562-5774-1　C0077
Printed in Japan